O FENÔMENO
JUNGKOOK

O FENÔMENO
JUNGKOOK

O SUCESSO DO BTS E
A CRIAÇÃO DE UM SUPERSTAR MUNDIAL

MONICA KIM

BIOGRAFIA NÃO AUTORIZADA

Tradução
Nina Lua Ferreira
Taty Guedes

1ª edição

Rio de Janeiro | 2025

TÍTULO ORIGINAL
The Meaning of Jungkook

TRADUÇÃO
Nina Lua Ferreira e Taty Guedes

ADAPTAÇÃO DE CAPA
Renata Vidal

PROJETO GRÁFICO
Ruth Lee-Mui

DIAGRAMAÇÃO
Abreu's System

**CIP-BRASIL. CATALOGAÇÃO NA PUBLICAÇÃO
SINDICATO NACIONAL DOS EDITORES DE LIVROS, RJ**

K62f

    Kim, Monica
       O fenômeno Jungkook : o sucesso do BTS e a criação de um su-
perstar mundial / Monica Kim ; tradução Taty Guedes, Nina Lua.
- 1. ed. - Rio de Janeiro : BestSeller, 2025.

       Tradução de: The meaning of Jungkook : the triumph of BTS and
the making of a global pop superstar
       ISBN 978-65-5712-494-9

       1. Jungkook, Jeon, 1997-. 2. Cantores – Coreia do Sul –
Biografia. I. Guedes, Taty. II. Lua, Nina. III. Título.

                        CDD: 781.63095195
25-97458.1   CDU: 929:78.071(519.5)

Meri Gleice Rodrigues de Souza – Bibliotecária – CRB-7/6439

Texto revisado segundo o novo Acordo Ortográfico da Língua Portuguesa.

Copyright © 2025 by Monica Kim
Este livro foi publicado mediante acordo com Simon & Schuster, LLC.
Copyright da tradução © 2025 by Editora Best Seller Ltda.

Todos os direitos reservados. Proibida a reprodução,
no todo ou em parte, sem autorização prévia por escrito da editora,
sejam quais forem os meios empregados.

Direitos exclusivos de publicação em língua portuguesa para o Brasil
adquiridos pela
Editora Best Seller Ltda.
Rua Argentina, 171, parte, São Cristóvão
Rio de Janeiro, RJ – 20921-380
que se reserva a propriedade literária desta tradução.

Impresso no Brasil

ISBN 978-65-5712-494-9

Seja um leitor preferencial Record.
Cadastre-se e receba informações sobre nossos lançamentos e nossas promoções.

Atendimento e venda direta ao leitor:
sac@record.com.br

SUMÁRIO

INTRODUÇÃO
O que Jungkook tem de especial? 7

CAPÍTULO 1
Seu passado de azarão 21

CAPÍTULO 2
Seu profissionalismo 39

CAPÍTULO 3
O jeito como ele canta 55

CAPÍTULO 4
O jeito como ele dança 73

CAPÍTULO 5
Sua aparência 89

CAPÍTULO 6
A autenticidade 107

CAPÍTULO 7

A humildade   123

CAPÍTULO 8

O ARMY   131

CAPÍTULO 9

A carreira solo   151

CAPÍTULO 10

A lealdade   167

CONCLUSÃO

Quem é Jungkook?   183

AGRADECIMENTOS   193

NOTAS   195

INTRODUÇÃO

O que Jungkook tem de especial?

QUARENTA SEGUNDOS. LEVOU QUARENTA SEGUNDOS,[1] DE acordo com a mídia e as contas de fãs, para acabarem os ingressos para o debut solo de Jungkook. Apelidado carinhosamente de *Sold Out King* (Rei dos Ingressos Esgotados), Jeon Jungkook (sobrenome Jeon e nome Jungkook, nome artístico Jung Kook), é o centro e o integrante mais jovem do BTS. Sigla para Bangtan Sonyeondan, ou Escoteiros à Prova de Balas, o *boy group* sul-coreano é o produto de exportação cultural pop mais bem-sucedido do país, aclamado como sucessor dos Beatles. Um grupo atípico na indústria do K-pop, o BTS tem uma rara história de conto de fadas: de azarões que tocaram para um modesto público de 5 mil pessoas ao longo de três dias na AX-Korea, em 2014,[2] para a banda que lotou, por duas noites seguidas, em 2019, o Estádio Wembley, em Londres, que recebeu 60 mil fãs empolgadas a cada apresentação.[3]

O BTS quebrou muitos recordes, entre eles o de vídeo mais visualizado no YouTube em 24 horas; perfil que alcançou 1 milhão de seguidores mais rápido no TikTok; primeiro grupo coreano a debutar como número um na Billboard 200; grupo mais ouvido no Spotify; grupo mais seguido no Instagram; conta com maior engajamento no Twitter (agora X); e primeiro artista asiático a tocar em Wembley e a esgotar ingressos no

Rose Bowl, em Pasadena. Em 2019, o grupo se tornou o primeiro desde os Beatles a ter três discos no número um da Billboard 200 em um único ano. Os rapazes saíram na capa da *Rolling Stone* e da *Variety*, e, em três ocasiões diferentes, estamparam a capa da revista *Time*. O ARMY, nome oficial de seu fã-clube, que atinge números na casa das dezenas de milhões segundo contagens não oficiais,[4] é conhecido por sua paixão e devoção, garantindo para o grupo mais de vinte recordes mundiais no Guinness por meio de compra de itens relacionados à banda e reproduções de músicas. Considerando apenas números, o BTS se tornou o maior grupo de K-pop do mundo. Embora costume ser comparado a artistas que marcaram uma geração, como os Beatles ou o One Direction, o BTS é diferente por ser o primeiro *boy group* formado só por rapazes asiáticos a ter tantas conquistas sem nenhum falante nativo de inglês.

Parecia impensável que artistas orientais pudessem romper essas barreiras culturais e linguísticas, ainda mais que sete nomes coreanos diferentes fossem introduzidos no mainstream — Kim Namjoon, Kim Seokjin, Min Yoongi, Jung Hoseok, Park Jimin, Kim Taehyung e Jeon Jungkook. Eu e outros membros da diáspora asiática considerávamos isso um sonho impossível. No entanto, o sucesso do BTS e seu domínio do cenário musical do fim dos anos 2010 até o início da década seguinte são inegáveis.

Depois de chegar ao topo como integrante do grupo, Jungkook decidiu embarcar numa nova empreitada como artista coreano solo, buscando o estrelato no pop global. Ele deu o primeiro passo em julho de 2023, enquanto uma onda de calor sufocante assolava Nova York. Diferentemente de seu debut com o BTS sob a desconhecida gravadora Big Hit Entertainment, o segundo debut de Jungkook teve o apoio da poderosa HYBE, empresa de entretenimento avaliada em bilhões de dólares com uma filial dedicada só para os Estados Unidos, gerenciada por Scooter Braun, antigo empresário de Justin Bieber, Ariana Grande e Demi Lovato. Jungkook escolheu "Seven (feat. Latto)", uma canção de três minutos e três segundos cantada em inglês, não em coreano, e se apresentou não em um programa de música coreano, como *Inkigayo* ou *Music Bank*, mas no *Good Morning America*. Foi o primeiro artista solo do K-pop a ser convidado para inaugurar a série de shows de verão do programa, com um setlist de três músicas no Central Park. A demanda foi tão alta que a plataforma de ingressos gratuitos 1iota abriu as inscrições para o sorteio ao meio-dia, horário local, e o encerrou em menos de um minuto.[5]

O show estava agendado para a manhã de sexta-feira, mas já na segunda-feira o público começou a formar uma fila na altura da 72nd Street, percorrendo a Quinta Avenida[6] e acompanhando o muro baixo que cerca o parque. Buscando abrigo sob os altos olmos, cujas folhas verde-escuras oferecem ampla sombra, os fãs vinham com carrinhos de compras e sacolas enormes, das quais tiravam cadeiras dobráveis, sofás infláveis e boias de piscina nas cores rosa, prata e azul. Apesar do calor de quase 32°C, cobertores felpudos eram compartilhados entre grupos que se revezavam na fila, alternando entre quartos de hotel e academias para tomar banho e descansar, além do banheiro da loja da Apple na Madison Avenue, que virou um ponto de apoio.[7] O ARMY criou uma organização digna de uma milícia.

Na tarde da quinta-feira, mais de setecentas pessoas estavam na fila,[8] de acordo com fãs que se registraram na entrada; à noite, eram quase 2 mil, e, no amanhecer da sexta, a fila se estendia por mais de 12 quarteirões, até a 60th Street, dando a volta no parque pela East Drive. Ao nascer do sol, Jungkook, que pegara um voo de Seul dois dias antes, se dirigiu até o Rumsey Playfield.[9] Ainda abatido por uma persistente inflamação na garganta, que já durava várias semanas,[10] ele estava preocupado com a apresentação, e seu nervosismo só aumentou com o céu fechado, que prometia chuva pesada e trovoadas. Usando um simples jeans claro, uma regata branca, duas correntinhas de prata e um moletom preto com capuz, Jungkook se apoiou na cerca de metal, balançando-se nos calcanhares de seus tênis Balenciaga. Parecia um pouco nervoso.

A apresentação de Jungkook estava marcada para as oito da manhã, mas, pouco depois das sete, saiu um alerta de tempestade, e os iminentes relâmpagos impossibilitaram o show. A equipe do *Good Morning America* tomou a decisão de interromper o ensaio e ir direto para a gravação da passagem de som para a transmissão, um plano B que pegou Jungkook desprevenido. Foi liberada a entrada dos fãs, e eles passaram rapidamente pelas grades, segurando em uma das mãos o celular e, na outra, bonecos Cooky, o coelhinho de pelúcia fofo e musculoso criado pelo cantor como seu avatar para a colaboração do BTS com o aplicativo de mensagens japonês LINE. Nos bastidores, ele ria sem acreditar, enquanto a cabeleireira arrumava sua franja. Para a apresentação, o stylist trocou seu moletom por uma blusa da Givenchy branca com tachinhas.

Apesar da mudança repentina na programação, Jungkook não se abalou. Subindo as escadas, ele deu um sorriso simpático para as câmeras, a luz refletia na argola do piercing em seu lábio inferior. Nos primeiros acordes de "Euphoria", música solo do artista no álbum *Love Yourself: Answer*, do BTS, foi dado um close no logotipo do ARMY impresso em seus pontos de ouvido personalizados. Quando Jungkook desceu para perto da plateia, fãs estenderam as mãos até ele, que distribuiu *high fives*, deixando em êxtase as pessoas cujas mãos tocou por um instante.

Durante nove minutos, Jungkook cantou três músicas, e foi a primeira apresentação ao vivo de "Seven". O clipe da música tinha sido lançado à meia-noite, e, segundo o *Good Morning America*, acumulava 18 milhões de visualizações no YouTube até o momento da gravação.[11] Ele cantou em sua suave voz de tenor, movimentando-se com leveza — um Fred Astaire contemporâneo, caso Astaire tivesse aprendido hip hop. Com o apoio de uma banda e quatro dançarinos, Jungkook encantou o público, que gritava sem parar havia meia hora. Os fãs acompanhavam balançando as mãos e fazendo coraçõezinhos com o polegar e o indicador, entoando o nome dele. Eles estavam experimentando alegria irrestrita, algo que o BTS sempre oferecera. Agora, Jungkook oferecia isso sozinho: felicidade compartilhada e desenfreada. Ao cantar uma versão solo de "Dynamite", o primeiro single em inglês do BTS, ele levou o microfone para que o público cantasse junto, e então começou a chuviscar. Durante a transmissão, tuítes apropriados para a TV aberta apareciam na parte inferior da tela.

"Ele nasceu pra se apresentar e arrasar nos palcos. Jungkook superstar."[12]

"Jungkook tem o sorriso mais lindo!! Como não se apaixonar por ele??"

"AH, JUNGKOOK, VOCÊ SEMPRE VAI SER O PERSONAGEM PRINCIPAL"

"Nosso garoto nasceu pra brilhar... Tão tão tão orgulhosa dele... Estou emotiva agr"

Pouco depois do encerramento, os céus se abriram, e começou o temporal, como se a chuva também tivesse esperado o fim da apresentação, encharcando a multidão que aguardara por dias pelo que parecia ser um evento histórico. "Seven" se tornaria a música a alcançar mais rápido 1 bilhão de reproduções no Spotify. Jungkook bateu o recorde de vendas no primeiro dia para um solista de K-pop, de acordo com o ranking musical coreano Hanteo, entrou no topo da Billboard Hot 100 e na terceira posição do UK Singles Chart. Até aquele momento, ele foi o primeiro artista solo coreano a conseguir essa colocação. Seu debut entrou para a história, e tudo começou com o ARMY. Desde aquelas centenas de fãs que estiveram na primeira apresentação pública do BTS,[13] em 2013, aos que assistiam aos vlogs que Jungkook postava no YouTube enquanto ainda era um adolescente em treinamento. Este era o episódio mais recente em sua jornada compartilhada. Os fãs apoiavam Jungkook. Amavam ele. Assistiram ao seu crescimento com o passar dos anos, vidrados no talento, viciados na música, e agora estavam ao lado dele no começo de um novo capítulo. Encarando altas temperaturas e passando noites em claro na calçada, eles testemunharam os primeiros passos de Jungkook no caminho do K-pop para o estrelato do pop mainstream.

Quatro meses depois, quando o artista lançou seu primeiro álbum solo, *Golden*, tornou-se o primeiro solista de K-pop a ter três singles — "Seven", "3D" e "Standing Next to You" — no top 10 da Billboard Hot 100. *Golden* quebrou o recorde de álbum de artista solo coreano a ficar por mais tempo nas paradas de sucessos da Billboard 200, ultrapassando todas as expectativas. Em apenas oito meses, Jungkook mais uma vez conseguiu o impensável. Um cantor asiático respeitado pela indústria do entretenimento ocidental, aclamado não apenas pelo ARMY, mas também pelos desavisados que o viram na TV aberta, Jungkook furou a bolha do K-pop e abriu espaço para sua ascensão como uma superestrela do pop global.

"O NOME É JUNGKOOK. A ESCALA É NACIONAL." ESSA FOI A PRImeira vez que ouvi o nome Jungkook, quando, em junho de 2013, o BTS debutou no programa musical semanal *M Countdown* com uma apresentação de "We Are Bulletproof Pt. 2", que começou com Jungkook fazendo essa piadinha. Achei charmoso como o jovem artista, na época com 15 anos, se apresentou com esse trocadilho corajoso (Jungkook e *jeon-guk*, que em coreano significa "o país inteiro"), mas nunca imaginei que o nome Jungkook ultrapassaria a escala nacional para ser conhecido em todo o mundo. Deveria ter sido impossível. Na época, muito antes de eu cobrir K-pop para veículos como a *Vogue* norte-americana, e antes de me mudar de Nova York para Seul e passar um verão trabalhando numa gravadora, eu era uma fã de K-pop como qualquer outra. Mas, em vez de ser devota de um único grupo, eu me considerava mais uma pesquisadora, que estudava com fascínio o funcionamento interno da indústria.

Quando falo de K-pop, não me refiro à música pop coreana, que engloba de baladas a rock. Estou falando do sistema de idol, que foi adaptado do Japão e se estabeleceu ao redor da cultura de fandom. Sendo o produto cultural de maior visibilidade da Coreia do Sul, o K-pop foi um meio de compreender melhor a reputação do país internacionalmente, seu papel e sua posição no mundo. Como filha de imigrantes sul-coreanos, desenvolvi um interesse especial em analisar a maneira como os artistas do país eram recepcionados por outras nações, pois isso me permitia comparar o tratamento que eles recebiam com o que eu mesma recebia. Observar o constante choque de culturas, gostos e valores, além das diferentes formas de engajar com os artistas e seu trabalho, era tão envolvente quanto as músicas chicletes e as performances hipnotizantes que eu curtia desde os dias de H.O.T. e Shinhwa — a primeira geração de estrelas do K-pop —, cujas fitas VHS minha mãe alugava no mercado coreano local. Depois que comecei a acompanhar grupos como SHINee na adolescência, fui absorvida pela riqueza de conteúdo cada vez mais disponível no YouTube.

Do meu ponto de vista de quem vivia nos Estados Unidos, assisti a tantos artistas brilharem por um instante, cada um dando um pequeno passo à frente, posicionando pedras para atravessar um rio sem conseguir ver a outra margem. Em 2007, Rain ficou no topo da pesquisa Time 100 feita com leitores da revista *Time*; o cantor solo levou o primeiro lugar em mais duas votações e apareceu no *The Colbert Report* e no filme de ação de Hollywood *Speed Racer*. As Wonder Girls abriram os shows da turnê mundial dos Jonas Brothers em 2009. "Gee", do Girl's Generation, viralizou a ponto de tocar no salão de refeições do campus da minha universidade nos EUA. Em 2012, eu ouvia "Gangnam Style", de PSY, em todo canto, desde uma boate meio caída em Midtown até uma pequena *trattoria* em Roma. Antes de "Gangnam Style" — o primeiro vídeo no YouTube a alcançar 1 bilhão e depois 2 bilhões de visualizações —, o norte-americano médio, na minha experiência pessoal, tinha uma visão tão limitada da Coreia que a referência cultural era quase sempre M*A*S*H, uma série de TV dos anos 1970 sobre soldados norte-americanos na Guerra da Coreia. Isso tinha mudado. Geralmente, cada artista criava um burburinho, reverberando em grande ou pequena escala, antes de voltar para sua carreira de sucesso em casa, em grande parte esquecidos pelo Ocidente. Quando o BTS começou a fazer sucesso internacional, achei que seria só mais um caso de 15 minutos de fama, outro viral *à la* "Gangnam Style". Nunca tive tanto prazer em estar errada. Sempre que eu achava que o BTS tinha chegado ao fim da linha, que a pedra de Sísifo ia rolar montanha abaixo, eles achavam um jeito de empurrá-la de novo para o alto. Dez anos depois do debut, sua presença internacional continua me surpreendendo.

Dos sete membros, Jungkook, com suas covinhas e sorriso fácil, era o nome e o rosto que pipocava com mais frequência no consciente cultural do Ocidente. Seu nome foi mencionado, por exemplo, em um episódio de *Os Simpsons* em 2021 ("todos do BTS, menos o Jungkook, ele é bonito demais para o meu gosto").[14] Em 2024, ele ficou no topo da lista inaugural K-pop Artist 100 da Billboard.[15] Não é que ele seja o membro mais popular, afinal todos os sete têm o próprio fandom. Todos os sete contribuíram de maneira única para o sucesso do grupo. A regra no K-pop é amar e apoiar todos os membros. Tudo que desvie disso é particularmente estranho para o BTS, cuja dinâmica de *found family* [família escolhida, em tradução livre] resistiu à prova do tempo, tampouco é algo que o próprio Jungkook, sempre humilde e tímido, parecia querer, dada a sua dedicação ao grupo e ao ARMY.[16] No entanto, para além das estatísticas simples, grandes astros têm aquele "algo a mais" que atrai a atenção; nesse quesito, Jungkook foi a escolha do público geral. Desde 2017, quando o BTS se apresentou no American Music Awards, Jungkook foi comparado a Justin Timberlake e Harry Styles como "estrela em potencial",[17] com as melhores chances de carreira solo. E ele estava sempre sendo requisitado. Em 2022, Charlie Puth o convidou para um *feat* na música "Left and Right". No mesmo ano, a FIFA o convidou para cantar a música "Dreamers" na cerimônia de abertura da Copa do Mundo no Qatar. E, em 2023, a Calvin Klein o nomeou embaixador global da marca.

Cinco anos depois do American Music Awards, após o BTS transcender as fronteiras do K-pop e se tornar um fenômeno cultural, os sete membros se uniram para o Festa 2022, a celebração de aniversário do grupo, e anunciaram uma pausa nos lançamentos que chocou o público e derrubou as ações da HYBE em quase 28%.[18] Olhando em retrospecto, o anúncio fez total sentido. Conhecida como Capítulo 2, essa nova fase permitiria que cada membro, pela primeira vez em nove anos, se dedicasse por completo a seus projetos pessoais antes do alistamento militar obrigatório pela lei sul-coreana, o que de qualquer forma causaria uma interrupção em sua carreira. Cada um poderia criar a música que desejasse, sem estar preso às necessidades do grupo ou da empresa. Poderiam até dar uma pausa no trabalho se quisessem, o que Jungkook fez por quase cinco meses.[19]

A partir daquele momento, suas trajetórias musicais começaram a divergir um pouco. Resumindo: J-Hope lançou o álbum de hip hop *Jack in the Box* e se apresentou no Lollapalooza em 2022, sendo o primeiro artista coreano a se apresentar como headliner em um dos principais festivais norte-americanos. Jin lançou um single de pop rock animado chamado "The Astronaut", composto em parceria com o Coldplay, e pegou 72 horas de voo ida e volta até a Argentina[20] para se apresentar no show da banda em Buenos Aires. Como o mais velho do BTS, começou o serviço militar primeiro, desbravando o caminho para o restante do grupo. Enfrentando um bloqueio criativo, RM lançou *Indigo*, um disco de sonoridade eclética, com direito a uma participação na série Tiny Desk Concerts, da NPR, e *feats* com artistas variados, de Erykah Badu a Youjeen, da banda coreana de rock dos anos 1990 Cherry Filter. Dando asas a suas inclinações às artes plásticas, filmou uma apresentação especial de 12 minutos no museu Dia Beacon, no estado de Nova York. Jimin lançou *Face*, um álbum com canções pop e de R&B em coreano e inglês que quebrou uma sequência de recordes, incluindo o de primeiro artista solo de K-pop a chegar no topo da Billboard Hot 100. Sob o pseudônimo Agust D, adotado pela primeira vez em 2016, Suga lançou o álbum de rap *D-Day* e partiu na Suga | Agust D Tour , que se tornou a turnê de maior receita para um artista solo asiático nos Estados Unidos. V aproveitou para trabalhar com calma nos estilos de música de que mais gosta: fora do pop tradicional e mais influenciado pelo R&B e jazz, seu álbum *Layover* também quebrou recordes no lançamento.

Como cada um deles escolheu se expressar a seu próprio modo, começou a surgir uma expectativa para Jungkook, apelidado de *maknae* de ouro (*maknae* em coreano significa "o mais jovem") por RM[21] quando ainda eram trainees. Ele parecia ter as maiores ambições, o que ficou claro quando lançou *Golden*: 11 faixas de puro pop, cantadas inteiramente em inglês.

Ao encerrar a campanha do debut solo com remixes de suas canções com artistas como Usher e Justin Timberlake, além de composições creditadas a Shawn Mendes, Ed Sheeran e Diplo, Jungkook parecia ter uma nova aura. Como convidado no *Suchwita*, programa de entrevistas apresentado por Suga no YouTube, Jungkook mostrou ao amigo sua primeira faixa solo e recebeu todo o reconhecimento de seu querido companheiro de banda. "Assim que vi a capa [de *Golden*], pensei, ah, um popstar de verdade",[22] disse Suga. "Finalmente surgiu um popstar asiático." Suas palavras pareceram uma coroação, pois ele declarou o que muitos outros pensavam havia anos.

Um popstar asiático acolhido pelo Ocidente — como Jungkook realizou o impossível? Vários empresários quebram a cabeça tentando responder à mesma pergunta: como um garoto de Busan chamado Jeon Jungkook, escolhido por uma gravadora pequena que ia mal das pernas, se tornou um fenômeno mundial? Na verdade, o potencial sempre esteve lá. Nunca vou esquecer a primeira vez que o vi pessoalmente. Em 2016, quando eu ainda era uma jovem editora na *Vogue* norte-americana, passei quase um ano insistindo para que me permitissem entrevistar o BTS para o site e a revista. Naquela época, a mídia mainstream via os idols como uma curiosidade passageira. Em comparação às estrelas do pop ocidental, a imagem pública dos astros do K-pop parecia mais cuidadosamente moldada para apresentar uma fantasia pré-fabricada que o público norte-americano médio tinha dificuldade de digerir. Mas o BTS era diferente. Com visuais mais naturais, letras repletas de mensagens cativantes e o conteúdo orgânico nas redes sociais, como YouTube e Twitter, a banda dava a impressão de ser mais autêntica — e isso interessou o Ocidente. No centro desse grupo, estava Jungkook, que, mesmo nos primeiros momentos do BTS, tinha tudo para ser um *it boy*. Trabalhando para a *Vogue,* e também como stylist, conheci mais celebridades do que sou capaz de lembrar. Mas o momento em que Jungkook entrou na sala vai ficar para sempre gravado em minha mente.

Era novembro de 2017, e os rapazes ocupavam o décimo andar do JW Marriott em Los Angeles, a uma pequena distância do Staples

Center, onde tinham se apresentado no American Music Awards. Lembro que eu estava ajudando uma stylist a desembrulhar as botas de caubói com biqueira de aço criadas por Raf Simons para a Calvin Klein, depois de vários dias implorando por amostras. Estávamos trabalhando com uma equipe mínima: só eu, a produtora da sessão de fotos e a stylist, que tinha pegado um voo de Nova York para o projeto. A entrevista anterior do BTS havia passado do horário agendado, e estávamos preocupadas se conseguiríamos manter nossa agenda apertada. Eu estava ansiosa por conta das tensões entre a Big Hit e a *Vogue*, que falavam línguas diferentes em vários sentidos. Eu tinha insistido naquela matéria e esperava que fosse um sucesso. Enquanto eu conferia os sete cafés americanos gelados que a gravadora tinha pedido, Jungkook entrou na sala sem nenhum aviso e ficou ali parado por um instante, de olhos arregalados, como um animal assustado diante dos faróis de um carro. Anos depois, ouvi de amigos no setor que a HYBE, o conglomerado de K-pop que a Big Hit se tornaria, instituiu algumas das políticas mais rigorosas dentre as gravadoras. Os locais dos ensaios eram selecionados e aprovados por funcionários da HYBE, e os celulares eram confiscados ou tinham as câmeras tampadas por adesivos azuis que diziam "proibido fotografar" em coreano (esta última foi minha experiência ao cobrir um grupo da HYBE para a edição de março de 2023 da *Vogue*).[23] A interação com os membros dos grupos passou a ser estritamente controlada, inclusive com acordos de confidencialidade assinados. Mas em 2017 não era assim.

Algo em Jungkook me marcou naquele momento. Os olhos arregalados enquanto ele se curvava com educação antes de desaparecer; a maneira como cantou baixinho para si mesmo na cadeira de maquiagem; seu sorriso sempre presente, apesar do *jet lag*. Ele tinha aquele tipo raro de carisma que vem fácil, algo tão natural que não pode ser pré-fabricado pela mão pesada de uma gravadora. Apesar de seu protagonismo, ele não chamava atenção desnecessária para si. Ainda parecia um pouco tímido e respeitoso com os outros membros, que eram como seus irmãos mais velhos e cuidavam dele enquanto ajustavam o colarinho da sua camisa jeans. Mas, na hora da dança no refrão de "DNA", que eles apresentaram três vezes pela cidade,[24] Jungkook tomou a frente, cantarolando a melodia. Ele se movia com leveza e tinha um magnetismo que encantava a equipe de filmagem, agnóstica ao K-pop. "Estou obcecada", sussurrou uma das pessoas da equipe para mim, enquanto Jungkook passava por nós, alheio.

Quando comecei a pensar na ascensão de Jungkook, eu esperava apontar o que lhe conferia esse apelo global incomparável — aos olhos não só do ARMY, mas de todas as pessoas e poderosos da indústria, das gravadoras e publicações que orbitavam em torno dele. Jungkook passou apenas oito meses fazendo apresentações solo e, nesse curto período, abriu caminhos para os artistas asiáticos. Apesar do pouco conhecimento de inglês,[25] ele trabalhou duro para que isso não fosse um problema. Passei meses dissecando os ensaios de dança, absorvendo *livestreams* e apresentações ao vivo, transformando-o no meu companheiro de jantar. Com seu rosto na tela do meu tablet enquanto comíamos o mesmo lámen apimentado Buldak,[26] eu viria a entender, na essência, o que é ser fã dele. Jungkook tem uma magia que não dá para pôr em palavras, um charme efêmero que pertence somente a ele.

A verdade é que o sucesso de Jungkook é resultado de muitos elementos. Tem o triunfo do BTS, que é inseparável da história dele — sem o BTS e os seis membros que praticamente o criaram, segundo ele mesmo,[27] não existiria Jungkook. Tem os avanços tecnológicos, o crescimento das redes sociais e a globalização da cultura pop. O ARMY é uma força internacional de fãs que estão entre os maiores conhecedores de internet no mundo e geram conteúdo sem limites.[28] Tem a covid-19, a pandemia que isolou o mundo em 2020 e suscitou uma necessidade coletiva de intimidade, alegria e otimismo, coisas que artistas como Jungkook podiam oferecer. E, claro, tem seus talentos artísticos. Sua voz suntuosa e seu estilo de dança, com forte influência de Michael Jackson,[29] o rei da dança. Sua aparência, que, ao mesmo tempo que atende aos padrões de beleza coreanos, os subverte com tatuagens e piercings. Sua gentileza e humildade, que se mantêm mesmo após o estrelato. E as influências maiores que fizeram o K-pop avançar, o contexto histórico e as nuances culturais que tornaram o BTS e Jungkook, em particular, palatáveis para o Oriente e o Ocidente.

Os complexos fatores que levaram à formação de Jungkook estão interligados e são impossíveis de replicar — não existe um manual para criar uma estrela do pop mundial. No entanto, examinar esses diferentes aspectos enriquece nossa compreensão e admiração pelo artista e pelo que ele conquistou em tão pouco tempo, e do que poderá alcançar no futuro. Este livro é um tributo a Jungkook que explora sua linhagem cultural, suas influências musicais, a história do K-pop e tudo o que ele e o BTS alcançaram juntos e separados. É um mergulho no significado mais profundo por trás do seu sucesso. A formação de Jungkook, de *maknae* de ouro a astro do pop, é uma história de superação. Através de seus triunfos, ele desafiou o status quo.

Ele ainda não terminou. E não está nem perto disso.

CAPÍTULO 1

Seu passado de azarão

A HISTÓRIA DO BTS COMEÇOU COM UMA EXPOSIÇÃO CLÁSSICA que contém os fundamentos da jornada do herói: sete garotos do "interior" se mudam para a implacável cidade grande para correr atrás de seus sonhos. É um clichê atemporal por um bom motivo, e a clássica história de azarão se tornou a estrutura narrativa do grupo, responsável por boa parte de seu apelo universal.

Gwacheon e Ilsan, cidades-satélites ao sul e ao noroeste de Seul, na província de Gyeonggi. Daegu, a antiga "cidade da maçã", um polo têxtil e centro comercial ao sudeste. Gwangju, o viveiro político ao sudoeste, onde o levante estudantil e o subsequente massacre de 1980 marcaram um momento fundamental na trajetória da Coreia do Sul em direção à democracia. Geochang, um condado na província de South Gyeongsang. E Busan, a cidade portuária no sudeste, conhecida por suas praias de areia e seixo e pela costa escarpada. São essas as cidades natais dos sete membros do BTS. Ilsan e Gwacheon ficam a apenas meia hora de carro (sem trânsito) do centro de Seul. Busan, a segunda maior cidade da Coreia, apesar de ainda ofuscada por Seul, sem dúvida não é atrasada. E mesmo os coreanos-americanos que não cresceram ali terão dificuldade em compreender as imensas lacunas que existem entre Seul e todas as demais cidades.

Seul é mais do que a capital da Coreia do Sul. É seu coração metafórico, seu epicentro cultural. Como Chicago é para Illinois, e Nova York é para o estado homônimo, Seul virou sinônimo da área metropolitana ao seu redor. Muito do comércio, das artes, dos negócios e da política da Coreia está concentrado em 605 quilômetros quadrados de terra. Comparada a outras capitais, no entanto, Seul leva sua centralidade ao extremo. Em 2024, a cidade possuía cerca de 9,6 milhões de residentes,[1] quase 20% da população total do país, com uma densidade populacional extraordinária de mais de 16 mil pessoas por quilômetro quadrado. (Para referência, estima-se que a cidade de Nova York tinha cerca de 11 mil habitantes por quilômetro quadrado em 2020.)[2] De acordo com um relatório de 2024 do Bank of Korea, a porcentagem da população que morava na grande área metropolitana da capital (50,6%) era a maior dentre os 26 países da Organização para a Cooperação e Desenvolvimento Econômico (OCDE).[3]

A vida em Seul é uma guerra diária, que envolve a incessante competição com todos ao seu redor. Lutar todos os dias para conquistar um espaço para si: uma vaga de estacionamento, uma mesa no café, uma boa universidade, um bom emprego. É mais fácil para quem nasce em condição privilegiada. Os demais sofrem, e aqueles que são capazes de vencer essas batalhas ganham o direito de residir na cidade onde tudo acontece. Ser uma "Seul *saram*" — literalmente uma "pessoa de Seul" — é uma marca de prestígio. Como em outras cidades metropolitanas, há uma sensação distinta de esnobismo. Vejamos a existência dos *chaebol*, conglomerados administrados por famílias, com o apoio do governo, imortalizados por sua riqueza e glamorizados em doramas, como *Os herdeiros*. Sua vasta influência se estende às atitudes cotidianas: os seulitas tendem a ser obcecados por marcas e relevância num nível que rivaliza com a elite de Manhattan e os *glitterati* de Los Angeles. O modelo de carro importado que você dirige, a universidade de elite no seu diploma, o logotipo na bolsa pendurada no seu ombro, a empresa da Global 500 da *Fortune* onde você trabalha — tudo isso funciona como atalho, permitindo que se atribua o nível de status correto a alguém em um instante, poupando tempo na decodificação das interações sociais. A busca por nomes de marca como símbolos de valor não é exclusividade da cultura coreana, mas os coreanos, conhecidos por quererem que as coisas sejam feitas com rapidez, valorizam a habilidade de avaliar a importância de uma pessoa à primeira vista.

Isso alimenta o elitismo que nasce da mentalidade hipercompetitiva. Esse elitismo se estende à indústria do K-pop, dominada, na época do debut do BTS, pelas Big Three, as três maiores empresas do segmento: SM Entertainment, YG Entertainment e JYP Entertainment. Depois de fazer sucesso como compositor na JYP, Bang Si-hyuk fundou a própria gravadora, Big Hit Entertainment, em 2005; em comparação, as Big Three haviam sido fundadas em meados dos anos 1990. Com essa vantagem, elas tinham somado recursos financeiros e um rol de talentos considerável, além de terem cultivado relacionamentos[4] e conexões com marcas, patrocinadores, com veículos de mídia e emissoras que garantiam tempo de TV e publicidade até mesmo para os grupos novatos. Cercado por essas elites de Seul, o BTS teve que lutar para se estabelecer.

Dito isso, os integrantes do BTS estão longe de ser os únicos idols a virem de partes distantes do país. Antes que as estrelas do K-pop virassem personalidades internacionais com contratos lucrativos e capital cultural, a música idol no geral era considerada uma forma inferior de entretenimento pelo público coreano,[5] devido à falta de originalidade e à percepção de que era um produto para um público mais jovem, com foco apenas em agradar aos fãs. Muitos dos trainees vinham de cidades pequenas; outros, de famílias vulneráveis, e esperavam ganhar dinheiro suficiente para oferecer a elas uma vida confortável. Seungkwan, do Seventeen, é o orgulho de Jeju; Irene, do Red Velvet, veio de Daegu; Suzy é de Gwangju.

Considere as atitudes prevalentes em relação ao *satoori*, termo que se refere aos dialetos regionais existentes na Coreia do Sul. Com frequência comparado a sotaques como o toque nasal do sul ou a labialização do centro-oeste norte-americano, o *satoori* pode variar desde uma mudança sutil de vogal que evoca ruralidade — um "e" em vez de um "a", "u" no lugar de "o" — até algo tão diferente que é quase impossível entender. Em partes da ilha de Jeju, mesmo os nativos têm dificuldade de se compreender. Descobri que os seulitas tendem a ver o *satoori* com um grau de esnobismo. Em programas de namoro como *Single's Inferno*, participantes com *satoori* no geral são menos populares. Celebridades com *satoori* costumam ser chamadas para falar nesse dialeto em programas de variedades, nos quais os apresentadores se mostram fascinados. Fãs internacionais também caem no encanto do *satoori*, incapazes de entender as nuances linguísticas, mas gostando da inclinação melódica e da suavidade que se assemelha aos dialetos rurais de seus países.

Em agências de entretenimento, os idols em treinamento têm aulas para corrigir o *satoori*, aprendendo a falar no dialeto padrão de Gyeonggi ou Seul, do mesmo modo que atores e âncoras de noticiários nos EUA são treinados para falar com um sotaque norte-americano neutro, ou que o *Received Pronunciation* (RP), o sotaque considerado padrão no inglês britânico, permanece com um status elevado. Certa vez, Winter, do grupo Aespa, formado pela SM Entertainment, falou desse treinamento em um episódio do popular programa de variedades *Knowing Bros.*[6] Os panelistas notaram que Winter, nativa de Yangsan, na província de Gyeongsang, conseguia passar por seulita porque não tinha *satoori*. "Corrigi quase tudo quando era trainee", comentou ela. Em novembro de 2013, Wonwoo, do Seventeen, nascido em Changwon, filmou um teste como trainee da Pledis Entertainment. Ele se apresentou com um sorriso tímido antes de ser interrompido por uma funcionária, que o repreendeu: "O que a gente disse que faria se você usasse *satoori*…",[7] disse, com a voz sumindo ao fundo.

Em 2011, RM, J-Hope e Suga eram os três trainees da Big Hit considerados para debutar como membros do BTS. Eles lançaram uma música chamada "Paldogangsan", apelidada de "Satoori Rap". Suga, com seu dialeto de Gyeongsang, no leste, e J-Hope, com seu dialeto de Jeolla, no oeste, alternavam frases, deixando o *satoori* correr solto. A música era um comentário inteligente sobre a suposta superioridade do dialeto de Gyeonggi ou Seul. "O que ele está dizendo?", o refrão repete no *satoori* de Gyeongsang. No fim, RM entra com sua variante de Seul, concluindo que é tudo a mesma língua. O *satoori* ilustra as divisões regionais da sociedade coreana, que com frequência é retratada em outros países como homogênea e harmoniosa. Antes de se mudar para Seul, meu avô partiu da província de Chungcheong, espremida entre Gyeonggi e Jeolla; ele era capaz de identificar a procedência de uma panqueca de bacalhau nativa de Chungcheong na primeira mordida. Quando minha avó, uma mulher de Seul, foi até a província dele para conhecer sua futura sogra, foi recebida com um balanço de cabeça em reprovação e um comentário mordaz de que mulheres de Seul tinham sido mimadas pela vida na cidade.

O que diferenciava o BTS era a maneira como o grupo abraçou suas raízes. Enquanto outros idols eram polidos para parecer joias preciosas, como plebeus transformados em príncipes, o BTS permaneceu bruto, o que combinava com o conceito de hip hop impulsionado pela Big Hit. A música "Paldogangsan" respondeu aos preconceitos contra o *satoori*. Foi tamanha sensação nos portais da Naver que chegou no noticiário noturno da SBS,[8] pois os coreanos estavam maravilhados com o raro uso do *satoori* na música popular. Chegou a inspirar um programa de variedades chamado *Are We Strangers*,[9] que buscava melhorar a comunicação entre coreanos de diferentes províncias. "Paldogangsan" chamou a atenção de V quando jovem, que disse no programa *New Yang Nam* que foi por causa dessa música que decidiu participar do teste na Big Hit.[10] O BTS se destacou porque decidiu usar o rótulo de *outsiders* como uma medalha de honra. Eles sentiam orgulho de onde vinham e se recusaram a esconder suas origens, escolhendo, em vez disso, celebrá-las. O grupo regravou "Paldogangsan" para o álbum de 2013, *O!RUL8,2?*. Em 2015, revisitou o orgulho da cidade natal com a música "Ma City", uma ode apaixonada às pequenas comunidades de onde vieram.

O *satoori* de Jungkook aparece com frequência, ainda mais quando ele está com Jimin, que também cresceu em Busan, ou com V, que vem da mesma província, Gyeongsang. Seu *satoori* é um de seus charmes. O *satoori* de Busan é geralmente masculino e grave, associado aos gângsteres locais retratados em filmes como *Nameless Gangster* ou *Wish*. Agora que está mais velho, Jungkook às vezes usa o discurso grave e levemente arrastado de um homem de Busan, com as palavras se unindo de maneira solta e descuidada. Mas o *satoori* que ele emprega com mais frequência é nitidamente fofo. Ele fala de um jeito arrastado com um toque bem leve de cadência. Quando termina uma frase com *dae-ee* em vez de *dah*, isso invoca um único pensamento: fofo, fofo, muito fofo. Há um corte de uma live de Jungkook, em novembro de 2016, que ilustra isso. "*Sa-too-ri*?", pergunta ele,[11] enquanto bebe leite direto da caixinha, o tom da voz subindo a cada sílaba. "Pessoal, eu não uso mais *satoori*, certo? Certo... não uso *satoori* agora." Ele continua insistindo que não, enquanto a forma como falava ainda mantinha as inflexões sutis de Gyeongsang. "Hoje em dia eu acho que falo que nem o pessoal de Seul. Né?", sugere ele, buscando a confirmação dos fãs, sem sucesso. "... Vocês acham que estou usando agora?", pergunta, realmente sem perceber. O *satoori* fazia parte dele, e ele nunca poderia perdê-lo, não importava o quanto sua carreira crescesse ou ele se tornasse parte da elite.

ANTES DE FUNDAR A PRÓPRIA GRAVADORA, BANG SI-HYUK ERA UM compositor e produtor respeitado que trabalhava com o fundador da JYP Entertainment, Park Jinyoung, e grupos como g.o.d. e 2AM. A Big Hit Entertainment ainda era um peixinho em um lago com três baleias. As Big Three eram nomes conhecidos. A Big Hit não era nada e ainda passava por dificuldades financeiras devido à baixa aceitação do público ao Glam,[12] um grupo feminino que debutara em 2012 e era gerenciado em conjunto com outra pequena gravadora, a Source Music. Nesse sentido, Jungkook e os membros do BTS eram azarões desde o começo, mas suas desvantagens tornaram-se forças. Até hoje, esta caracterização funciona a favor deles. Muito do que está no livro oficial *Beyond the Story: Uma história dos 10 anos de* BTS coloca a Big Hit como Davi enfrentando os Golias[13] da indústria, armado apenas com um estilingue. Sendo o primeiro projeto de idol masculino de uma gravadora relativamente anônima, o BTS era quase um grupo *nugu*, termo que as fãs ocidentais adotaram para se referir a artistas menos conhecidos, um nome que suscita a resposta *"nugu?"*, palavra em coreano para "quem". Das dezenas de grupos que debutam todos os anos, só uns poucos alcançam o sucesso. O BTS ganhou o prêmio Best New Artist no Melon Music Awards de 2013, entre outros notáveis prêmios para iniciantes, mas havia pouca concorrência entre novos grupos masculinos na época[14] devido à dominância das Big Three, de acordo com a Big Hit.

Na indústria do K-pop, ouvi Bang Si-hyuk ser descrito como o homem mais sortudo do mundo, que entrou numa lotérica no momento certo e comprou um bilhete premiado. Ele seria o primeiro a admitir que a sorte estava ao seu lado — a inabilidade da indústria de replicar o fenômeno do BTS parece sugerir que isso não tem a ver com recursos financeiros. Ao fim e ao cabo, o que Bang não podia oferecer em dinheiro ele compensou com liberdade artística.

Essa abordagem foi aplicada não apenas à música do BTS, mas também às estratégias de marketing. Em *Beyond the Story*, o autor Kang Myeongseok faz questão de apontar o EXO,[15] grupo masculino que estabeleceu recordes depois de debutar em 2012 pela SM Entertainment e que, na segunda metade da década, foi considerado rival do BTS. O EXO era a escolha da indústria contra o recém-chegado BTS, e as guerras de fandom foram as piores que já vi. O próprio Kang faz uma comparação direta entre os dois, dizendo que, nos cem dias anteriores ao debut do EXO, a SM lançou 23 vídeos *teasers*[16] para apresentar os membros e o conceito do grupo, criando o mundo do "Exo Planet". Em "EXO Teaser 1_KAI(1)", postado no YouTube em dezembro de 2011, Kai sai de um carro vintage em um cenário de rua com neblina e começa a dançar sobre água rasa, formando ondas que deslizam em câmera lenta. Cada vídeo era uma produção polida, apresentando os 12 garotos em formações diferentes. Já o BTS lançou o *Bangtan Blog* no Tistory com uma publicação de RM em dezembro de 2012, seis meses antes do debut, mas o primeiro comentário, de acordo com Kang, só veio três dias depois da postagem.[17]

Kang fala do blog, de uma conta no Twitter, de um *fan café* e, o mais importante, do canal BANGTANTV no YouTube,[18] que foi lançado com uma série de vlogs chamados Bangtan Logs. O BTS lançou 49 vlogs, cada um intitulado com a data e o nome dos integrantes, em preparação para o debut. Os Bangtan Logs pareciam ser filmados sem supervisão, e até os tuítes eram postados diretamente pelos integrantes, uma prática quase desconhecida na indústria. Em 22 de dezembro de 2012, Jin se apresentou[19] com uma selfie espontânea e uma saudação simples, prometendo tuitar sempre. No dia seguinte, sem muita pretensão, ele postou uma segunda selfie de baixa definição, sem filtro ou edição, com a legenda "meu lábio inferior é charmoso.jpg".[20]

"Ficamos sabendo que há empresas que não permitem que seus artistas usem redes sociais, mas nós temos liberdade para usá-las",[21] disseram os membros numa entrevista em 2014 para a revista *The Bridges*. Era sabido que as gravadoras mantinham uma vigilância rígida sobre seus idols iniciantes, com medo de escândalos. Em contrapartida, Bang Si-hyuk deixava os garotos se expressarem e nem piscou quando eles postaram uma música chamada "A Typical Trainee's Christmas". O clipe começava com uma cena de Bang promovendo Hit It the Second Audition, o programa de audições da Big Hit, antes de os garotos começarem uma *diss track** que o alfinetava por fazê-los trabalhar nos feriados sem nem pagar um happy hour ou jantar na conta da firma, mesmo depois de eles pedirem. O rap era entrecortado por memes como o Esquilo Dramático, além de cenas dos membros do BTS trabalhando no estúdio e caminhando pelas ruas. "O que queremos é um jantar da firma",[22] dizia o rap tímido de Suga. "Nossa empresa, nosso chefe, não gosto de nenhum de vocês",[23] lançou RM na faixa estendida. "Tenho saudade da minha mãe."

---

* Nome dado a qualquer música que critique explicitamente outra pessoa, em geral como resultado de uma rixa ou rivalidade, mais comum no rap e no hip hop. [*N. da E.*]

Os Bangtan Logs parecem entradas curtas de diários, com um ou dois minutos de duração. Alguns eram banais, com aquelas conversas fiadas que temos com um amigo ou familiar durante o jantar. Em outros, eles falam de suas dificuldades. No primeiro Bangtan Log, "130107 RAP MONSTER", RM revelou algumas das críticas de Bang.[24] O chefe tinha dito que ele não seria tão bom quanto os rappers mais famosos ou alternativos, o que só motivou RM a se dedicar ainda mais. Em "1301112 Jin", Jin falou que o chefe comentou de novo sobre seu ganho de peso.[25] Há momentos de vulnerabilidade e insegurança, além de cenas de brincadeiras espontâneas. Em "130225 RAP MONSTER (Feat. SUGA)", RM tocou "Kiss the Rain",[26] uma peça suave e contemplativa do pianista Yiruma, antes de Suga entrar na sala, cantando muito alto "A marcha imperial" de *Star Wars* com um violão. Em "130227 J Hope & Jungkook", J-Hope mostrou sua calça nova, rebolando.[27]

Esses vídeos foram a apresentação do BTS para o público, e o ar de novidade que a intimidade e as interações sem filtro deles ofereciam continuou mesmo depois do debut, nas famosas Bangtan Bombs. Parecidas com os Logs, eram vídeos curtos que traziam um vislumbre dos bastidores da vida dos garotos. Mas, enquanto os Logs possibilitaram introspecção, as Bangtan Bombs capturavam os momentos caóticos, espontâneos, aleatórios e divertidos. A primeira Bangtan Bomb, "130617 VJ Jungkook",[28] mostrava Jungkook fazendo palhaçada com uma câmera de mão no vestiário por 34 segundos. Em outubro de 2013, Jungkook cantou o *trot* (gênero musical coreano) de comédia "N.O."[29] antes de se unir a Suga, Jin, V e J-Hope numa versão operática da canção. Em fevereiro de 2015, V começou a ensaiar uma coreografia para a música "It's Tricky", de Run DMC,[30] que o grupo apresentou no KBS Song Festival de 2014, cada membro entrando na dança um a um, como soldadinhos. Há vários vídeos dos garotos começando a cantar ou dançar espontaneamente em salas de espera e de reunião: Jungkook e V dublando "Given Up"[31] do Linkin Park enquanto Jimin e J-Hope limpavam suas lancheiras; no parque Chippewa Woods, perto de Chicago, Jungkook segurava um pequeno alto-falante Bluetooth e um pau de selfie, filmando os garotos batendo cabeça e fazendo danças malucas ao som de "Show Me Your Bba Sae"[32].

Esses recortes ofereciam um vislumbre da personalidade de cada membro, migalhas que se juntavam ao longo do tempo para formar um retrato surpreendentemente profundo. As Bangtan Bombs imitaram a maneira como uma relação é construída no mundo real, onde conhecemos alguém não por uma lista de dados puramente biográficos, mas em momentos do dia a dia. Eram leves e divertidas, e ver os garotos se divertindo fazia os fãs esquecerem as próprias preocupações. Essa informalidade com que eles ocupavam as redes sociais tornou o BTS único numa indústria tão competitiva como a do K-pop. Por fim, as Bombs mostraram uma irmandade que transcendia o vínculo profissional. E foram um exemplo do que o BTS sempre ofereceu aos fãs: alegria.

NÃO SE SABE MUITO SOBRE A VIDA PREGRESSA DE JUNGKOOK. ELE nasceu e cresceu com o pai, a mãe e o irmão mais velho em Mandeokdong,[33] um bairro de Busan conhecido pelas casas quadradas com telhados que lembram blocos de Lego, em tons de vermelho, laranja, verde e azul. Ele fala da família com afeto, relembrando momentos marcantes como quando seu pai se vestiu de Papai Noel no Natal[34] e entrou de fininho no quarto de Jungkook, a barba falsa roçando o rosto do filho; como quando a mãe o levava ao parquinho no fim do dia para jogar basquete;[35] e como quando a avó criou com amor os dois pintinhos que o pequeno Jungkook tinha comprado por mil wons.[36] Os fãs presumem que ele tenha crescido numa típica família coreana, nem muito rico nem muito pobre. Mas, ao contrário do que acontece numa família coreana tradicional, a mãe e o pai de Jungkook o criaram com uma liberdade surpreendente. Não se preocupavam com as notas dele, deixavam o menino fazer o que gostava e só brigavam quando ele cometia algum deslize, como a vez em que colou numa prova de ortografia. Então Jungkook considera que sua infância foi um período feliz, livre da pressão desnecessária que a maioria dos pais coreanos coloca nos filhos.

"Sou muito grato por isso. Pelos meus pais",[37] disse ele numa transmissão ao vivo. "Eles me deixaram fazer o que eu realmente queria."

Eu me pergunto se os pais de Jungkook sabiam do seu sonho de ser um astro do pop mundial, o que, de acordo com Bang Si-hyuk, sempre foi ambição dele.[38] Antes do BTS, os principais grupos das Big Three tentavam agradar os gostos asiáticos, e as gravadoras focavam em vender os idols para os fãs coreanos, japoneses e chineses, expandindo posteriormente para o Sudeste Asiático. Passar meses flertando com o desinteressado público ocidental significava negligenciar o mercado doméstico, que mudava num ritmo tão rápido que, em um ano, os artistas mais populares podiam se tornar uma relíquia do passado se não lançassem músicas a cada trimestre, como os demais. Então, era melhor permanecer focado no mercado asiático e colher frutos mais garantidos. A ideia de um grupo de pop asiático realmente se dando bem nos Estados Unidos era pura fantasia. Até o principal grupo de K-pop precisou correr atrás do prejuízo.

A imagem da Coreia do Sul no consciente cultural do Ocidente pode ser resumida em duas eras: antes e depois de "Gangnam Style". O single de 2012 de PSY causou uma verdadeira revolução cultural. Não foi só a batida hipnótica ao estilo EDM, o passo de dança *à la* caubói que antecedeu os desafios de dança do TikTok, o clipe viral no YouTube que foi o primeiro a alcançar 1 bilhão de visualizações. A letra acendeu um holofote sobre Gangnam, a área ao sul do rio Han em Seul, conhecida por seus novos-ricos. O que antes havia sido campos de arroz e amoreiras agora eram ruas largas repletas de prédios corporativos. A luminosa loja de departamento Galleria estava estocada com cremes Chanel e bolsas Louis Vuitton. "Gangnam Style" soou um alarme, chamando atenção para o quanto o país, antes empobrecido, tinha avançado desde a Guerra da Coreia.

Eu me lembro do dia em que "Gangnam Style" foi lançada. Uma de minhas amigas da faculdade, que também gostava de K-pop, estava em Nova York a passeio, e, enquanto contávamos nossas novidades, decidimos assistir ao clipe no YouTube — e ficamos muito admiradas.

Depois, fomos tomar brunch, imitando com alegria a dança do laço de PSY enquanto caminhávamos na direção do Central Park, sem saber, naquele momento, o quanto ela se tornaria icônica. Alguns meses depois, a curiosidade sobre a Coreia do Sul disparou na mídia. Um dia, meu chefe, editor na Condé Nast, veio falar comigo no refeitório com uma cópia da *New Yorker* em mãos, aberta numa matéria sobre o K-pop que tinha sido publicada na edição de 8 de outubro de 2012. Ele estava fascinado com os detalhes, querendo saber se era verdade, se o K-pop de fato se encaixava naquela descrição. Como eu não tinha lido a edição daquela semana, pensando na pilha de *New Yorkers* não lidas ao lado da minha cama, com as pontas ficando amareladas, dei uma olhada na chamada na página, que dizia "Factory Girls" [Garotas de fábrica, em tradução livre][39]. Rapidamente, supus a premissa do jornalista, a ideia de que estrelas do K-pop são fabricadas. "Ah, claro", concordei sem pensar, "o sistema de treinamento é muito intenso."

Naquela época, nos círculos editoriais, uma matéria na *New Yorker* era o selo de aprovação. O fato de que a revista tinha escrito sobre a Coreia do Sul, sobre o K-pop, abriu portas. De repente, meus chefes estavam interessados em saber de onde eu vinha, faziam perguntas que eu, naquele momento, tinha dificuldade em responder. Com os anos, a cobertura da cultura coreana aumentaria pouco a pouco nas publicações ocidentais, a ponto de artigos sobre "k-cultura" agora serem praxe na mídia. Quando sou contratada por outros veículos, 80% das vezes têm a ver com nossos produtos de beleza, nossa comida, nossa moda. Aquela matéria da *New Yorker* foi o ponto de partida, e sempre tive grande consideração por ela. Porém, quando me sentei para escrever este livro, voltei à matéria que teve tanta influência no mercado editorial e fiquei chocada com o quanto tudo mudou em apenas uma década.

Sobre o SHINee, ele escreveu o seguinte: "Foi divertido assistir aos rapazes — eram andróginos, com bastante maquiagem e mousse no cabelo, fazendo coreografias impressionantes. Mas… o grau de caracterização é muito mais Lady Gaga do que Justin Bieber. Talvez haja um público de meninas de 10 a 12 anos que conseguem se identificar com esses caras, mas tem uma cisão cultural imensa entre o One Direction e, digamos, o SHINee."[40] Entre as muitas observações de sua escolha, destaca-se uma particularmente cheia de ironia: "Mas vou me arriscar aqui e dizer que não tem como um grupo masculino de K-pop fazer sucesso nos Estados Unidos."

É fácil rechaçar seus comentários como sendo de um homem de outros tempos. Mas ele fez algumas observações que ajudam a explicar por que artistas de K-pop sempre foram azarões, historicamente difíceis de traduzir para o público ocidental, apesar de muitas tentativas antes e depois do BTS. "Factory Girls" foi uma manchete de impacto que definiu o tom da conversa. Em países como Coreia, Japão e China, estrelas do K-pop são idealizadas como modelos de beleza e comportamento pela natureza do sistema de produção de idols. Eles devem ser perfeitos, devem representar a fantasia; seu negócio é vender sonhos, oferecer uma fuga da realidade.

Com frequência, as músicas são chicletes, brilham na repetição, possibilitando um entretenimento fácil; a dança é hipnótica. Os idols são atraentes de maneira sobrenatural, com maxilares mais afiados do que as coreografias. Se ignorarmos as horas de interação pessoal que oferecem em lives e programas de variedade, tudo pode parecer robótico e roteirizado. Eles têm equipes por trás, um exército de produtores, gerentes, compositores, stylists, cabeleireiros, maquiadores, equipes de marketing e planejamento, diretores, fotógrafos e executivos envolvidos em sua carreira. Estrelas do pop nos Estados Unidos, a terra do individualismo, não são tão diferentes; raramente mantêm total controle criativo de sua produção e imagem. Porém, a ideia de que as estrelas do K-pop são mais fabricadas persiste. Como declarou o artigo da *New Yorker*: "Eu me peguei indagando por que música pop superproduzida e inspirada em outros modelos, apresentada por cantores de segunda linha, atrairia o grande público norte-americano, que pode escutar artistas melhores com material mais original sem sair de casa?"[41]

Fiquei pensando se algo poderia ter se perdido tanto na tradução ou se era apenas a "asianidade" deles que parecia insuperável na época.

A imagem de garotos e garotas fabricados, dos idols como robôs, montados e desumanizados, projetada nos estereótipos estabelecidos sobre asiáticos nos Estados Unidos. De forma consciente ou subconsciente, a percepção do "outro" ainda persiste. O "eterno estrangeiro",[42] o "perpétuo estrangeiro", um termo que pode ser rastreado a um artigo de 2002 escrito pelo professor de direito Frank H. Wu, refere-se a um elemento fundamental da experiência asiático-americana: o fato de que traços asiáticos marcam alguém como estrangeiro, não importa onde se tenha nascido. A Ásia é tida como um monólito, com bilhões de homens e mulheres que têm uma fisiologia parecida, agem igual, soam igual, como se saíssem de uma linha de montagem. São falsos ou não são confiáveis. Quando a "síndrome do eterno estrangeiro" é aplicada ao K-pop, significa que os idols têm dificuldade de mostrar a individualidade que o público ocidental valoriza. Na época, parecia impossível superar essa relutância em compreender e se engajar com algo diferente.

Como que por ironia, o BTS debutou apenas oito meses depois da publicação do artigo na *New Yorker* e, desde o princípio, foi visto como diferente de outras estrelas do K-pop. O conceito principal por trás do grupo, como discutido por Bang Si-hyuk com a Big Hit e os garotos, se concentrou numa missão: falar de coisas comuns a pessoas da mesma idade,[43] como amigos e colegas, destrinchando as alegrias e dificuldades da vida deles no presente. Nas palavras deles, essa noção batia de frente com a imagem dos idols como modelos ideais. "Na verdade, conversar com colegas sobre o que você está sentindo no momento [e] alegar ser um idol inalcançável pode ser muito contraditório, dependendo de como você enxerga isso",[44] explicou RM no documentário da SBS *Archive-K*. Lembro em detalhes que eles foram anunciados exatamente assim por canais de fãs no Ocidente, que elogiavam sua autenticidade, capacidade de identificação e profundidade das letras. "Eles são mais reais", me disseram, em várias ocasiões, fãs de K-pop e jornalistas de música que tinham assistido à jornada do grupo naqueles Logs e Bombs e visto o desejo do BTS de ultrapassar cada obstáculo pelo caminho. Há outros grupos azarões em empresas pequenas que fizeram sucesso apesar dos obstáculos da indústria do K-pop — Infinite, da Woollim Entertainment; Seventeen, da Pledis Entertainment; Ateez, da KQ Entertainment, por exemplo. Mas o BTS tinha uma história de superação que cativou a imaginação do público no momento perfeito.

O BTS e a Big Hit sabem que tiveram o timing a seu favor. O Twitter ofereceu um veículo dinâmico para o fandom e a globalização de conteúdo. O ARMY ficou mais interconectado e disposto a defender seus favoritos. Pessoas com atenção curta, como eu, desejavam conteúdo rápido e digerível como o que o BTS oferecia tão prontamente. O grupo estava no lugar certo, na hora certa, compartilhando sua personalidade autêntica num momento em que as pessoas estavam procurando um novato para apoiar. Praticamente isolados durante o debut por conta da caracterização fora de moda e da empresa pequena, Jungkook e seus colegas compartilhavam as dificuldades diárias e os momentos de felicidade. Em 12 de fevereiro de 2013, um dos membros tuitou que eles tinham conseguido mais de mil seguidores depois de um mês e meio, e eles ficaram emocionados por receber um pouquinho de atenção que fosse.[45] "Isso se tornou muito natural",[46] disse J-Hope no *Archive-K*. "Será que esse tipo de comunicação virou uma rotina diária? E, ao fazer isso, ficamos mais próximos de nossos fãs." O BTS ofereceu um nível inédito de acesso e intimidade, que se estabeleceu na Coreia e com os fãs internacionais, que viam o grupo não só como idols, mas como sete garotos dando seu melhor, apesar de todas as adversidades.

Todo mundo ama uma história de superação, e seu efeito — o desejo psicológico de apoiar os desfavorecidos, o vencedor improvável — já foi bem documentado. Alguns estudos sugerem que tem a ver com a empatia humana;[47] outros, com uma tentativa de se conformar com a nossa percepção de injustiça, atuando com o pouco de justiça que podemos. Basta dizer que a narrativa da superação tem sido aproveitada com eficácia por produtores de conteúdo e empresas para gerar apego.[48] Nos EUA, onde o mito da igualdade de oportunidades persiste, as pessoas adoram um herói da classe trabalhadora que supera as adversidades.

O BTS foi muito comparado ao One Direction, a *boy band* anglo-
-irlandesa formada no *X-Factor* em 2010, que foi a maior do mundo
até a saída de Zayn Malik, em março de 2015, e o consequente hiato do
grupo, cinco meses depois. No começo, os garotos se sentavam juntos numa escadaria mal iluminada e gravavam diários em vídeo para
atualizar os fãs semanalmente, compartilhando seu progresso e um
vislumbre do seu crescente entrosamento. Niall Horan, do condado
irlandês de Westmeath; Zayn Malik, de West Yorkshire; Liam Payne,
de West Midlands; Harry Styles, de Cheshire; e Louis Tomlinson, de
South Yorkshire: cinco garotos de origem humilde, "de famílias comuns de trabalhadores",[49] como Malik os descreveu em *One Direction:
This Is Us*. Outro conjunto de azarões, apoiados pelos fãs que se apai-
xonaram depois de forjar uma conexão verdadeira. Nesse mesmo documentário, os meninos falaram do desejo de se afastar das provisões
típicas do pop. "Tentamos manter distância da coisa batida de uma
boy band",[50] disse Malik. "Somos pessoas comuns fazendo um trabalho incomum", falou Niall. E o BTS, que já era uma escolha arriscada
na Coreia, quanto mais no mundo pop ocidental, pegou o fio dessa
meada e seguiu.

Na Coreia, altamente influenciada pela cultura norte-americana
depois da guerra, a mesma fábula do trabalho duro sendo recompen-
sado tem um apelo significativo. Há uma incansável motivação pela
busca de novas conquistas. Trabalhar duro e por longas horas, levando
o corpo e a mente ao limite: esses são os elementos da história do azarão que ressoam com o público ocidental.

Em 2015, o BTS participou do Idol Star Athletics Championships
(ISAC), um reality show anual no qual artistas competem em eventos
esportivos, como tiro com arco e futebol — tipo Olimpíadas de idols.
O grupo ainda estava crescendo na Coreia, e os comentadores mal o
mencionaram durante a final do revezamento de 400 metros, esperando que B1A4 ou TeenTop vencessem.[51] Jungkook estava na posição
de âncora, e, quando J-Hope chegou até ele, parecia que o B1A4 tinha
garantido a vitória. Então, os locutores ficaram de boca aberta quando

Jungkook veio de trás, num sprint tão rápido que ultrapassou os demais corredores em vários metros. "É como na vida real",[52] dizia um comentário. "Ninguém esperava que o BTS fosse dar certo, mas deu! Que orgulho desses garotos." Era o microcosmo perfeito da história deles, que agrada os fãs até hoje.

É mais fácil mostrar do que contar: dê uma olhada nos Bangtan Logs, nas Bangtan Bombs, nos tuítes sinceros e nas postagens nos blogs. Ver um Jungkook de 15 anos, distante da família,[53] com olheiras escuras, cansado e solitário, faria qualquer pessoa com uma gota de empatia sentir a necessidade de protegê-lo. Assistir aos membros mais velhos cuidando dos menores, como uma família, é de apertar o coração. Consumir o conteúdo deles toca no mesmo gatilho emocional de observar um herói passando por dias difíceis numa série de TV, só que com muito mais riscos — um garoto real, com seu futuro de verdade em jogo, e que você pode apoiar com seu próprio poder. Para o ARMY, esse instinto protetor cresceu mais ainda com o intenso cyberbullying — vindo de membros do público geral e de fãs de grupos rivais — que ocorreu quando o BTS começou a ter mais sucesso (a biografia oficial caracteriza os anos de 2015 a 2017 como um período particularmente difícil).[54] Eles foram perseguidos por acusações de *sajaegi*, ou manipulação das paradas de sucesso;[55] haters tentaram fazer hashtags sobre o assunto viralizarem no Twitter, e o ARMY lutou para substituí-las.

Penso logo no "caso do hambúrguer". Em 2016, antes de o BTS ganhar seu primeiro Daesang (o prêmio de maior prestígio em um programa de premiação musical da Coreia), Jungkook fez uma participação solo em *Flower Crew*,[56] um programa de variedades com foco em viagens para celebridades e MCs. Em um episódio, ele chegou com hambúrgueres e refrigerantes que comprou para a equipe. O comediante Jo Se-ho disse que pareciam restos de comida e recusou. Com o tempo, esse momento foi distorcido e mitificado, o contexto se perdeu, e só a casca da interação se manteve: a imagem de Jungkook sendo desrespeitado por uma figura pública e seu rosto se fechando quando sua humilde oferta foi recusada. Após muita comoção on-line, Jo fez um pedido de desculpas formal,[57] mas o dano estava feito. O momento provocou uma reação visceral no fandom, que se lembrou de todo o ódio virtual que o grupo tinha aguentado até aquele momento. Em 2021, o BTS apareceu em um episódio especial do programa *You Quiz on the Block*, em que Jo era coapresentador, no que pareceu o fechamento de um ciclo. Era a prova de como Jungkook e o BTS tinham chegado longe, o retorno triunfante dos Davis que derrotaram os Golias da indústria e agora podiam desfrutar dos resultados.

Em uma década, o sucesso do BTS gerou uma contribuição estimada de 32,6 bilhões de dólares para a economia sul-coreana[58] — supostamente comparável às contribuições da Korean Air —, de acordo com o Hyundai Research Institute. Eles já tiveram contratos com marcas como Samsung, Louis Vuitton e NBA. Cerca de 800 mil turistas estrangeiros visitam o país todo ano[59] por causa do grupo, gastando estimados 5 trilhões de wons, ou mais de 3 bilhões de dólares. Em 2023, o correio coreano lançou selos especiais comemorativos[60] para celebrar o aniversário de dez anos do BTS e vendeu cerca de 1,5 milhão de unidades. Porém, apesar do arco de conto de fadas, o BTS nunca pareceu mudar muito. Em *You Quiz on the Block*, Jungkook, que parecia ter feito as pazes com Jo, abraçou o homem carinhosamente,[61] ao que os fãs reagiram com orgulho. Era a prova de que, apesar do patamar que ele tinha alcançado, Jungkook não tinha perdido o espírito gentil e o bom coração do garoto que começou de baixo. Ele permaneceria um querido azarão até o fim.

CAPÍTULO 2

Seu profissionalismo

JUNGKOOK É BOM EM TUDO — AO MENOS É O QUE DIZEM. DIGITE a frase "Jungkook é bom em tudo" em qualquer rede social e você encontrará uma série de clipes e sequências de posts que listam todas as coisas em que Jungkook é bom: dança, canto, rap, pintura, cozinha, boxe, corrida, natação, snowboard, poses, tiro com arco, videogames, cinematografia, design. É um catálogo impressionante, resultado do que os fãs têm visto durante esses anos. Jungkook pintando uma tela, picando uma cebola em pedaços uniformes, desviando de um gancho de direita, acertando um *backspin* sem esforço. Cada momento se acumulou e contribuiu para sua reputação como gênio, o *maknae* de ouro do BTS. *Isso* é o cerne da história dele. Jungkook pode ter vindo com talento de berço, mas o que o diferencia — o que levou ao rótulo de gênio — é a maneira como ele trabalha duro para ser o melhor que pode. Sua determinação singular se destaca mesmo entre as estrelas do K-pop, todas extremamente determinadas.

Em maio de 2013, um mês após o debut, RM e Jungkook gravaram um Bangtan Log conversando sobre a filmagem do primeiro clipe. RM, então com 18 anos, perguntou a Jungkook, com 15, o que ele queria mostrar aos fãs. Quando ele disse que pretendia fazer rap, cantar e dançar, RM o chamou de um artista completo. "Ainda não cheguei nesse ponto...",[1] Jungkook começou a protestar, mas RM interrompeu: "Um *maknae* de ouro", criando um leve trocadilho com as palavras *manneung* (versátil) e *maknae* (o mais jovem).

O apelido pegou nele como um banho de ouro. Um vídeo intitulado "BTS Jungkook is Good at Everything - Golden Maknae Moments",[2] postado no YouTube em 2018, alcançou mais de 19 milhões de visualizações e apresenta sete minutos e 58 segundos de feitos: Jungkook no sprint para ganhar a medalha de ouro; pegando um buquê de rosas de uma grua de fliperama; vencendo várias partidas de queda de braço. Durante uma entrevista no *The Tonight Show* em 2021, Jimmy Fallon perguntou: "Jungkook, você é conhecido por ser bom em tudo. É isso que dizem. Você canta bem, dança bem, é incrível nos videogames. Tem algo em que você não é bom?"[3] Jungkook sorriu e balançou a cabeça, dizendo que havia muitas coisas que ele não sabia fazer bem.

"Ele é, tipo, o patamar superior, sabe, da indústria inteira, tipo, ele é bom em tudo",[4] disse Bang Chan, o líder multitalentoso do Stray Kids, numa live. "Assim, ele tem a minha idade, mas eu o admiro desde que eu era trainee também. Você tem que admitir, ele é bom em tudo."

Os próprios membros do BTS chamam Jungkook de gênio com frequência, sentindo muito orgulho de seus dons. V uma vez gravou e compartilhou uma mensagem em que agradecia a ele por doar seus talentos para o BTS e não usá-los em outro lugar. "Eu acho que nosso grupo conseguiu chegar tão longe por sua causa",[5] disse V, ao que os outros membros murmuraram em acordo. Ele considera Jungkook a pessoa mais talentosa que já viu. Mas o próprio discorda. "Não acho que eu seja um gênio. Nunca pensei isso a meu respeito", comentou, com uma risada tímida, no documentário *Jung Kook: I Am Still*. "Eu só tenho noção das áreas em que não sou bom, então, em parte, tento esconder isso o máximo que posso. Eu busco ser melhor também. Nem sempre sou bom, sabe."

Jungkook sempre se esforçou para aprimorar seus dons naturais. Ele passou a adolescência longe de casa treinando exatamente para isso. O sistema de treinamento dos idols é um dos principais elementos da indústria do K-pop. A primeira variante foi criada nos anos 1960 por Johnny Kitagawa, conhecido como o fundador do sistema de idol do j-pop. Kitagawa caçava novos talentos,[6] supostamente recrutando até mesmo garotos de 10 anos, depois alojava os trainees em dormitórios enquanto eles passavam por anos de aulas de canto, dança e atuação no estilo *bootcamp*. Eles eram moldados desde uma idade muito influenciável e se transformavam em estrelas perfeitas que dominavam as paradas. Na década de 2010, ele foi reconhecido pelo Guinness por produzir o maior número de artistas e singles número um. O legado de Kitagawa foi manchado por denúncias de abuso sexual que se estendiam por décadas,[7] e o Guinness removeu os recordes em 2023.[8]

Lee Soo-man, fundador da SM Entertainment, adaptou esse estilo de treinamento para a Coreia do Sul. De maneira tipicamente coreana, o modelo foi replicado por outras empresas de K-pop e aperfeiçoado por um processo de tentativa e erro que durou anos. Ironicamente, considerando o quanto o Ocidente critica as estrelas do K-pop por serem "pré-fabricadas", uma das inspirações para esse sistema de treinamento foi a Motown Records de Detroit,[9] cujo fundador, Berry Gordy, aplicou o processo de linha de produção da indústria automobilística da cidade à produção musical. Em 1964, a Motown estabeleceu um Departamento de Desenvolvimento Pessoal do Artista, liderado por Maxine Powell, uma professora de escola de etiqueta que passava horas ensinando artistas como Diana Ross e Marvin Gaye a apresentar uma imagem refinada ao público. "Esse departamento os preparava e polia para que pudessem aparecer em lugares de renome em todo o país e até mesmo diante do rei e da rainha",[10] disse Powell em entrevista à emissora de rádio WGBH.

O padrão de apresentações exigido dos *j-idols*, uma indústria mais doméstica focada em agradar os fãs e entregar carisma, é diferente do que foi adotado depois pelos *K-idols*. Quando chega o momento de debut de um idol comum, ele terá passado por anos de treinamento, com avaliações regulares do seu progresso (Jihyo, do Twice, por exemplo, entrou na JYP Entertainment aos 8 anos de idade e treinou por dez). Espera-se que executem uma coreografia extraordinária enquanto cantam e fazem rap com habilidade. Eles aprendem coreano, inglês, japonês ou chinês com professores de idiomas e têm uma equipe dedicada ao seu desenvolvimento completo. Quando trabalhei numa gravadora de K-pop, fazendo serão e trabalhando madrugadas adentro, das dez da manhã às cinco da manhã seguinte, organizando baús de roupas em um porão, muitas vezes me vi sozinha com os trainees, aspirantes a idols que assinam um contrato com uma empresa para se prepararem para um possível debut. Não há garantia alguma de que eles vão debutar. Ainda assim, investem anos da própria vida na esperança de isso acontecer. Algumas vezes, tinham aula de dança com um dos dançarinos ou estudavam inglês com um professor numa sala do tamanho de uma despensa. Com frequência, entravam sozinhos na sala de dança e ensaiavam os passos para a próxima avaliação. Os que ainda frequentavam a escola tinham menos horas de prática, e às vezes eu ouvia que estavam preocupados em ficar para trás.

Hoje em dia, o treinamento engloba ainda mais áreas. Idols novatos, normalmente chamados de *rookies*, praticam talentos ecléticos para exibir em programas de variedades, como imitações de personagens de desenhos e celebridades coreanas ou mesmo do som de um celular vibrando. Programas de variedades são como um reality show de entrevista, em que os apresentadores e as estrelas se envolvem em jogos e cenas de comédia, oferecendo aos idols uma chance de mostrarem sua personalidade. O Seventeen, um *boy group* de 13 membros da Pledis Entertainment, teve aulas de comédia visual,[11] o que os ajudou a se tornarem os "reis da variedade" de sua geração. Membros do IVE, um *girl group* da Startship Entertainment, tiveram aulas de selfie e TikTok, aprendendo a arte de viralizar posts.[12] São horas dedicadas a aperfeiçoar cada habilidade, macete e talento para ajudá-los a se destacar na multidão de dezenas de outros trainees que competem por uma chance de debutar.

Sangue, suor e lágrimas *de verdade* escorrem na formação de um idol, um esforço excruciante de noites sem dormir e sacrifício. Como comentei antes, o profissionalismo incansável é profundamente arraigado na consciência coreana, desde o momento em que uma criança entra no sistema escolar (um exemplo é o Suneung, a infame prova de vestibular que dura oito horas). A população altamente instruída é forçada a competir por oportunidades limitadas (de acordo com a agência governamental Statistics Korea, mais de 1,26 milhão de pessoas de 15 a 29 anos estavam desempregadas em 2023,[13] e 52,86% delas tinham diploma universitário), e trabalhar duro torna-se tão natural quanto respirar. Na monção do verão de 2022, quando enchentes severas alagaram as ruas de Seul com água lamacenta, uma fotografia viralizou:[14] um funcionário vestindo terno saiu de seu carro, que estava praticamente submerso, e, reclinado sobre o para-brisa, começou a usar o celular, indiferente. Amigos especularam que ele poderia estar respondendo a e-mails. Não duvido que estivesse — seja no inferno ou no meio da enchente, os coreanos não param de trabalhar.

E a intensidade do trabalho não diminui depois que um idol debuta. Mais de dez anos após "No More Dream", os membros do BTS ainda ensaiam sem parar para cada apresentação, apesar de ter seis músicas em número um na Billboard Hot 100. Jungkook, que se tornou trainee aos 13 anos, passou metade de sua vida nessa luta, o que significava que, quando ele atravessou para a esfera do pop ocidental, chegou preparado de uma maneira que surpreendeu colaboradores como Charlie Puth e o produtor Andrew Watt, que não estavam familiarizados com o padrão coreano. Alguns momentos-chave no decorrer da carreira de Jungkook oferecem um vislumbre de seu profissionalismo impecável, desenvolvido com o BTS, que o preparou para seu árduo debut solo. O primeiro momento mostra o que Jungkook sacrificou em troca da possibilidade de realizar seus sonhos; o segundo, a maneira como ele cresce e melhora por meio do esforço; e outros dois momentos examinam o amor pelo ARMY que o impulsiona.

É 8 DE FEVEREIRO DE 2013. JUNGKOOK, 15 ANOS, TRAINEE, QUATRO meses antes do debut. Ele se inclina em direção à câmera apoiada no canto da mesa — a primeira aparição pública, próxima e pessoal, do garoto adolescente que viria a se tornar, no decorrer de uma década, uma estrela internacional do pop. Ele examina a lente olho de peixe e lança suas primeiras palavras para os fãs: "8 de fevereiro de 2013. Log diário do Jungkook".[15]

Somente dois anos haviam se passado desde que Jungkook saíra da casa de sua família em Busan, a cidade costeira a duas horas de Seul de trem-bala, para se apertar em um dormitório de dois quartos com mais uns nove adolescentes, todos treinando na Big Hit Entertainment. O dormitório ficava numa rua lateral em Nonhyeon-dong,[16] Gangnam, um complexo de apartamentos sem luxos com cerca de 50 a 56 metros quadrados. Ficava em uma área residencial tranquila, perto de uma loja de conveniência aonde ele às vezes ia para devorar uma porção de lámen instantâneo enquanto chorava de saudade da mãe.[17] Sem poder comer seus deliciosos pratos caseiros, ele comprava uma caixinha de leite de banana depois dos ensaios para se mimar quando sentia muita vontade.[18]

A loja de conveniência, o balanço no Hakdong Park, a ciclovia ao longo do rio Han: esses lugares ofereciam aos membros do BTS um refúgio das agendas massacrantes.[19] Com os sete membros do grupo definidos, a empresa mudou os trainees, um mês antes do debut, para o terceiro andar do prédio em Nonhyeon-dong, no apartamento imortalizado em "I-sa (Moving On)", lançada em 2015 no álbum *The Most Beautiful Moment in Life Pt.1*. Apelidada de "Casa Azul" — pois as portas, o banheiro e a varanda tinham sido pintados em um tom vivo de cobalto —, os sete garotos dormiam em um único quarto com três beliches.[20] Mais novo, Jungkook ficava em um colchão de solteiro no chão. Na época, ele tinha 1,70 metro e ainda estava em fase de crescimento.[21] Sete adolescentes compartilhavam um banheiro, e Jungkook, tímido como era, esperava para tomar banho quando todos já estavam dormindo.[22] Jin, o mais velho, levava os garotos em seu Mini Cooper, deixando Jungkook na Shingu Middle School, a dez minutos do rio.[23]

Jungkook gravou aquele primeiro Bangtan Log no dia de sua formatura no ensino fundamental. Ele estava com uma camisa social branca, gravata fininha e casaco de lã, o cabelo preto penteado para o lado. Sua formatura foi prestigiada por um pequeno número de fotógrafos dos primeiros *fansites* do BTS[24] (sites administrados por fãs dedicados a um idol favorito), que estavam intrigados com a presença do grupo na mídia antes do debut e apareceram para documentar o momento. Jungkook foi visto sorrindo para as câmeras,[25] segurando seu diploma na pasta transparente, com buquês de crisântemos nos braços. Os pais de Jungkook não foram. Em vez deles, Jin, Suga e Jimin estavam presentes e posaram orgulhosos com o mais novo.

Algumas horas após o fim da cerimônia, o quarteto voltou para Nonhyeon-dong para continuar o treinamento. Bang Si-hyuk alugava um espaço para ensaios[26] debaixo do restaurante Yoojung Sikdang, porque não tinha como acomodá-los no Cheonggu Building, o edifício de cinco andares que era a sede da Big Hit. Em um dos quatro estúdios no porão,[27] os garotos dançavam e cantavam com o aroma de porco grelhado que vinha de cima. Em um dia normal, eles acordavam às 10h,[28] tomavam um café da manhã simples composto de salada, pão ou peito de frango grelhado antes de irem para o estúdio, onde ensaiavam até cerca de 22h. Nos dois meses anteriores ao debut, os ensaios chegavam a 12 ou 14 horas. Aulas de canto eram oferecidas por Kim Sungeun, que treinou Jin, V e Jungkook por mais de um ano.[29] O diretor de performance, Son Sungdeuk, ensinava dança. J-Hope e Jimin, que tinham treinamento anterior e eram dançarinos natos, ofereciam assistência adicional, direcionando os novatos.[30] J-Hope, com seu talento notável, viria a se tornar o dançarino líder do grupo. Anos depois, Jungkook refletiu sobre esse período difícil de noites viradas e dietas restritivas. "O sofrimento era o esperado na época", disse ele. "Eu não conseguiria fazer aquilo de novo."[31]

Pouco antes de começar o Log, Jungkook tinha gravado seu primeiro vídeo de dança,[32] um cover de uma coreografia de Kyle Hanagami.[33] Era fruto de dois anos de experiência, capturados no vídeo de um minuto, ensaiado centenas de vezes. Com os barulhos do tênis contra o piso, deslizando no chão no ritmo da batida, os fãs tinham certeza da habilidade de Jungkook, da qual ele precisaria para realizar as danças afiadas e sincronizadas do BTS.

Naquela noite, depois de mais um ensaio que tinha ido até tarde, Jungkook caminhou sozinho para o Bangtan Room, um pequeno estúdio com um controlador MIDI Maschine na mesa e um sintetizador ASR 10, onde os garotos filmavam seus vlogs e criavam músicas. Ele ainda vestia o casaco de inverno da formatura, com o capuz cobrindo a cabeça, o tecido felpudo preto enquadrando seu rosto como uma auréola sombria. Sem maquiagem, os fãs podiam ver uma leve sombra ao redor de seus olhos. Ele falava pausadamente com a voz suave.

"Humm…" Ele desviou o olhar da câmera, parecendo incerto. "Hoje finalmente me formei. Achei que ficaria muito feliz com isso, mas na verdade… depois de me formar, não me sinto tão bem."[34] Ele abaixou a cabeça e assentiu para si mesmo várias vezes, como se estivesse lutando com seus pensamentos. "É. E agora são… 11h39 da noite. Vim aqui para ter aulas de dança, mas… logo vai ser o *seollal* [ano novo lunar], então… Quero ir logo… para casa. Quero ver minha mãe." Ele ri baixinho para si mesmo. "E quero ver meu pai. Todo mundo vai estar me esperando…"

Não havia garantias de que esses anos de sacrifício dariam em algo. O BTS era um dos 36 *boy groups* que supostamente estreariam naquele ano,[35] na esperança de chamar a atenção do público, e Jungkook, um dos 163 rapazes que competiam para ser uma estrela. Apesar disso, suas palavras não soaram como reclamações. Eram divagações, uma exposição da vulnerabilidade de um adolescente incerto do seu futuro e da importância do que ele abandonara. Ao encerrar, ele sorriu para a câmera, como se decidido a continuar. Mesmo ainda criança, tinha uma determinação fora do comum. Apesar do estresse, do sofrimento e do sacrifício, ele trabalhou em meio a todas essas dificuldades, por si mesmo e pelo BTS. Um dia, colheria os resultados de seus esforços e viria a entender o que havia perdido e ganhado no caminho. Até lá, teria que administrar a incerteza e controlar apenas o que podia:

seu profissionalismo. Ele continuaria praticando e se sacrificando para transformar seus sonhos em realidade.

JULHO DE 2012. JUNGKOOK, 14 ANOS. COM UM BONÉ, ÓCULOS EScuros e uma almofada ao redor do pescoço, o garoto fez um sinal de paz depois de embarcar na classe econômica para a viagem de 12 horas de Seul a Los Angeles.[36] Era o primeiro voo de sua vida, confessaria ele numa postagem no *Bangtan Blog* publicada logo antes do debut. Viajando apenas com Son Sungdeuk, que escolhera Jungkook como o trainee mais promissor,[37] ele parecia surpreendentemente desperto quando saiu do Terminal Internacional Tom Bradley, no aeroporto de Los Angeles,[38] vestindo a mesma camiseta cinza-escura, bermuda preta e carregando uma mochila vermelha com roupas suficientes para sua estadia de quase um mês. Enquanto dirigiam para a hospedagem, Jungkook ficou encantado com a paisagem, a vegetação exuberante e o céu azul, tão diferentes da fria e cinzenta Seul. Eles pararam o carro para tirar uma foto, e Jungkook posou no meio de uma rua com palmeiras altas margeando os dois lados.[39]

Depois de deixar as malas na acomodação, ele foi direto para as aulas de dança. No primeiro dia, participou de duas ou três no estúdio Movement Lifestyle,[40] em North Hollywood, fundado por Shaun Evaristo, que tinha criado coreografias para o grupo de K-pop BigBang, cujos membros o BTS venerava. [41] A primeira aula não foi tão difícil quanto Jungkook imaginava. Mas, durante a segunda, talvez por conta do *jet lag*, ele teve um "colapso nervoso",[42] como escreveu em seu blog. Não conseguiu compreender as palavras do instrutor e achou a coreografia muito mais puxada. Em um vídeo de ensaio, Son e Jungkook revisavam um trecho complexo[43] que tinha uma série de movimentos de *"pop e lock"* e de *"finger tutting"* para a música "Pull My Hair", de Joe. Ao fim da sequência, Jungkook sorriu, tímido, para Son. Estava reconhecendo seus muitos erros e pensando em como melhorar.

Nas semanas seguintes, Jungkook acordava e ia até o restaurante coreano mais perto da acomodação,[44] onde pedia sopa de macarrão apimentada, com acompanhamento de picles de rabanete amarelo ou outros pratos coreanos que ajudavam a matar a saudade de casa e lhe davam a energia para ensaiar por horas no estúdio. Uma ou duas vezes por semana, ele ia até uma lavanderia para lavar e secar suas roupas.[45] Aos fins de semana, ia à praia.[46] Comia espetinhos de salsicha empanada e *lo mein*.[47] Instruído por Bang Si-hyuk a deixar que Jungkook se divertisse e provasse coisas novas,[48] Son o levou ao Getty Center, onde ele teria visto uma exposição dos desenhos de Gustav Klimt, emprestados de Viena, e retratos em preto e branco de Herb Ritts. Antes de ir embora, Jungkook fez uma bananeira de uma mão só, que ele chamava de "Nike",[49] nos degraus de pedra travertino e outra no gramado bem cuidado.[50]

Começou a andar com o skate que havia comprado lá,[51] deslizando pela calçada de North Hollywood em frente ao edifício do Movement Lifestyle. Viu o sol se pôr na praia,[52] mergulhando no Pacífico. No dia anterior ao retorno à Coreia, Jungkook foi até o restaurante The Lobster, no píer de Santa Monica,[53] com vista para o mar, e comeu lagosta pela primeira vez (embora tenha dito com orgulho que, para um rapaz de Busan, caranguejo-das-neves ainda era melhor). Ele confessou que, depois desse mês em Los Angeles, desejou se tornar dançarino profissional em vez de um idol.

De acordo com Son e os outros membros do BTS, Jungkook estava mudado. Ele tinha ganhado confiança e desenvolvido a determinação para virar um dos melhores do mundo. "Ele ganhou o olhar do tigre",[54] descreveu Son numa entrevista no YouTube. Jungkook começou a melhorar num ritmo incrível, reforçando a percepção do público de que ele era um gênio. Mas, no centro de tudo, estava a prática, o esforço e um desejo de se aprimorar. Com os anos, Jungkook continuaria amadurecendo ao buscar novos desafios e adquirir novas habilidades, como se o desenvolvimento pessoal o ajudasse a entender o amor e a confiança depositados nele. "Não sou uma pessoa com autoestima muito alta",[55] disse numa entrevista de 2023 para a *Weverse Magazine*. "Posso não saber por que todas essas pessoas me amam, mas sempre vou lembrar o quanto elas me querem bem. Então, comecei a pensar: de que adianta toda essa gente gostando de mim e me apoiando se eu não tenho confiança? Acho que é por isso que venho mudando um pouco."

Março de 2017. Jungkook, 19 anos. Santiago, Chile. Era a primeira parada internacional da Wings Tour, a segunda turnê mundial do grupo, para promover o álbum homônimo. O single principal, "Blood Sweat & Tears", foi o primeiro do bts a chegar a número um no Circle Chart na Coreia, antes conhecido como Gaon Chart, e quebrou o recorde para vídeo de K-pop a ultrapassar mais rápido as 10 milhões de visualizações no YouTube. As expectativas para a turnê estavam altas. A última tinha sido a The Red Bullet Tour, em 2014, que passara por sete cidades na Ásia antes de ser estendida para mais 12 em 2015, incluindo Nova York e Los Angeles. Na época, os membros se preocupavam se teriam canções suficientes para preencher o set,[56] além da inexperiência e da falta de recursos corporativos, que podiam impedi-los de dar seu melhor.

A Wings foi diferente. Em 2016, o bts ganhou seu primeiro Daesang, recebendo a validação que tinham passado três anos trabalhando para conseguir. Na primeira semana de pré-venda do *Wings*, houve mais de 500 mil compras,[57] três vezes mais do que o álbum anterior, *The Most Beautiful Moment in Life Pt.2*, conseguira em 2015. Cada elemento do show foi pensado para refletir o que os garotos tinham conquistado e o caminho que fizeram até ali como indivíduos e como grupo. O repertório tinha 28 músicas, incluindo um *encore* e números solo para cada membro.

Eles programaram dois shows no Chile e pegaram voos de 30 a 32 horas para chegar nessa primeira etapa, com uma parada nos Estados Unidos. Mais de cem fãs aguardavam no aeroporto[58] em filas organizadas enquanto eles passavam pelo desembarque. Conforme os membros entraram na van branca e se afastaram do aeroporto, alguns fãs começaram a correr atrás do veículo. Sentado atrás, Jungkook vestia um moletom preto com o capuz sobre a cabeça, e tinha um sorriso largo no rosto enquanto praticava inglês; quando chegaram ao hotel, ele fez um sinal de paz para o câmera que documentava a viagem. Eles saíram para comer churrasco coreano naquela primeira noite, e Jungkook cantou uma versão exagerada de "Lie", de Jimin, para a diversão dos demais membros do BTS. O grupo estava animado.

As duas apresentações foram na Movistar Arena, uma casa de shows no centro de Santiago com capacidade para 17 mil pessoas.[59] Na frente do espaço, fãs imitavam as coreografias e sacudiam suas ventarolas feitas à mão com o rosto do membro favorito para as câmeras. Dentro da arena, ergueram um mar de ARMY Bombs, os *lightsticks* oficiais do grupo, bastões luminosos que brilham no escuro.

A primeira noite saiu como planejado e ensaiado. Os gritos do público chegavam até o camarim, surpreendendo os rapazes com sua intensidade. Em troca, eles resolveram entregar um show digno da energia do ARMY. Na metade da apresentação, Jungkook foi para os bastidores e se jogou num sofá,[60] respirando pesado, com suor escorrendo pelo pescoço. Ele bebeu água, tentando recuperar as forças, enquanto a equipe o acudia. RM observou em choque, nunca tinha visto Jungkook cansado daquele jeito. Naquele momento ele se deu conta de que o *maknae* de ouro do BTS era tão humano e frágil quanto os demais. Já Jungkook tentou honrar sua reputação intocada, forçando o corpo até o limite.

Seu estado piorou na segunda noite. Entre cada parte do show, Jungkook saía do palco cambaleando, enquanto a equipe fazia massagem nele e tentava baixar sua temperatura. Ele estava de olhos fechados e sem camisa enquanto alguém alongava seu pescoço para a frente e para trás; mal parecia consciente, mesmo com o ponto em seu ouvido ainda soando. Médicos seguravam um cilindro de oxigênio sobre sua boca,[61] apoiando a nuca e pedindo que ele respirasse. Os outros membros observavam o colega com medo e preocupação. Ele ficou ali atrás da cortina, no escuro, sentado no chão de cabeça baixa, até o momento de voltar ao palco e se apresentar, como se nada estivesse acontecendo. O ARMY tinha vindo vê-lo, e os membros contavam com ele.

Jungkook começou seu número solo, "Begin", cantando firme, enquanto executava giros e movimentos ágeis. Quando o grupo apresentou "Fire", uma faixa muito acelerada que, na melhor das hipóteses, deixa todos sem fôlego, Jungkook fazia um esforço sobre-humano. No breve momento de respiro que antecede o *dance break* final, ele se atrapalha por um instante e apoia a mão no chão para não cair.[62] Foi um breve vislumbre de fraqueza, um raro erro, antes de reunir forças para os últimos 45 segundos de puro esforço.

Depois do último agradecimento, Jungkook foi cambaleando para uma sala nos bastidores,[63] onde deitou em um tapetinho de ginástica, de olhos fechados. Médicos o cercaram, colocando novamente o cilindro de oxigênio sobre sua boca, enquanto ele parecia ir e voltar de um desmaio. Suga foi ao banheiro e chorou em segredo,[64] preocupado com a saúde de Jungkook.

Colocaram uma bolsa de gelo sobre a testa dele[65] e deixaram dois cilindros de oxigênio no chão por perto, enquanto Jimin ficou ao seu lado. Jungkook começou a reagir quando uma pessoa da equipe se ajoelhou para tirar suas meias. Ele balançou os pés de leve, não queria ficar descalço. Enfim, recuperou-se o suficiente para se juntar aos demais membros na sala de espera, todos aliviados em ver que o caçula do grupo estava bem. Eles se espantaram com o fato de que ele tinha conseguido terminar o show, fazendo a melhor apresentação possível para o ARMY chileno.

"Eu estava mal. Meu corpo sentia, minha cabeça sentia, mas me apresentei com uma única coisa em mente: vou ficar sem ver [esses fãs] por muito tempo",[66] disse ele. É aí que está a razão do profissionalismo extremo de Jungkook: na sua devoção aos fãs e no desejo de retribuir o amor que recebe.

VERÃO DE 2021. JUNGKOOK, 23 ANOS, PRESTES A COMPLETAR 24. O BTS, depois de muita dificuldade, agora era um nome conhecido, um grupo que tinha derrubado todas as barreiras para se tornar um fenômeno cultural. Seu sucesso tinha transcendido o nacional e se tornado global. O ano de 2021 foi monumental: o BTS havia ultrapassado 11 bilhões de reproduções no Melon, um recorde na plataforma on-line de música coreana. A Dynamite Trilogy englobava sua sexta era, focada nos primeiros singles totalmente em inglês, cada um atraindo mais fãs. "Permission to Dance", "Dynamite" e "Butter" chegaram, respectivamente, aos números cinco, dois e um das paradas da Billboard nos Estados Unidos, enquanto cinco outras faixas estrearam no número um na Billboard Hot 100 naquele ano. "Dynamite" foi a primeira música de K-pop indicada para um Grammy Award. RM, Jimin, V e Jungkook se reuniram para assistir ao anúncio da indicação juntos, e, quando o BTS apareceu na tela ao lado de nomes como Lady Gaga, Ariana Grande, Dua Lipa, Justin Bieber e Taylor Swift, o quarteto ficou chocado e em êxtase.[67]

"Então é possível mesmo", disse Jimin, admirado.

Quando "Butter" foi lançada em maio, teve mais de 11 milhões de reproduções no Spotify em um único dia, enquanto o clipe quebrou quatro recordes mundiais do Guinness na categoria de visualizações no YouTube. "Butter" garantiria para o BTS sua segunda indicação ao Grammy de Melhor Apresentação Pop de Duo/Grupo. Qualquer que fosse o critério, eles tinham se tornado o *boy group* mais famoso do mundo, mas os membros se recusavam a relaxar com o reconhecimento.

Em agosto, o BTS lançou um remix de "Butter" com Megan Thee Stallion, que também chegou ao topo das paradas da Billboard. No verão, J-Hope, Jimin e Jungkook, os 3J, a *dance line* (termo que se refere aos melhores dançarinos em um grupo de K-pop) original, começaram a preparar uma coreografia especial para o verso de Megan. A ideia foi de J-Hope, que enviou uma mensagem para Jimin e Jungkook[68]. De acordo com Jimin, era a primeira vez que os 3J se reuniam para ensaiar em quatro anos,[69] e eles queriam mostrar a poderosa dança sincronizada que não faziam havia algum tempo.

O *dance break* de 30 segundos foi coreografado por Nick Joseph[70] e filmado em um dos estúdios de ensaios da HYBE, com iluminação em roxo neon contornando o piso. O trio executou a sequência uma vez, enquanto J-Hope supervisionava o ensaio com Son Sungdeuk.[71] Vestindo moletons soltos e tênis, eles passaram a coreografia outra vez, e o perfeccionismo do trio já começava a surgir pelas brechas.

Os três se sentaram para monitorar a gravação, revendo cada quadro, antes de filmar mais uma passada — e depois outra e outra e outra, a cada vez implicando com os menores detalhes. Entre as filmagens, paravam para repassar as sequências mais complexas, fazendo os movimentos em frente ao espelho para observar a coordenação, os pés deslizando e pisando para a esquerda e direita, para frente para trás. Examinando o monitor, o suor ainda acumulado na franja, os três continuavam pedindo aos outros que fizessem só mais um "take final mesmo".

Cada versão era executada, filmada e revisada em meio a sorrisos. Muito cientes de seu perfeccionismo aguçado, os 3J só podiam rir, bem-humorados, do quanto estavam dispostos a refazer tudo. Então, filmavam de novo. E revisavam de novo. E mais uma vez ficavam insatisfeitos e riam de si mesmos. Na enésima tentativa, as legendas no vídeo dizem: "Em nome de Jungkook, que tem arrependimentos, os membros farão um take final-final-final mesmo."

Eles dançaram outra vez e revisaram a filmagem. Virando-se para a equipe, fizeram uma reverência educada e encerraram. Para a maioria dos artistas, teria sido a prova cabal da dedicação deles ao ofício e do esforço colossal feito para 30 segundos de vídeo. Aquele take final-final-final mesmo teria sido o fim. Mas o BTS é um grupo extraordinário em muitas frentes, e Jungkook e Jimin, conduzidos por J-Hope por mais de oito anos, compartilhavam o impulso de sempre fazer melhor, sempre se levar ao limite em nome do fandom, cuja devoção o BTS sempre levou a sério. As longas horas que os fãs passam reproduzindo e apoiando os projetos de cada membro, o dinheiro gasto comprando álbuns, produtos e ingressos para shows são compensados pelo compromisso do grupo com apresentações de primeira classe.

E, assim, o trio 3J vestiu roupas branquinhas e voltou para tentar mais uma vez, mesmo depois que a agenda de gravação tinha sido encerrada. Filmaram um take e foram revisá-lo. Jungkook praticava os movimentos das mãos ao lado do monitor.

"Vamos de novo?", perguntou J-Hope com um sorriso largo.

"Vamos!", respondeu Jungkook animado, enquanto Jimin continuava sentado, com cara de exausto, mas um sorrisinho entregava que, àquela altura, ele estava acostumado a esse tipo de coisa.

Joseph, o coreógrafo que vinha supervisionando a filmagem, entrou para repassar com os rapazes uma sequência particularmente complicada de passos e chutes, fazendo um sinal positivo que confirmava que eles, enfim, tinham entendido. Jungkook continuou treinando os passos diante do espelho, recebendo dicas de J-Hope. Eles filmaram outra vez. E mais outra. De novo. De novo. Mais uma. Mais uma. Até o dia se tornar um borrão amorfo de tentativas.

Uma vez mais, revisaram a gravação. Depois de uma curta pausa, Jimin disse: "Eu odeio isso, sério, e não costumo pedir… mas vamos fazer um take final mesmo?"

A equipe caiu na gargalhada, decidindo fazer aquilo por Jimin. O trio se posicionou diante da câmera, energizado para o último take — que errou de cara, para seu delírio e alegria. Então, filmou o take final. Quando os três sentaram para revisar, finalmente pareciam contentes. Batendo palmas, Jungkook foi abraçar e agradecer ao coreógrafo, fazendo uma reverência educada para toda a equipe que tinha ficado até tarde.

"Levamos só dois takes para filmar esse vídeo", disse J-Hope no fim, com um sorriso irônico.

O resultado: um vídeo de um minuto e oito segundos, compartilhado no dia 9 de setembro na BANGTANTV, que teve 77 milhões de visualizações até a data da escrita deste livro.[72] A gravação dos bastidores, publicada cerca de um mês depois, revelou a quantidade de esforço dos 3J para um momento tão breve, mas tão belo. Dedicar tantas horas a um *dance break* de 30 segundos deixa claro o quanto Jungkook e o BTS zelam por tudo que fazem.

CAPÍTULO 3

O jeito como ele canta

N A WEBSÉRIE DOCUMENTAL DE 2023, *BTS MONUMENTS: BEYOND the Star*, Bang Si-hyuk, fundador da Big Hit Entertainment e diretor da HYBE, compartilhou sua primeira impressão de cada membro do BTS. Quando chegou em Jungkook, uma expressão pensativa cruzou seu rosto enquanto ele falava do vasto potencial que viu, apesar da preocupante falta de autoestima do garoto. Fãs quase conseguiam ver a memória surgindo na mente dele: Jungkook adolescente, os olhos acostumados a olhar para o chão, tão tímido e incerto da própria voz que era incapaz de se apresentar nas avaliações da empresa; em vez disso, passava 15 minutos de pé, inquieto.[1] Os outros membros já mencionaram como Jungkook não conseguia cantar quando necessário,[2] porque ficava tão ansioso que se debulhava em lágrimas. Levava trinta minutos de súplica dos *hyungs* (termo usado por homens coreanos mais jovens para se referir a homens mais velhos, com uma conotação de intimidade não necessariamente derivada de parentesco) para que uma única canção saísse de seus lábios.

Diz-se que Jungkook tem uma afinação perfeita,[3] embora haja quem conteste que ele tem afinação relativa (a habilidade de lembrar notas em relação uma com a outra) e não absoluta (a capacidade de identificá-las de maneira independente). Mais do que isso, seu conhecimento inato de música é impressionante. No episódio 150 do programa de variedades *Run BTS!*,[4] Jungkook repetiu uma sucessão de sete notas, tocadas numa sequência de sinetas, momentos depois de ouvi-las apenas uma vez, deixando os demais membros do BTS admirados. Embora tenha explicado que não sabia o nome das notas, ele logo pegou o primeiro Fá no ar. Charlie Puth compartilhou em várias entrevistas que acredita que Jungkook tem o mesmo dom que ele. "Ele é um prodígio modesto. Tem afinação perfeita e consegue se lembrar de qualquer nota na hora, o que achei muito impressionante"[5], disse Puth à *Rolling Stone*. "Os únicos artistas que gravaram vocais perfeitos comigo são Jungkook, Boyz II Men e James Taylor"[6], elaborou Puth em uma entrevista ao *BuzzFeed*.

A extensão vocal registrada de Jungkook vai de G2 a Bb5,[7] alcançando três oitavas. Ele canta em um tenor delicado, com um timbre rico que permanece no ouvido. Leve, claro, doce, macio: há contas inteiras no Twitter dedicadas apenas à voz dele, todas com milhares de seguidores. Mesmo dentro dos fandoms de K-pop, notoriamente adulatórios de cada centímetro de seus idols, isso representa uma apreciação impressionante.

A capacidade de mesclar perfeitamente a voz de peito e a voz de cabeça, entrando em falsete de maneira solta e natural. Sua estabilidade notável, sua vitalidade e seu apoio respiratório o ajudam a manter a afinação clara e limpa mesmo enquanto dança alucinadamente. Sua agilidade vocal, a maneira como dispara por coloraturas e *ad libs*, acertando com precisão cada nota. Seu fraseado — a maneira como ele forma e expressa cada passagem, onde coloca a respiração — é lindo, delicado, com uma compreensão intuitiva do ritmo. À época do seu debut solo, Jungkook tinha se tornado um cantor admirado por milhões, com uma voz característica e habilidades elogiadas por produtores em todo o mundo. Chris Martin, do Coldplay, ficou claramente encantado depois de assistir a Jungkook na cabine de gravação de "My Universe".[9] Cirkut, que coproduziu "Seven" com Andrew Watt, comentou sobre a versatilidade do cantor coreano,[10] chamando-o de camaleão vocal com potência e um lindo falsete, capaz de moldar seu tom para se adequar a qualquer gênero. Watt, produtor vencedor do Grammy conhecido por seu trabalho com Justin Bieber e Post Malone, também ficou impressionado com o alcance de Jungkook.[11] Kang Hyo-won, o produtor musical conhecido como Pdogg que trabalhou com Bang para criar o BTS, considera Jungkook um gênio natural. "O que chamou nossa atenção? Devo dizer sua potência? A potência da voz de Jungkook... foi assim que tudo começou", disse Pdogg no documentário *Jung Kook: I Am Still*. "Ele é a pessoa que capta mais rápido a atmosfera de uma música [e] é muito bom em tornar a música sua."

O que mais me impressiona é sua coloração vocal: é quente e suave, como mel ou manteiga, mas também aerada, leve como espuma ou bolhas. Há clareza com um toque de rouquidão, uma característica aspirada com apoio da potência. Acho seu falsete notável, as notas flutuam em sussurros leves como pena, como as pétalas do dente-de-leão. Sua voz tem uma qualidade viciante que até profissionais têm dificuldade de descrever. Em uma conversa separada com SiriusXM, Puth disse apenas: "Sinceramente, eu amo a voz dele.[12]"

Jungkook não é como o protótipo dos vocalistas pop coreanos, que passam por treinamento vocal formal e são elogiados por sua capacidade de fazer *beltings* poderosos, ao estilo da Broadway — não que um seja melhor do que o outro. A primeira geração de idols incluía *boy groups* como H.O.T. e Shinhwa, cujas primeiras músicas iam mais para o lado do rap e do hip hop, gêneros até então novos para o público coreano. O TVXQ, *boy group* de cinco membros que debutou no fim de 2003, fez a ponte entre a primeira e a segunda gerações. Suas vozes ressoavam em harmonias requintadas, alcançando notas altíssimas. O TVXQ revolucionou a indústria, ganhando uma atenção sem precedentes em países como Japão e China e estabelecendo o recorde do Guinness de maior fã-clube oficial em 2008[13] (mais de 800 mil membros) e celebridades mais fotografadas em 2009 (cerca de 500 milhões de vezes). Um dos maiores grupos de sua era, o TVXQ levou o K-pop para outro nível, exibindo seu potencial para sucesso internacional.

A influência do TVXQ se estendeu a grupos posteriores, como Super Junior e SHINee, da segunda geração. Até o BigBang, mais lembrado por seus álbuns de hip hop, mantinha dois cantores fortes, que conseguiam com facilidade alcançar várias oitavas. Na época do debut do BTS, o K-pop tinha chegado à terceira geração. O EXO contava com três vocalistas principais, que focavam na potência e na técnica impressionantes, e o BTOB se tornou um dos grupos mais amados do país graças a seu talento vocal sem igual. Vozes altas, claras, ressoantes, com treinamento quase operático: no geral, esse cantores eram elogiados e destacados em programas coreanos populares como *I Can See Your Voice*, em que juízes tentavam identificar os cantores reais dentre os dubladores desafinados; *Hidden Singer*, em que o público tinha que descobrir, só pela voz, a celebridade entre os cinco imitadores; e *Immortal Songs*, que apresentava reinterpretações maravilhosas de composições clássicas.

Em contraste, a voz de Jungkook se destacava por suas qualidades mais sutis que, olhando para trás, combinavam com a sensibilidade ocidental. Seu estilo mais leve e cheio de nuances tem mais pontos em comum com Justin Bieber, a quem ele é comparado com frequência, do que com os maiores idols coreanos. Pdogg o descreveu como o epítome do pop.[14] Com o passar dos anos, Jungkook fez para o ARMY uma curadoria de playlists[15] de canções com uma veia pop e R&B semelhante, cantadas por Troye Sivan, Kehlani, Frank Ocean e outros vocalistas de estilo soul, juntamente com cantores coreanos alternativos como Dean e Zion T. Vozes que são suaves, fáceis de ouvir e digerir. De novo, não melhores, apenas diferentes. "Eu acho que ele é o único na Coreia que consegue cantar pop assim",[16] disse Suga no episódio de *Suchwita* em que Jungkook tocou seu single, "Standing Next to You". "Quem ouviria esta música e diria que é cantada por um coreano?" Em conversa com Kim Jong-wan, da banda alternativa Nell, Suga revelou que a HYBE tinha pedido que ele parasse de usar Jungkook em suas faixas demo[17], pois seu estilo parecia colocar pressão no subconsciente de quem cantasse para seguir o estilo dele.

Se os gostos coreanos ditam certo estilo vocal, como é que Jungkook passou a cantar de maneira que exemplifica o pop ocidental? Em seu estilo único, agora característico? Para encontrar o som que mais se adequava a ele, Jungkook buscou inspiração não apenas nos artistas ocidentais que admirava, mas também em coreanos que tinham trilhado caminhos alternativos antes dele, bem como sua força e determinação internas.

"Aê, finalmente! Era isso que vocês estavam esperando?"[18]

Agosto de 2009. Um jovem de 21 anos aparece na tela. A câmera percorre seu corpo. Calça preta, regata preta, luvas pretas. Cabelo platinado, repartido de lado, e óculos escuros tipo *shield* ao estilo de Lady Gaga, cujo single "Just Dance" encabeçara as paradas no ano anterior. O homem no vídeo usa um gloss labial cintilante enquanto canta, com Autotune pesado e uma batida de *synth pop* que causa ira na Sony Music, devido a sua semelhança a "Right Round", de Flo Rida,[19] que depois aparece num remix. A música "Heartbreaker" é o debut solo de G-Dragon, membro do grupo coreano de estilo hip hop BigBang e um dos dois influentes artistas coreanos sem os quais não teríamos o Jungkook de agora.

Eu me lembro de 2009 como um dos anos mais influentes na história do K-pop, comandado pelas Big Three — JYP, SM e YG Entertainment. Da JYP, as Wonder Girls se tornaram o primeiro grupo coreano a entrar na Billboard Hot 100 com seu single *dance pop* retrô "Nobody" e foram convidadas para abrir os shows na América do Norte da turnê mundial dos Jonas Brothers, banda americana composta por três irmão. A Girls' Generation, da SM Entertainment, tinha lançado a música "Gee", acompanhada do vídeo que se tornaria sucesso viral no YouTube, e meus colegas de classe estavam hipnotizados pelas nove garotas de cabelos escuros, que se moviam para a frente e para trás, calcanhar-ponta, calcanhar-ponta, em formações complexas, vestindo shorts neon combinados e tênis de salto alto tipo bota branco. Minhas amigas americanas observavam com fascínio essa coesão, tão diferente das divas dos Estados Unidos, cuja individualidade era sua marca registrada — as Beyoncés e Gagas da época.

Nem todos os marcos foram positivos. Três membros do TVXQ, que tinha acabado de conquistar o leste asiático com o single "Mirotic" e se tornado o maior grupo de K-pop à época, processaram a SM pelos exaustivos "contratos escravizantes",[20] com duração de 13 anos, alegando longas horas e distribuição injusta de pagamento. Também acusaram a empresa de exercer controle demais sobre suas carreiras,[21] abafando aspirações profissionais e criativas. Foi um momento divisor de águas que chocou o público, e a subsequente separação da SM revelou o lado oculto do K-pop, levando a Comissão de Comércio Justo da Coreia a padronizar contratos de entretenimento para não ultrapassarem sete anos.[22] Para muitos fãs, foi uma rachadura no teto de vidro do gênero, um vislumbre da realidade cruel sobre a qual a indústria de sonhos dos idols fora construída.

Em meio a tudo isso, G-Dragon, o nome artístico de Kwon Ji-yong, ou GD como ele é conhecido pelos fãs, estava tentando se estabelecer como um artista que quebrava o molde. Ele desafiava a uniformidade comum dos grupos de K-pop. Descoloriu o cabelo e tatuou o corpo. "Heartbreaker" usava muito Auto-Tune, um software de modulação de tom que Kanye West levou ao mainstream com seu álbum de 2008, *808s & Heartbreak* — que, dividiu opiniões no lançamento, mas é amplamente considerado um dos discos mais influenciadores no rap. O single de GD se apartava do *belting* poderoso visto em grupos como TVXQ, cujo vocalista, Changmin, ia de um alto C#5 para um E5 em "Mirotic", atraindo aplausos enlouquecidos. Mesmo para um membro do revolucionário BigBang, G-Dragon e "Heartbreaker" fizeram uma escolha ousada ao experimentar uma aparência não convencional e uma sonoridade que pegava mais de artistas internacionais (isto é, Lady Gaga e Kanye West) do que de seus colegas. Isso criou uma referência diferente para idols iniciando suas carreiras solo e possibilitou que futuros idols pensassem fora da caixa.

Depois de "Heartbreaker", ele começou a vestir mais marcas de luxo, tornando-se embaixador da Chanel em 2016, e colaborou com artistas estrangeiros, como o já mencionado Flo Rida. Ao contrário de outros idols coreanos, cujas empresas tomavam medidas cautelosas para garantir a relativa harmonia do grupo, GD foi no contrafluxo, com visível ambição e desejo de sucesso individual. Como idol e produtor musical, responsável por boa parte da discografia do BigBang, seu trabalho foi considerado inovador na época. Ele não era um idol substituível em um grupo criado por uma empresa, mas um artista por si só; sua franqueza viria a inspirar a próxima geração de idols a ir além. A característica mais atrativa de GD era sua confiança inabalável, a tendência ao individualismo e o estilo cooptado dos artistas do hip hop de quem o BigBang se aproximava. Para um coreano como Jungkook, que cresceu no confinamento sufocante de sua cultura, alguém como GD abria as portas para o mundo. GD promoveu uma fantasia de liberdade e criatividade, livrando-se das amarras de uma sociedade que exigia rigor e conformidade.

Assim, foi "Heartbreaker" que atraiu Jungkook, que só tinha 11 anos quando a música foi lançada — uma criança precoce que, segundo ele mesmo, tinha tendência a sonhar. Numa entrevista incluída no DVD *2015 BTS Live* 花樣年華 *on Stage*, ele listou suas aspirações da infância:[23] ser Haku, o protagonista da animação *A viagem de Chihiro*, do Studio Ghibli, porque o personagem era bonito e podia se transformar em um dragão; ser jogador profissional de KartRider, um jogo coreano de corrida on-line com o qual ficou obcecado no terceiro ou quarto ano do ensino fundamental, quando seus pais compraram um computador; jogador profissional de badminton, inspirado por Lee Yongdae, que ganhou ouro nas duplas mistas nas Olímpiadas de Pequim em 2008; e, por fim, ser cantor, um sonho que teve início depois que ele escutou "Heartbreaker" e nutriu sua admiração por GD.

A influência de GD e do BigBang em Jungkook e no BTS foi significativa. "Não seria exagero dizer que [o BigBang] criou o BTS",[24] afirmou Suga no *Suchwita*, ao entrevistar Taeyang, do BigBang. Com debut em 2006, o BigBang validou o conceito de "idols de hip hop" e ficou conhecido por tomar o controle criativo de sua produção musical. T.O.P. tinha sido rapper underground antes de se tornar um idol, o que deu mais crédito ao seu trabalho do que ao de outros rappers treinados como idols. O BigBang e a YG Entertainment sempre se orgulharam de sua abordagem mais ocidental; quando conversei com um antigo diretor da gravadora, ele falou de como a empresa era "livre, aberta e americanizada" em comparação às rivais. Eles permitiam que cada membro, como GD, desenvolvesse a própria personalidade individual e desafiasse os limites com sua música e estilo, o que os tornou mais atrativos para fãs e mídia no ocidente — um padrão precursor do BTS.

Em 2011, o BigBang venceu o MTV Europe Music Award de Melhor Artista Mundial, derrotando Britney Spears. Seu EP de 2012, *Alive*, foi o primeiro álbum de K-pop a entrar na Billboard 200. Como um grupo de K-pop, eles se sentiam mais conectados ao mundo, em contato com tendências internacionais que expunham aos públicos coreanos, como tatuagens e cabelo tingido em tons pastéis. Colaboraram com artistas internacionais, como a neozelandesa Parris Goebel, conhecida por seu trabalho com Justin Bieber e Rihanna. Goebel coreografou "Bang Bang Bang", que se tornou sensação nacional. E, apesar de vários escândalos que mancharam seu legado, a influência do BigBang não pode ser negada. Por meio de sua música e seu estilo subversivos, bem como seu desejo de manter controle artístico, o BigBang ofereceu um modelo alternativo para o BTS e muitos outros grupos da terceira e quarta gerações, que encontraram maneiras de se destacar da concorrência cada vez maior. Nos seus primeiros anos, o BTS declarava claramente sua admiração pelo BigBang, até mesmo os chamando de principal inspiração em sua apresentação de debut.[25] "Eles são um grupo influente que nos inspira bastante",[26] explicou RM numa entrevista de rádio naquele mesmo mês. "E, assim como o BigBang tem seu estilo musical, queremos que o BTS faça música com um estilo próprio."

Cada integrante buscou em seus modelos uma inspiração diferente. Jimin admirava os vocais expressivos e a presença de palco de Taeyang;

ele participou do single "Vibe", do cantor, em 2023. Suga seguiu GD como produtor e compositor, tornando-se membro integral da Korea Music Copyright Association (KOMCA) em 2018. A KOMCA é um coletivo de direitos autorais sem fins lucrativos que administra trabalhos musicais na Coreia do Sul. Proprietários de direitos autorais na música, como compositores, produtores e arranjadores, entram como associados e são promovidos a membros integrais depois de produzirem uma quantidade considerável de material. RM e J-Hope uniram-se a Suga como membros integrais em 2020, e Jungkook, em 2024.

GD pode ter inspirado Jungkook de um jeito particularmente crucial: não sendo o vocalista mais forte, ele encontrou maneiras de usar sua voz como instrumento, cantando e fazendo rap com um tom não convencional imediatamente reconhecível, transformando uma fraqueza em força. Jungkook, cuja voz também não cabia no padrão do K-pop, talvez tenha encontrado a coragem de se destacar como seu ídolo tinha feito.

EM OPOSIÇÃO A GD, TEMOS LEE JI-EUN, MAIS CONHECIDA COMO IU, a vocalista cuja imagem pública imaculada gerou o título de "irmãzinha da nação".[27] Em 2024, IU ainda era a artista com o maior número de músicas número um na Coreia, de acordo com o Circle Chart, e a mulher mais ouvida no Melon, o maior serviço de streaming do país. Amada não só pelo público geral, IU é uma favorita dos artistas do hip hop, tendo colaborado com músicos como GD, Jay Park, Zico, Zion T. e Suga. Foi a primeira artista cujo CD Jungkook comprou com o próprio dinheiro.[28] Ele com frequência é visto cantando músicas dela — sentado em uma cadeira de escritório cantarolando "Ending Scene" no microfone,[29] banhado por luz colorida; "Through the Light"[30] em uma transmissão ao vivo do VLIVE em um quarto de hotel; "Sogyeokdong", nos bastidores de um show. Os membros do grupo consideram a cantoria dele um ruído de fundo. IU, cuja trajetória transcendeu a do típico idol para se tornar uma vocalista amada e amplamente respeitada por toda a nação, também foi uma inspiração para Jungkook.

Vale a pena repetir que música de idol não é o gênero mais ouvido ou preferido pela pessoa média na Coreia do Sul. Entre o público geral, funcionários corporativos e a população mais velha do país, cantores de baladas são mais respeitados. A história da música pop na Coreia do Sul ainda é recente. A primeira música totalmente gravada e produzida no país foi o hino nacional, em agosto de 1947,[31] apenas dois anos depois da liberação do país do regime colonial japonês. O Melon contém dados desde 1955,[32] dois anos após o Acordo de Armistício Coreano decretar o cessar-fogo na Guerra da Coreia. A música popular se tornou um canal para a expressão emocional, e o canto, uma tradição que data do *pansori* do século XVII, se enraizou com mais força na cultura. Ele continua sendo um passatempo nacional muito amado, representado nos *noraebang*, ou salas de karaokê. Existem *noraebang* sofisticados, com telas de cinema, sofás de couro e luzes de discoteca em salas à prova de som, que são alugadas por hora, e existem os *noraebang* operados por moeda, cabines rápidas e casuais nas quais se coloca uma moeda de 500 wons para cantar uma música. Cantar é uma forma de escape e catarse, uma fuga das longas horas e dos salários baixos, da hierarquia massacrante que caracteriza a cultura de trabalho coreana.

A primeira vez que artistas coreanos foram mapeados junto a artistas globais no Melon foi em 1964.[33] Analisando os rankings das músicas mais ouvidas de cada década, é possível ver uma tendência.

Na década de 1950, "Love Is a Many Splendored Thing", do Four Aces.[34]

Na década de 1960, "Yesterday", dos Beatles, e "Before Fall Comes", de Lyeongsuk.

Na década de 1970, "Bridge Over Troubled Water", de Simon & Garfunkel, e "Under an Umbrella in Autumn Rain", de Choi Heon.

Na década de 1980, "Take My Breath Away", de Berlin, e "My Love Too Far to Have Near", de Lee Kwangjo.

Na década de 1990, "The Power of Love", de Céline Dion, e "My Love By My Side", de Kim Hyunsik.

Na década de 2000, "I'm Yours", de Jason Mraz, e "Gee", da Girls' Generation.

E, na década de 2010, "I'm Not the Only One", de Sam Smith, e "Cherry Blossom Ending", de Busker Busker.

Essas canções de amor e baladas mais fortes, cantadas com entusiasmo nas dezenas de milhares de *noraebang* que surgiram no país a partir do começo da década de 1990,[35] representam a preferência do público. Canções com graves profundos e agudos poderosos permitem que os coreanos liberem o estresse, a raiva e o ressentimento acumulados que definem o coreano médio. Kim Gun Mo, cantor ativo nos anos 1990, manteve o título de álbuns mais vendidos no país por 24 anos, até o BTS tirar seu recorde em 2019 com *Map of the Soul: Persona*. Artistas ocidentais como Ed Sheeran e Sam Smith, conhecidos por suas vozes fortes e melodias melancólicas, são grandes astros na Coreia do Sul. Nacionalmente, vocalistas como SG Wannabe, Lee Seung Gi e cantores mais recentes, do fim da década de 2010, como Lim Young-woong, são aclamados por suas apresentações de partir o coração.

O single de estreia de IU se encaixa perfeitamente nesse molde. "Lost Child", cantado quando ela tinha apenas 15 anos, era sobre o amargo fim de uma relação. Em sua apresentação de estreia no programa *Show! Music Core*,[36] ela apareceu no palco acompanhada por um octeto de cordas e vestindo um tubinho preto com mangas bufantes de renda. Parecia um pouco dura, o visual maduro e os vocais fortes contrastando com sua aparência jovem. A recepção não foi unânime, e IU depois disse que seu primeiro álbum foi um fracasso,[37] mas a balada se tornou um hit cult que ressoou com fãs como Jungkook, que escolheu apresentá-la numa audição de canto.

Superstar K é uma série de programas ao estilo de *American Idol*. Estreando em 2009, *Superstar K* estava no pico de sua popularidade quando Jungkook decidiu se inscrever em 2011. A rodada final da primeira temporada teve duas versões de "Calling", música composta por Bang Si-hyuk, que tinha aberto a Big Hit em 2005. O vencedor, Seo In-guk, lançou a música "Calling" como seu single de estreia, e veio a se tornar um cantor e ator de sucesso. A segunda temporada do programa teve uma audiência de 18,1% durante sua final ao vivo,[38] estabelecendo um recorde para programas de TV. Mais de 130 mil votos por mensagem de texto foram registrados na final do programa,[39] e o escolhido do público foi Huh Gak, um técnico de ventiladores que tinha sido forçado a abandonar os estudos no ensino fundamental devido às circunstâncias financeiras de sua família. Seu talento desconhecido e sua jornada de superação se desdobrariam na tela, demonstrando como uma poderosa história de ascensão social era o segredo para o sucesso, e antecipando o advento do BTS.

A terceira temporada de *Superstar K* foi ao ar em 2011, e uma das rodadas preliminares ocorreu em abril na cidade natal de Jungkook. Milhares de pessoas esperavam em fila do lado de fora do Busan Exhibition and Convention Center ao amanhecer, como aconteceria com os 2 milhões que teoricamente se inscreveram[40] para o programa em cidades como Nova York, Pequim e Osaka, e uma a uma entrava nas cabines de teste, cobertas com anúncios do *Superstar K*, para se apresentar diante dos juízes. Cheio de esperança e com apenas 13 anos, Jungkook era uma delas. Como a de milhões de outros, sua participação nunca chegou a ser transmitida.

Somente anos depois a gravação foi encontrada, desenterrada de uma pilha de 2 mil testes preliminares.[41] Assim, a "história de Jungkook" foi recriada. Um garoto de 13 anos, vestindo uma camiseta branca de manga longa da Evisu e jaqueta preta, mochila nos ombros, entra na cabine de teste, coloca a mochila no chão e entrega uma folha aos juízes. Pedem que ele tire a jaqueta e mostre seu número, B-71, e ele se apresenta baixinho, quase abafado por um participante em outra cabine. Com as mãos cruzadas à frente do corpo, começa a cantar "Lost Child",[42] em um tom doce e macio diferente de toda a cantoria ao seu redor. Quando é chamado para cantar mais uma vez, ele escolhe "This Song",[43] do 2AM, um grupo cogerenciado pela JYP Entertainment e pela Big Hit.

Jungkook não passou para a próxima rodada, mas saiu com sete cartões de visita de agências,[44] colocados em suas mãos por recrutadores que viram potencial no garoto de voz macia: JYP (que gerenciava os grupos Wonder Girls, 2AM e 2PM); TS Entertainment (Secret, B.A.P.); Starship (Sistar); Woollim (Infinite, Epik High); Cube Entertainment (4Minute, Beast); FNC Entertainment (F.T., Island, CNBLUE); e Big Hit. E, dessa pilha de empresas famosas, ele escolheu a última, que tinha o menor número de grupos de sucesso, mas contava com vários trainees interessantes. Jungkook disse em inúmeras entrevistas que foram os vídeos pré-debut de RM que o impressionaram,[45] porque remetiam ao estilo descolado de GD que o jovem Jungkook apreciava. Em *Beyond the Story*, o livro oficial do BTS, ele acrescentou que seu pai tinha sugerido a Big Hit devido à aparição de seu fundador, Bang Si-hyuk, no *Star Audition*,[46] outro programa popular de música.

Aos 13 anos, Jungkook fez as malas e passou duas horas no trem KTX em direção a Seul, carregando seus pertences por uma ruazinha estreita perto do Hakdong Park, até o apartamento no terceiro andar de uma rua nada especial, Nonhyeon-ro 149-gil,[47] onde RM, Suga, J-Hope e vários outros trainees já moravam. Na época, o dormitório era o que J-Hope descreveu como um "ninho do rap".[48] O BTS originalmente planejava debutar como grupo de rap e produtores musicais.[49] A chegada de Jungkook gerou uma mudança de grupo de hip hop para grupo de idols[50] que faziam rap, cantavam e dançavam. No entanto, como ter sucesso com um grupo de obcecados por rap, ainda mais na Coreia, um país tão apaixonado por vocalistas? O peso caiu sobre a *"vocal line"*, como são chamados os cantores em um grupo de idols: Jin, Jimin, V e Jungkook que, apesar de ser o mais novo dos sete, recebeu o papel de "vocalista principal", o que significa que era responsável pelas partes mais desafiadoras.

Para *k*-idols, esse papel é motivo de orgulho. Os vocalistas principais são chamados para demonstrar suas habilidades em programas de variedade, através de batalhas de notas agudas, cada cantor subindo a escala para demonstrar sua proeza, ou a apresentar músicas como "Tears", de So Chan-whee, uma das mais difíceis no *noraebang*, cujo *belting* chega a um Sol5. O vocalista principal representa o talento do grupo inteiro. Vídeos com a música removida, que têm o objetivo de editar os backing vocals e instrumentos para deixar apenas a voz cantando ao vivo, são imensamente populares. Embora a validade desses vídeos seja questionável, fãs costumam usá-los como prova de que seus cantores favoritos são talentosos ("eles comem CDs no café da manhã!") ou fraudes sem talento. Nos programas de música semanais, os vencedores apresentam um encore ao vivo, não pré-gravado; eles se tornaram uma prova pública em que os idols demonstram suas habilidades ao vivo e são massacrados on-line se falham.

Ao criar um grupo de idols de hip hop, a Big Hit a princípio planejava colocar mais ênfase nas habilidades de dança e rap do que na instrução vocal formal. O álbum single de estreia, 2 *Cool 4 Skool*, tinha predominância de rap, e, considerando suas prioridades, o público manteve as expectativas baixas para o canto; inclusive, a *vocal line* do grupo recebeu críticas por anos. Jungkook, com apenas 15 anos no debut, enfrentou uma pressão imensa ao lado de Jimin, V e Jin. Eles falaram de ouvir outros artistas pelos monitores auriculares[51] enquanto aguardavam nos bastidores dos programas semanais e notar uma lacuna técnica em sua habilidade vocal. Em 13 de junho de 2013, quando o grupo apareceu pela primeira vez no *M Countdown*, teriam ouvido músicas como "A.D.T.O.Y.", do 2PM, com as vozes fluindo direto para seus ouvidos. O sexteto, com cinco anos de experiência como idol, estava promovendo seu terceiro álbum de estúdio, *Grown*, e havia pouco tinha se apresentado no Tokyo Dome para mais de 110 mil fãs em duas noites.[52] Sua apresentação estável intimidou o grupo novato, em especial Jungkook, que sentia a responsabilidade de vocalista principal e começou a perceber a falta de autoconfiança tomando conta de si. "Eu me dei conta, depois de debutar", refletiu Jungkook numa entrevista ao *You Quiz on the Block* em 2021, "de que era o vocalista principal do BTS, mas os vocalistas de outros grupos cantavam tão bem, dançavam tão bem, eram tão bonitos e descolados... E eu era o quê? Estava certo eu ser o vocalista principal deste grupo?"[53]

Com apenas alguns dias de carreira, Jungkook encarou uma crise de confiança, enquanto o BTS enfrentava dificuldades por sua inexperiência geral. Como resultado da crítica, cada membro retomou o treinamento com foco nas habilidades de performance vocal: correr no lugar por 10 a 20 segundos antes de cantar para criar resistência,[54] usando máscaras de simulação de altitude com privação de oxigênio para aumentar a capacidade pulmonar. Como vocalista principal, Jungkook passou a cantar com mais fervor do que todos. Ele talvez tenha encontrado conforto em sua cantora favorita, IU, que também debutou aos 15 anos e passou anos tentando obter o respeito da indústria; seu single "Good Day" lhe trouxe sucesso nacional três anos depois de "Lost Child", e a demora fez com que ela valorizasse ainda mais o que tinha conquistado.[55] "Pensei que a única pessoa que podia mudar o jeito como as coisas eram seria eu",[56] disse Jungkook. "A partir daquele momento, parei de pensar que havia uma hora específica para o treinamento vocal. No carro, no banho, 24 horas todos os dias, em todos os momentos em que podia cantar, eu cantava."

Do momento em que acordava, no carro entre ensaios e fotos, na cadeira de maquiagem, na sala de espera, ele cantava para si mesmo, aquecendo os vocais e refinando a técnica. Cantava com tanta frequência que levava bronca. Até hoje, ele ainda canta para si no carro[57] e nas transmissões ao vivo, com amigos e família, aonde quer que vá. Além de melhorar seu alcance e outros fundamentos musicais, Jungkook fez um esforço declarado de desenvolver sua interpretação musical, a habilidade de expressar a personalidade de uma música, pela qual IU é bem conhecida. Se GD inspirou Jungkook a abraçar a característica única de sua voz, que diferia do que o país estava acostumado, e quebrar expectativas, IU pode ter mostrado a ele a verdade universal de que a música é popular por seu poder de transmitir e processar emoções, e isso é o que mais importa para um cantor.

Em 2016, Jungkook aceitou o desafio de aparecer no *King of Mask Singer*. Na época, parecia que ele tinha firmado o passo. Depois de passar pela primeira rodada com uma versão trêmula de "I'm in Love", de

Ra.D, Jungkook chegou para as semifinais vestindo um traje de esgrima, com a bandeira da Coreia do Sul do lado esquerdo do peito e uma máscara prateada sobre a cabeça. Quando começou a cantar "If You", do BigBang, sua voz delicada se espalhou pelo ar.

Jungkook perdeu a rodada para seu concorrente, mas atraiu o público com sua versão melódica da balada, escrita por seu herói, GD, que também não tinha a clássica voz de *belting* e cuja música dava mais espaço para leveza e sensibilidade. O painel descreveu o canto de Jungkook como doce e sua voz como distinta, misteriosa, onírica;[58] disseram que ele tinha a capacidade de colocar, mesmo em músicas pesadas, um sentimento delicado, uma breve nostalgia e sentimentalismo, reminiscentes de sua outra inspiração, IU. "Aquela voz realmente é capaz de penetrar um coração, mas, por causa disso, não posso dizer que ele seja um idol", comentou um panelista. "Quer dizer, se ele for um idol, vai ser um choque." Eles ficaram mesmo chocados quando Jungkook removeu a máscara.

"Você não costuma cantar assim no [BTS], certo?", perguntou alguém.

"Ainda preciso melhorar muito vocalmente, então…", começou Jungkook, mas foi interrompido por uma onda de protestos.

"Fiquei chocado ao saber que você só tem [19] anos", prosseguiu o panelista, referindo-se às emoções que Jungkook era capaz de transmitir em seu canto. Como alguém tão jovem consegue expressar a profunda experiência da melancolia de um coração partido de maneira tão comovente?

Para ser sincera, não fiquei surpresa. Por trás do brilho e do verniz, Seul, a cidade para onde Jungkook se mudou quando ainda era tão novo, é perversa. Acho-a mais acelerada do que Manhattan, onde morei e trabalhei por uma década. Manhattan parece pacata toda vez que volto, então imagino como deve ter sido para Jungkook, vindo da cidade costeira de Busan. Na indústria do entretenimento, em todos os níveis, vale a sobrevivência do mais apto. Aspirantes a artista são encorajados a acabar com a concorrência, noites sem dormir são o padrão e o sofrimento é um selo de honra. Em Manhattan, meus colegas de trabalho corriam para sair do escritório assim que possível; em Seul, eles travam batalhas passivo-agressivas de quem fica até mais tarde, quem se sacrifica mais. É duro, tão duro que é difícil imaginar. Deve ter sido mais ainda para Jungkook e os outros membros do BTS, que passaram anos sendo rejeitados, desprezados e ignorados. Mas o sofrimento traz uma riqueza de experiências. Anos derramando suor e lágrimas fizeram de Jungkook um cantor capaz de transmitir tragédia, esperança, saudade e coração partido como nenhum outro artista.

Embora ele tenha sido eliminado da competição, a aparição de Jungkook representou um ponto de virada na opinião pública sobre sua habilidade, bem como a do BTS. A partir daquele momento, ele continuou melhorando, junto de seus *hyungs*, crescendo a cada nova música. Jungkook e Suga concordam que foi com "Dynamite",[59] o primeiro single do grupo totalmente em inglês, lançado em 2020, que ele alcançou um nível superior; Suga disse que a apresentação ao vivo de Jungkook agora soa como se ele tivesse passado por Autotune.[60] Graças a horas e horas de ensaio, seu alcance, estabilidade, tom, controle da respiração e fraseado se desenvolveram a um ponto de perfeição, mas com um sabor próprio. Jungkook tinha se tornado um cantor de primeira linha, capaz de lidar com pop e R&B tão bem quanto qualquer artista ocidental, como mostrou em seu álbum solo, *Golden*. Mesmo assim, ele ainda não está satisfeito. Em uma entrevista em 2022 para a *Weverse Magazine*, o repórter Kang Myeongseok perguntou a Jungkook o que cantar significava para ele. O artista respondeu que ele queria que seu nome virasse sinônimo de cantar.[61] "Eu continuo imaginando como seria libertador e divertido subir num palco e conseguir cantar a música perfeita", disse ele. "Completamente despreocupado, que nem na minha imaginação."

Quando considero o que torna o canto de Jungkook especial, volto para aquela versão de "If You", uma música sobre saudade, cada nota imbuída com uma ternura quase dolorida. A maneira como ele navega pelas notas, sustentando e quebrando nos momentos certos, toca meu coração. "Mesmo sem legendas nem tradução, eu acho que as esperanças e os sonhos do BTS são evidentes dentro da música e dos clipes deles", disse Adele, uma ARMY que trabalha no grupo de traduções feitas por fãs, o BTS-Trans. "O coração deles na música é o que naturalmente conquista o público." No começo do BTS, Jungkook sustentou o desafio de transmitir o significado das músicas deles para aqueles que não falavam a língua. Não importava se você não tinha a menor noção de coreano. Sem saber uma única palavra, dava para sentir cada nuance do que ele estava sentindo.[62] Através da emoção em sua voz, Jungkook continua a transmitir a alma da música de uma maneira universal.

CAPÍTULO 4

O jeito como ele dança

Oprimeiro vislumbre de Jungkook na bangtantv é um ensaio de dança postado quatro meses antes do debut.[1] Com pouco mais de um minuto de duração, o vídeo começa com Jungkook, 15 anos, de pé ao fundo de um estúdio no porão, com luzes fluorescentes acesas. Ele dança ao som de "Save Your Goodbye", de Mike Posner, mostrando uma coreografia que Kyle Hanagami tinha criado e postado no YouTube dois anos antes. Embora não tivesse treinamento formal em dança antes de entrar na Big Hit, Jungkook foi especialmente escolhido por Son Sungdeuk, o diretor de performances da empresa, para passar cerca de um mês ensaiando no estúdio Movement Lifestyle em Burbank, Califórnia, onde dançarinos de renome, como Hanagami, davam aulas. A câmera está no chão, o que dá uma visão geral da sala e destaca os movimentos ensaiados de Jungkook, o padrão de contagem de oito tempos claramente ressoando em sua mente. Embora ele fosse jovem, inexperiente, e estivesse em fase de crescimento, há uma beleza incomum nos movimentos fluidos quando seus braços flutuam e se encaixam de novo, como bambus ao vento, acertando cada batida com precisão.

Além do canto, a dança é um habilidade essencial, mais fundamental para o K-pop do que para o pop ocidental. Como o pop ocidental é cantado em inglês, o idioma universal, alcança um público maior. Para artistas coreanos, a dança oferece um meio de comunicação que não requer tradução; muitos fãs internacionais, chamados de *I-fans*, são atraídos para o K-pop primeiro pelas danças espetaculares que ultrapassam a dificuldade da apresentação média de uma estrela do pop. Ondulações e isolamentos são considerados básicos, como visto na rotina de fundamentos de dança praticada pelos trainees da JYP Entertainment,[2] um dos pontos fortes da empresa. Para competir com astros ocidentais, espera-se que os *K*-idols alcancem um nível mais alto, desenvolvendo um conjunto de habilidades mais próximo ao de um dançarino profissional.

Acredito que vídeos de ensaios de dança, como o cover de "Save Your Goodbye" de Jungkook, são a melhor maneira de apreciar as habilidades de um idol. Eles são publicados por todas as empresas, para todo lançamento de single. São uma ferramenta essencial de marketing, e a média de visualizações de um ensaio do BTS chega aos milhões — o de "MIC Drop" tem cerca de 131 milhões de visualizações a mais do que a apresentação final no MAMA Awards de 2017. Prefiro a simplicidade e a produção reduzida. Sem os recursos visuais, consigo entender melhor a coreografia e as habilidades de cada membro. Gosto de vê-los vestindo roupas casuais e as diferentes salas onde eles ensaiam.

Por exemplo, é possível apreender muita coisa sobre a Big Hit com o primeiro vídeo de ensaio de dança de Jungkook. Em 2013, a sala era um estúdio alugado ao fim de uma escadaria, debaixo de um restaurante conhecido por seus pratos feitos com porco, como *stir-frys* e ensopados. Jungkook usava um boné que dizia "Dope" e um moletom "Channel", uma cópia da Chanel encontrada nos mercados de pulga de Seul. Em seus movimentos havia tensão, os ombros estavam rígidos e seus olhos nem piscavam, fixados na lente da câmera, como se ele estivesse desesperado para aperfeiçoar cada passo e provar seu valor. Em 2021, a era das Big Three — SM Entertainment, YG Entertainment e JYP Entertainment — dava lugar à das Big Four, com a HYBE colhendo os sucessos do BTS. A Big Hit Entertainment passou por um *rebranding* para Big Hit Music, um selo da HYBE, e se mudou para uma sede de 19 andares e milhões de dólares em Yongsan.[3] Dois anos depois disso — e uma década inteira após o cover de "Save Your Goodbye"[4] ser postado —, Jungkook filmou o vídeo de ensaio para "Standing Next to You", o terceiro single de *Golden*, em um imenso espaço de prática de dança, com uma cesta de basquete ao fundo. Vestido com roupas elegantes, calça de couro preta e uma clássica regata branca, ele se movia com confiança, seguido por seis dançarinos. Comparado às circunstâncias humildes de "Save Your Goodbye", a extraordinária "Standing Next to You" mostrava o que Jungkook tinha conseguido. Ele era um astro, com o apoio de uma das mais poderosas empresas de entretenimento do país. Assistir a esses dois vídeos na sequência marca a passagem do tempo, destacando o peso do que o BTS conquistou.

O H.O.T., CONSIDERADO O PRIMEIRO GRUPO DE K-IDOLS A EXISTIR, debutou em 1996 na SM Entertainment. Estabelecida em 1989 como SM Studio, com um *rebranding* em 1995, a SM foi fundada por Lee Soo-man, chamado com frequência de Rei do K-pop, embora Padrinho do K-pop pareça mais adequado. O pioneiro Lee baseou seus métodos de treinamento estritos na indústria de idols do Japão, estabelecendo o primeiro sistema totalmente doméstico de *k*-idol, agora conhecido em todo o mundo. Por meio do controle completo do desenvolvimento do artista, ele criou um produto polido. Os resultados falam por si: de acordo com uma fonte extraoficial, o segundo álbum do H.O.T. registrou vendas de mais de 1 milhão de cópias em dez dias.[5] Em 1998, Lee apresentou seu segundo *boy group*, Shinhwa. Com o Shinhwa, a abordagem da SM em relação à dança se afastou dos movimentos soltos e livres do hip hop e das transferências de peso que eram típicas das apresentações do K-pop em direção à coreografia de pop mais comercial que vemos hoje. Houve ênfase na capacidade e na precisão técnica; a dança das cadeiras sincronizada vista em "Wild Eyes", do Shinhwa, por exemplo, elevou o patamar.

Lee chegou a produzir muitos dos grupos de maior sucesso na história do K-pop: TVXQ, Super Junior, SHINee, Girls' Generation, EXO — cuja receita coletiva manteve a SM no topo das Big Three por anos.[6] Em 2000, a SM Entertainment foi a primeira empresa de entretenimento a se tornar uma empresa pública na Coreia. Embora tenha saído da SM em 2023, após uma série de disputas corporativas internas, o legado de Lee ainda reverbera em grupos como NCT, o sétimo maior grupo criado sob sua direção, que vendeu mais de 40 milhões de álbuns até 2024.

A cada geração, os artistas do K-pop elevaram o nível das coreografias esperadas por fãs e pela indústria. Só na SM, o registro cronológico dos vídeos de dança captura as mudanças estilísticas com o passar do tempo. Em teoria, o formato de vídeo estabelecido — câmera fixa, um take único filmado no espaço de ensaios da empresa — só surgiu no início dos anos 2000, quando a SM acidentalmente publicou uma gravação do ensaio de dança de "Only One", do Shinhwa.[7] Os fãs enlouqueceram com a aparência pouco polida dos bastidores, um precursor do conteúdo espontâneo em estilo de vlog que contribuiu para o crescimento do BTS. Foi um sucesso impressionante. Pouco tempo depois, vídeos de dança viraram padrão na indústria e parte fundamental da promoção de uma música.

No começo, a parede da sala de ensaios da SM tinha um fundo de nuvens brancas de que os fãs das gerações passadas se lembram com carinho. Entre os vídeos que mais me vêm a minha mente está "Lucifer", do SHINee, que incorporava técnicas como *tutting* e ressaltava os movimentos fluidos e elegantes de Taemin, um dos maiores dançarinos da indústria. Em "Lucifer", a camiseta Breton de Taemin ondula como uma peça de Op Art. Com mais de 26 milhões de visualizações, a longevidade do vídeo é impressionante e mostra como esse tipo de vídeo se tornou uma maneira de os fãs engajarem com os artistas. O principal comentário dizia: "oficialmente uma década depois e ainda estamos falando da blusa do taemin".[8] Outro trazia: "eu: tento focar nos outros membros / a blusa do taemin: acho que não".[9] Eu gostava muito de "Everybody", do SHINee, uma dança que demandava muito fisicamente, cheia de saltos e *backbends*, que, por algum motivo, foi gravada com uma lente olho de peixe; o vídeo tem mais de 14 milhões de visualizações. "Sexy Free & Single", do Super Junior, foi memorável pela maneira como os dez membros se moviam como um cardume de peixes nadando em círculos sincronizados. Dez membros parecia muito numa época em que a maioria dos grupos de K-pop era composta por três a seis integrantes, embora fosse apenas o começo para a sm, cujo *boy group* exo, com 12 membros, formou uma árvore humana no ensaio de dança que vazou de "Wolf", e que, em 2018, fez todos os 18 do nct apresentarem juntos "Black on Black".

Mas o que começou como um formato simples se tornou uma maneira de destacar uma coreografia de um grupo e atiçar os fãs. As empresas começaram a soltar várias versões com toques divertidos diferentes, como "Versão com troca de papéis", onde os membros trocam de posição, e "Versão com contato visual". A "Versão Halloween", em que os idols se fantasiam, é um acontecimento anual; o ensaio de dança do bts de 2017 para "Go Go", em que eles se vestiram de Branca de Neve e os Sete Anões, tem mais de 246 milhões de visualizações. Elas começaram a estilizar até mesmo ensaios de dança simples. As roupas eram selecionadas pela equipe, mesmo quando escolhiam uma camiseta básica e calça esportiva (os dançarinos que acompanham o grupo também eram estilizados); cabelo e maquiagem profissionais não ficavam de fora, e um diretor de fotografia era chamado para trabalhar a câmera, às vezes usando um dolly para conseguir aplicar e remover zoom com estabilidade e perfeição. Pensando no estilo, minha favorita é "Monster", do exo, que tem mais de 76 milhões de visualizações quando escrevo isto. Com iluminação traseira para criar sombras e dar o clima, os garotos estão vestidos de maneira simples, a iluminação e os níveis de saturação, ajustados com perfeição. A câmera se move para a frente e para trás, afastando o suficiente para mostrar a coreografia inteira, mas chegando perto para destacar a expressão facial dos integrantes.. É hipnotizante, mas sinto falta da simplicidade daquela humilde parede com a nuvem do passado.

* * *

QUANDO FALAMOS DA INFILTRAÇÃO DO K-POP NO MERCADO OCIdental, os clipes impressionantes são a porta de entrada mais simples. A indústria se aproveita de um espetáculo visual de milhões de dólares que não existe mais no Ocidente, como foi o caso entre os anos 1980 e os anos 2000, quando os videoclipes eram o principal meio de cativar fãs. Para estrelas do pop como Michael Jackson, Janet Jackson, Britney Spears e Jennifer Lopez, a dança era a peça central do vídeo. Mas os dias de "Scream", de Michael e Janet, que custou 7 milhões de dólares, já passaram. Com poucas exceções, o orçamento de marketing é direcionado para shorts e desafios de dança, que são muito mais baratos e têm mais chance de viralizar, incentivando a reprodução digital no lugar da venda de álbuns físicos. "Houve na indústria musical norte-americana uma era de investimento no visual de uma música", disse Val "Ms. Vee" Ho, dançarina e coreógrafa especializada em hip hop e *street dance*, que se tornou a primeira a ensinar hip hop na Juilliard. "Agora isso migrou para o K-pop."[10]

De certa maneira, o K-pop retoma a era de ouro dos visuais do pop que muitas pessoas, como eu e Ms. Vee, cresceram vendo. A dança, como elemento fundamental de uma apresentação, tem apelo intrínseco. Sendo assim, as gravadoras de K-pop fizeram questão de criar essas coreografias incríveis e formar os dançarinos para executá-las. "Eles têm recursos para fazer tudo aquilo", disse Ms. Vee sobre o motivo pelo qual dançarinos coreanos parecem se sobressair. "Eles têm recursos para pagar um coreógrafo, um diretor... têm suporte." Espera-se que o grupo de *k*-idol típico execute uma coreografia altamente complexa que mescla diferentes estilos, construídos sobre a base do hip hop. "Se você não tem uma base forte de hip hop, não consegue fazer com que [a coreografia do K-pop] fique boa", disse Ms. Vee. "Por baixo do aspecto comercial da coreografia, estão usando muita técnica que não fica óbvia, a menos que você conheça a dança."

Embora o BigBang seja com frequência chamado de predecessor do BTS, encontro mais similaridades espirituais entre o BTS e o Infinite, que debutou em 2010 na Woollim Entertainment. Os dois grupos começaram com sete membros e condições humildes. Apesar de virem de gravadoras pequenas, fora das Big Three, o Infinite e o BTS conseguiram chegar ao topo ao ir contra os padrões da indústria.[11] Para o Infinite, foi a abordagem disciplinada da dança. Quando um coreano médio pensa no K-pop, o que vem à mente é *kalgunmu*, que literalmente se traduz para "dança em grupo afiada como faca", em referência aos passos sincronizados de um *boy* ou *girl group*, que se movem com precisão afiada, evocando a disciplina militar. É o oposto polar da dança pop ocidental contemporânea. A ideia de dança sincronizada em um grupo pop não é, em si mesma, nova. Grupos ocidentais, desde os Jackson Five até o *NSYNC, dançaram em sincronia por décadas. Mas o alto nível de sincronização se tornou representativo do K-pop. O Infinite é creditado como precursor do *kalgunmu*, termo popularizado para descrever a perfeição absoluta de sua dança.

Tenho um carinho especial pelo Infinite, cujos vídeos de ensaios de dança estão entre os melhores de todos os tempos. Eu poderia passar horas falando de "The Chaser", "Be Mine" ou "Come Back Again". O mais exemplário é "BTD (Before the Dawn)", a segunda faixa do segundo EP deles, de 2011, cuja apresentação contava com o uso da técnica Scorpion, uma versão do Rise Up incorporada pelo ex-membro Hoya. Em formação circular, os garotos se deitam de bruços antes de ficarem novamente de pé em um só movimento, como as pétalas de uma rosa se fechando. Esse continua sendo um dos maiores momentos da história da dança do K-pop. As coreografias do Infinite eram sempre hipnotizantes, com transferências de peso do Infinite no ritmo da batida, caídas pesadas e subidas leves, linhas limpas e formas geométricas criadas ao flexionar um joelho ou fazer um *flick* com o punho, não uma vez, mas sete vezes seguidas. Tem algo tão satisfatório em assistir a sete dançarinos com controle corporal tão completo que se movem como um só. Tão hipnótico quanto observar um pêndulo ir e vir, o *kalgunmu* parece desafiar os limites da capacidade humana, como assistir a atletas do nado sincronizado perfurarem a água nas Olimpíadas. É um feito de arte e atletismo.

Kalgunmu requer uma coisa: treino. Horas e horas de treino, incontáveis repetições, até cada movimento, cada batida estar gravada na mente e na memória muscular. É dedicação, o desejo de se levar ao limite, um traço de personalidade que vejo embrenhado por toda a Coreia. Foi só quando me mudei para Seul e comecei a trabalhar em um escritório corporativo tradicional que eu, como coreana-americana, pude experimentar uma fração do estresse e das expectativas devastadoras que os nativos, doutrinados desde o nascimento, acham tão normal quanto o ar que respiram. Coreanos nessas indústrias, presos dentro de hierarquias sociais rígidas, vão se esforçar para além do esgotamento para agradar seus superiores. Nunca há tempo suficiente. O equilíbrio entre trabalho e vida pessoal é um mito, e dormir é para os fracos. Uma vez, depois de um turno de 36 horas para cumprir um prazo com mudanças drásticas de última hora, uma ocorrência infelizmente muito regular, minha chefe virou para mim e disse, com um sorriso delirante no rosto: "Não é incrível quando você realiza algo que deveria ser impossível?" Essa determinação insana, a pressão de ter sucesso, ultrapassar os limites — de tempo, do seu corpo e da sua mente —, é uma característica marcante da sociedade coreana. E é essa determinação que cria o *kalgunmu*.

Requer habilidade, é claro, mas mais do que isso, exige diligência e "milhares e milhares e milhares de repetições para realmente dominar",[12] disse Ms. Vee. Este era o objetivo original desses vídeos de prática de dança — que dançarinos, instrutores e coreógrafos, e até mesmo os diretores da empresa, pudessem assistir e comentar cada passo errado. De acordo com Jin, Bang Si-hyuk estudava a gravação, quadro a quadro,[13] até que a posição dos dedos dos garotos estivesse sincronizada. Quando eram trainees, os garotos do BTS ensaiavam até 14 horas por dia, alguns dias dançando por 12 seguidas.[14] A *dance line* do BTS é composta pelos integrantes que ficam com as principais sequências: originalmente ela é formada por J-Hope, Jimin e Jungkook, com a adição de V em 2018.[15] Mas, de acordo com Ms. Vee, cada membro do BTS é um dançarino excepcional. "Especificamente falando deles, a coreografia é muito boa",[16] disse ela. "Eles executam de forma tão limpa, tão impecável… todos são bons no que fazem." *Kalgunmu* requer compromisso com o coletivo, se manter sincronizado e trabalhar juntos para criar algo maior do que qualquer esforço individual. A exibição de harmonia e sacrifício resultante é hipnotizante.

Kalgunmu é uma habilidade que não pode ser comprada com dinheiro, mas sim com tempo e esforço suficientes. Demanda o tipo de desejo e determinação que só azarões tendem a apresentar. Minha introdução ao Seventeen foi seu ensaio de "Very Nice", que passou de 29 milhões de visualizações por causa do *kalgunmu* impressionante dos 13 membros. Nem consigo imaginar as condições estritas pelas quais esses garotos passaram em seus anos de treinamento na "sala Melona", como diziam os fãs, algumas das quais foram sugeridas em entrevistas e capturadas nos vídeos pré-debut, que acho doloridos demais para assistir. "Todas as minhas memórias ruins são daquela época",[17] disse Mingyu, do Seventeen, em uma entrevista no YouTube. "Eu não conseguia dormir, sabe. Ensaiava até 4h da manhã, aí pegava o metrô para a escola e dormia lá… Voltava para o estúdio para ensaiar mais na hora do almoço. Eu costumava cochilar no trajeto de metrô até lá, aí passava o dia inteiro ensaiando. À noite, voltava para o dormitório e direto para a escola de novo. Essa era minha rotina todos os dias." A precisão dos movimentos deles é uma prova de seu sacrifício, assim como o BTS colocou tudo o que tinha na dança.

Não acho que é coincidência que *boy groups* de empresas menores — para nomear alguns, Infinite (Woollim), BTS (Big Hit), Seventeen (Pledis) e Ateez (KQ) — tenham chamado atenção por sua dança sincronizada. Nenhuma dessas gravadoras tinha recursos para competir com as Big Three em termos de marketing e produção, então levaram as habilidades de seus idols até o limite. RM postou um vídeo em janeiro de 2013, cinco meses antes do debut, às 3h30 da madrugada, comentando que o dia de trabalho tinha terminado mais cedo do que o esperado.[18] Na época, RM foi apelidado, como brincadeira, de "prodígio da dança"[19] pela equipe da Big Hit devido a sua falta de habilidade.

À época do debut, ele conseguia acompanhar J-Hope e Jimin, amplamente considerados dois dos melhores dançarinos do K-pop. Como o diretor de apresentações da Big Hit, Son Sungdeuk, diria depois em uma entrevista à BBC Radio: "Nem todo mundo é um grande dançarino, mas eles treinam duro para se tornar um."[20]

A primeira vez que vi o BTS se apresentar ao vivo foi na era "Fire", e me lembro de ficar impressionada com sua energia e presença de palco, que mantinha a mesma paixão da sua estreia quando novatos. "Estou mil por cento confiante de que isso tudo se deve ao treino deles",[21] disse Ms. Vee. "Tenho certeza de que é muito desgastante. Parece que são dez horas por dia de ensaios. Tem uma importância depositada no uníssono e em ninguém se destacar muito."

No entanto, essa é uma fraqueza inerente do *kalgunmu*. Falta individualidade. O *kalgunmu*, com seu foco no uníssono perfeito, pede que cada dançarino ajuste seu nível de habilidade individual para corresponder ao grupo. Os dançarinos mais fortes minimizam seus movimentos, os mais fracos precisam correr atrás do desafio, e essa igualdade disfarça falhas na dança dos membros. "Ficar só no *kalgunmu* nunca ajuda a melhorar suas habilidades de dança",[22] disse Hoya, em uma entrevista ao *The Dong-A Ilbo*. Não há espaço para expressão ou criatividade no movimento. O foco é apresentar essa construção surreal — quanto mais membros, mais impressionante.

Colocar as necessidades do grupo acima do indivíduo é a personificação da harmonia, um pensamento coletivista com raízes no confucionismo que encontrou expressão no modo de dança moderna do K-pop — um dos motivos pelo qual o *kalgunmu* é tão fascinante, em um nível subconsciente, para os públicos ocidentais. A ideia de sacrificar o eu pelo todo, conceitualizada na duração de uma música pop, é muito interessante e estranha. Ouvi pessoas que não são fãs de K-pop nos Estados Unidos, incluindo alguns antigos colegas de trabalho, descreverem com incômodo o espetáculo da cerimônia de abertura das Olimpíadas de Pequim de 2008, em que 2.008 músicos tocaram tambores em perfeita sincronia. Mas, entre o público do leste asiático, o *kalgunmu* com mais frequência resulta em respeito, como prova do trabalho árduo que os jovens idols realizaram. Seu sacrifício é admirado.

A sincronicidade tem sua beleza, mas pode parecer sem alma. A dança é expressiva por natureza. Ressoa mais quando você consegue se conectar com o artista, quando os movimentos são fluidos e vivos, não necessariamente estritos e precisos. Em comparação a artistas solo, os grupos sincronizados no estilo do K-pop têm dificuldade de encontrar um ponto de ancoramento com o público geral ocidental. Liberdade, individualidade e expressão artística são mais valorizadas. Existe uma percepção ocidental amplamente difundida de que os idols do K-pop são fabricados[23], sem individualidade e personalidade — uma declaração altamente racializada de que eles todos parecem iguais, se movem igual, soam igual. O *kalgunmu* implicitamente reforça esses estereótipos porque, no fim, coloca uma limitação na maestria individual. É um dos motivos pelos quais o Infinite, grupo mais associado a *kalgunmu*, começou a deixar isso de lado nos anos posteriores. Como Hoya disse ao *Dong-A*: "Nós criávamos a imagem do *kalgunmu*, embora cada membro tenha um físico diferente e os próprios sentimentos. Não é hora de a gente ocultar mais nosso estilo."[24] Na mesma entrevista, Dongwoo, outro membro, disse: "Não éramos capazes de mostrar nossos estilos", enquanto Woohyun acrescentou que "minha dança melhorou muito depois de parar o *kalgunmu*".

O bts debutou com seu single "No More Dream" no programa musical semanal *MCountdown*, apresentando a coreografia que tinham ensaiado por quase dois meses inteiros, de acordo com Jin.[25] Havia algo bruto e sincero na maneira como os *bounces* e *shimmies* dos membros correspondiam à letra, que questionava a conformidade da cultura coreana. A parte de maior destaque ocorreu quando Jimin, sustentado por Jungkook, correu pelas costas dos outros cinco membros. Diferente do *kalgunmu* do Infinite, a dança do bts, embora sincronizada, ainda não era polida e dependia das energias individuais dos membros para se conectar com o público. Ela marcou uma volta ao espírito do hip hop capturado por Seo Taiji and Boys, um dos primeiros grupos de

K-pop que também protestava contra a natureza restritiva da Coreia do Sul dos anos 1990. Como Bangtan Sonyeondan (BTS), eles debutaram com um objetivo claro: compartilhar os sonhos e as frustrações da juventude. Dá quase para sentir o desejo e o desespero em cada passo.

QUANDO JUNGKOOK COMEÇOU SUA CARREIRA SOLO, DECIDIU LANçar um álbum pop em inglês. Isso pedia uma nova abordagem à dança, que ele se soltasse um pouco. Entre suas habilidades técnicas, está uma musicalidade inata — corresponder seus movimentos aos ritmos da música — que ele pode extrapolar ou minimizar, dependendo da situação. É seu *groove*, o jeito relaxado com que ele mexe o corpo, que torna sua dança tão prazerosa de se assistir, mesmo quando comparada à de dançarinos que têm maiores habilidades técnicas. Para seu trabalho solo, ele extrapolou o *groove*,[26] de acordo com Ms. Vee, que comentou a habilidade dele de homenagear Michael Jackson, um dos maiores dançarinos de todos os tempos, com o tributo jacksoniano de "Standing Next to You", coreografado por Keone Madrid. Quando mostrei a ela alguns dos treinos de dança de Jungkook, fazendo um caminho de "Save Your Goodbye" até *Golden*, ela ficou impressionada com a evolução. "Em ["Standing Next to You"], dá para ver que ele estava confortável — não só na coreografia e na dança, mas também confortável em si mesmo", disse ela. "Aquela dança requer muita confiança na execução. É muito limpa. Dá para ver que foi ensaiada centenas e centenas de vezes. Quando falamos do BTS, eles todos arrasam. Eles estão mesmo em uníssono, e dá para sentir a dinâmica do grupo. Quando ele está solo, tem muito estilo. Isso o destacou."

O coreógrafo Brian Puspos, um dos dançarinos de "Standing Next to You", descreveu a coreografia como fisicamente exigente,[27] cheia de referências aos movimentos mínimos de Michael Jackson, tão sutis que são desafiadores — a maneira como Jungkook para e gesticula diante do pedestal do microfone. "Já sabíamos que Jungkook era um artista de alto nível, mas ficamos literalmente impressionados", disse Puspos em um vídeo para o estúdio de dança on-line STEEZY, onde ele comentou a filmagem do ensaio de dança da música com o diretor Clay Boonthanakit. Eles admiraram a estabilidade e o controle corporal de Jungkook, assim como sua capacidade de lidar com polirritmia (ritmos simultâneos contrastantes) e corresponder à energia de profissionais de alto nível como Puspos.

"Sabe o que é doido? É que ele ainda nem está no Gear 3", acrescentou Puspos, fazendo uma referência às técnicas de Monkey D. Luffy, protagonista da série de mangá *One Piece*. "Quando ele chegar no Gear 5, vamos ficar todos aqui, tipo, mano, precisamos melhorar." Na marca de dois minutos e 45 segundos, quando ele entra no *dance break* final, a corrente fina de prata de Jungkook fica presa na orelha. Ao ondular o braço para cima, sem perder uma batida, ele arranca a corrente do pescoço e a arremessa para o lado, com tanta destreza que quase passa despercebido.

"Standing Next to You" é uma apresentação impressionante, mas sou igualmente cativada por seu cover leve e solto de "Perfect Night", do Le Sserafim, com quatro das participantes do grupo atrás. Assim como Jungkook é conhecido por sua capacidade de cantar vários gêneros musicais, ele é capaz de expressar uma variedade de estilos de dança, incluindo os de *girl groups*. A maneira como ele balança os quadris e encaixa os braços, movendo-se pouco no enquadramento, é tão eficaz que ele poderia facilmente se passar por *center* delas. "Parece que ele entrega diretamente o sentimento que o coreógrafo queria expressar",[28] diz um comentário em coreano. "Não parece que vem de memorizar a coreografia, mas só de ouvir a música e reproduzi-la com o corpo. Acertar as batidas exatas, o fluxo natural do ritmo... ele não é mesmo um gênio?",[29] diz outro.

Limpo e confiante, confortável no próprio corpo. Essas qualidades exemplificam a carreira solo de Jungkook até aqui, com traços que ressoam com um público ocidental. Ainda assim, quando é necessário, o artista pode voltar facilmente e se moldar ao grupo, abrindo mão de seu ego com alegria para não se destacar. Não é fácil gerenciar a arte do autossacrifício do *kalgunmu* e a expressão livre da dança pop ocidental. Mas a capacidade de fazer as duas coisas é algo que todos os maiores dançarinos do K-pop, como Jungkook, têm. Há duas facetas da cultura coreana que acho mais fascinantes: a tendência à repressão e o dom da expressão sem filtros. Consigo ver as duas metades refletidas na dança dele, um meio condutor de emoções.

Em abril de 2022, o BTS foi para Las Vegas apresentar "Butter", seu segundo single em inglês, no 64th Grammy Awards. O palco inspirado em James Bond foi um verdadeiro trabalho em grupo, com cada membro contribuindo para a coreografia,[30] garantindo que seus braços formassem ângulos de 45 graus. Mesmo depois de chegarem à MGM Grand Garden Arena, onde ocorreu a cerimônia, eles repassaram a coreografia, se juntando para ver a gravação do ensaio. J-Hope instruiu os demais a relaxarem e curtirem,[31] um pequeno desvio do *kalgunmu* para melhor se adequar ao seu status de estrelas globais. Jungkook entrou em formação — como centro, um membro integral, mas sem se destacar mais do que deveria.

Sete meses depois, ele foi convidado a se apresentar na cerimônia de abertura da Copa do Mundo FIFA de 2022. Embora só ele tenha sido convidado pelos organizadores,[32] foi como Jungkook do BTS,[33] considerando isso uma fase transitória entre seu trabalho em grupo e solo. A Copa do Mundo do Qatar foi marcada por controvérsias[34] devido à exploração de mão de obra, acusações de corrupção e um recorde de abusos contra os direitos humanos, ecoando os horrores cometidos pelo governo coreano na preparação para as Olímpiadas de Seul, em 1988.[35] A apresentação de Jungkook foi vista com decepção por uma parte do ARMY, que esperava que ele boicotasse o evento com justificativa moral, e orgulho por outra, animada com o fato de que ele se tornaria o primeiro artista asiático a cantar a música oficial da Copa do Mundo.

"Dreamers", a canção produzida por RedOne, já era um sucesso, surpreendendo até quem tinha chamado Jungkook para cantá-la. "É a primeira vez na história que uma música da Copa do Mundo fica em primeiro lugar em mais de cem países no primeiro dia",[36] disse RedOne em uma entrevista à *AP News*. "Estamos apenas começando, e o vídeo está com um alcance maluco, quase 20 milhões de visualizações em dois dias. É inacreditável." Cerca de um ano depois, o vídeo ultrapassou 200 milhões de visualizações.

Naquele novembro, Jungkook chegou ao Qatar alguns dias antes da cerimônia. Na noite anterior ao ensaio completo, ele recebeu o vídeo da coreografia, achando que precisaria se mover com os dançarinos, e ficou acordado até seis da manhã aprendendo os passos.[37] Continuou ensaiando em cada momento livre. Na sala de espera, no carro, no trajeto para o estádio, de olhos fechados, visualizando, Jungkook começou a considerar maneiras de melhorar.[38] Retrabalhou partes da coreografia, oferecendo notas detalhadas para o movimento do grupo e adicionou um *dance break*. No dia seguinte, foi ao local de ensaio observar os dançarinos e treinou com um foco intenso; à noite, no quarto do hotel, tomou banho e repassou as mudanças de formação, percorrendo a coreografia sozinho até o amanhecer.

Sua primeira apresentação solo entrou para a história e foi vista por milhões de pessoas no mundo todo — cerca de 5 bilhões assistiram à Copa do Mundo de 2022, de acordo com a FIFA —, muitas das quais conheceram Jungkook ali. Diante de um público de 67 mil pessoas, mais milhões vendo pela TV, Jungkook se mostrou um verdadeiro artista, dançando e se movendo diante da câmera com um estilo natural, como diria Ms. Vee. Seus vocais permaneceram fortes e estáveis enquanto ele percorria o palco, encontrando o cantor catari Fahad Al Kubaisi na plataforma central em um momento de unidade.

"Foi uma das experiências mais bonitas que tive, trabalhar com esse artista maravilhoso com grande presença, carisma e talentos múltiplos",[39] disse mais tarde Al Kubaisi em uma entrevista à *Esquire Middle East*. Al Kubaisi acrescentou que esperava que a FIFA escolhesse um cantor americano ou europeu, mas que "sinceramente, não havia opção melhor". Jungkook apresentou-se no mesmo estilo e no mesmo nível de qualquer estrela do pop ocidental, sorrindo e brincando com o público e a câmera, evocando leveza e alegria de maneira diferente de como fez no Grammy. Perfeição clínica e expressão liberada. A meu ver, uma não é mais certa do que a outra. Há beleza nas duas, e a capacidade de alternar entre elas é uma das coisas que torna Jungkook tão especial.

CAPÍTULO 5

Sua aparência

JUNGKOOK É BONITO. MUITO BONITO MESMO. TEM UMA BELEZA clássica que atravessa fronteiras culturais. Arrumado, mas bruto, um misto de bom garoto e *bad boy*. Em 2023, sete meses antes do lançamento de *Golden*, ele se tornou modelo e embaixador mundial da Calvin Klein com apenas 25 anos, e, no ano seguinte, a marca exibiu a imagem dele em um outdoor de 23 metros na Houston Street em Manhattan — por mais de 15 anos, "o outdoor mais famoso do mundo",[1] segundo a GQ. Ele parecia tão atemporal quanto os anúncios da década de 1990, quando a maioria das marcas não colocava um homem asiático como padrão de beleza. Como modelo da CK, a pele de Jungkook está alva e viçosa, seu cabelo preto está longo e ondula um pouco perto dos ombros, numa foto, ou está ajeitado atrás das orelhas, em outra. O punho da manga às vezes oferece um vislumbre de suas tatuagens, um piercing transpassa seu lábio inferior, e filas de argolas prateadas cobrem suas orelhas.

O *release* oficial da sua contratação como embaixador mundial da Calvin Klein Jeans e Calvin Klein Underware o anunciava como "um dos artistas mais populares do mundo,[2] com uma rara capacidade de se conectar com públicos internacionais por meio de sua música e estilo". A marca tirou a sorte grande: de acordo com a Launchmetrics, que acompanha e mede o desempenho da indústria da moda, a campanha de outono de 2023 de Jungkook para a Calvin Klein Jeans gerou 13,4 milhões de dólares em valor de impacto de mídia em 48 horas,[3] tornando-o seu embaixador de melhor desempenho. Desde a época em que fui consultora no setor, sei de pelo menos três grandes grifes que tentaram contratá-lo, mas foram recusadas.

Jungkook teve sua estreia aos 15 anos, a mesma idade de Justin Bieber quando lançou "Baby". De cara despertou um instinto protetor nos fãs mais velhos, porque já tinha uma beleza madura para a idade, mas também uma inocência e ternura. Para eles, era um irmãozinho adorável que merecia o mundo. Uma compilação de 2017 postada no YouTube, chamada "Jungkook is still a baby…" ("Jungkook ainda é um bebê…"),[4] tem mais de 14 milhões de visualizações, com comentários como: "Não importa a idade, ele sempre vai ser um bebê que devemos proteger". Considere o *dongmulsang*, um costume popular de fãs coreanos que compara os traços faciais de celebridades aos de animais, como um gato para olhos estreitos e inclinados para cima. Jungkook foi comparado a uma corça, devido aos seus olhos arredondados e inocentes e, mesmo quando fica surpreso ou atordoado, mantém seu charme, exatamente como uma corça quando encontra os faróis de um carro, inspirando o meme "Jungshook" (trocadilho do seu nome com "*shook*", assustado). Ele também costuma ser associado a um coelho. Seus dentes incisivos são um pouco maiores do que os caninos, o que os fãs chamam carinhosamente de dentes de coelho, e, quando ele sorri, seus olhos se curvam como meias-luas. Quando fez o design de seu personagem do BT21, mascotes para o aplicativo de mensagens japonês LINE, ele criou o Cooky, um "coelho fortão rosinha", que tem uma orelha caída e um sorriso maroto. Um coelho fofo, mas durão, é como os outros membros o veem até hoje. No episódio 129 da série on-line de variedades *Run BTS!*, de fevereiro de 2021, o grupo jogou uma partida de tênis quatro contra três. Quando Jungkook acertou a rede no saque, falou de um jeito fofo que tinha cometido um erro e outros membros deixaram então que repetisse o saque. Jimin riu com boa vontade e perguntou por que era um erro na vez de Jungkook, mas, quando acontecia com os demais, era um ponto perdido.

— Por quê? — perguntou Suga, com a raquete apoiada sobre o ombro. — Porque o Jungkook é fofo.[5]

— Se você não gosta, renasça sendo o mais novo — acrescentou Jin, arregaçando as mangas.

No entanto, quando ele cresceu, sua aparência começou a atrair outro tipo de atenção, pois passava horas na academia treinando boxe e fazendo musculação para manter a forma. Em 2021, perguntaram à rapper Jessi, no programa *Jessi's Showterview*, qual era seu tipo ideal.

— Ultimamente, tem um cara que eu tenho olhado e pensado: 'Nossa, ele é demais'[6] — disse ela, relutante em relevar a identidade por medo de chatear os fãs. — É um membro do BTS... esse cara tem ficado mais másculo.

— Jungkook — disse Jo Jung Shik, o outro apresentador, sem hesitar por um instante sequer, para surpresa de Jessi.

— Há muito tempo, eu filmei um anúncio com o BTS — prosseguiu ela. — Na época, ele era um bebê. Eu também era um bebê. Mas, agora, ele virou homem.

Em janeiro de 2024, um fã postou no Twitter um clipe de três segundos de Jungkook andando sem camisa atrás do palco[7] e ganhou mais de 2,9 milhões de visualizações, 44 mil *reposts* e 128 mil curtidas. Em 2019, ele foi o rosto vencedor do "The 100 Most Handsome Faces of 2019" [Os cem rostos mais bonitos de 2019] de TC Candler, uma série popular do YouTube que os fãs levam muito a sério, apesar da natureza nada séria do vídeo (Jungkook ficou logo acima do youtuber sueco PewDiePie). Em 2020, foi considerado "homem internacional mais sexy" pela revista *People*,[8] depois de vencer a votação on-line anual, ficando entre o Príncipe Harry ("realeza mais sexy") e Joe Jonas ("pai mais sexy"), na edição impressa de 30 de novembro. Ele voltou a aparecer na revista, na matéria "Sexy at Every Age" [Sexy em qualquer idade], publicada na edição *Sexiest Man Alive* de 2022,[9] representando a idade de 25 anos. Até seus sósias viralizam. Em 2022, um youtuber chamado Dex foi catapultado para a fama no programa de namoro *Single's Inferno* por conta de sua semelhança inicial com Jungkook, com um penteado *mullet* levemente ondulado e tatuagens cobrindo o braço direito. Dex agora é uma estrela, apresentador do *Single's Inferno* e do próprio programa no YouTube, *Dex's Fridge Interview*. Ele venceu como *Rookie* do Ano no MBC Entertainment Awards de 2023, e sua jornada de participante de um programa de namoro a celebridade genuína — algo sem precedentes na Coreia do Sul — prova o poder e a influência de Jungkook. A japonesa Hirai Saya, que se casou com o ator coreano Shim Hyung-tak, virou o assunto do momento nas redes sociais por se parecer com o Jungkook adolescente de cabelo grande. Até Jungkook comentou a semelhança em uma transmissão ao vivo no Weverse, com uma risada.[10]

Ao contrário do típico *kkotminam*, ou *flower boy* — termo que surgiu nos anos 1990 para se referir a homens bonitos, em geral retratados em mídias direcionadas a mulheres —, Jungkook tem um charme mais amplo, como um David Bowie contemporâneo, que consegue navegar entre o masculino e o feminino. Quando o BTS saiu na lista de mais bem vestidos da *Vanity Fair*, em 2019, Jungkook definiu estilo como "vestir o que você quiser, não importa o gênero".[11] Para muitos americanos, Jungkook pode ter sido a primeira apresentação ao mundo do K-pop. Ele é estilizado de uma maneira que a maioria das celebridades masculinas do Ocidente não é. Jungkook não tem nenhum resquício de barba. Pele sem poros aparentes, graças à magia da base e do pó. Sobrancelhas contornadas, lápis para realçar os olhos. Lábios cheios. Nenhum fio de cabelo fora do lugar, nenhuma ruga à vista e um corpo bem construído. Jungkook tem uma aparência mais bem cuidada do que seus colegas do Ocidente porque ele também atende a um padrão de beleza diferente, o coreano.

Estrelas como Jungkook fizeram grandes avanços para mudar a percepção ocidental dos homens asiáticos, que historicamente eram vistos como indesejáveis e sem apelo sexual. Desde os anos 1800, quando imigrantes chineses chegaram aos Estados Unidos em massa para oferecer mão de obra barata, os homens asiáticos-americanos têm sido sujeitados a estereótipos emasculados, direcionados a reduzir seu poder e preservar o status quo.[12] Nos filmes da série *Se beber, não case!*, lançados entre 2009 e 2013, a atuação de Ken Jeong como Sr. Chow e sua masculinidade praticamente inexistente o tornaram o alvo da piada. Em contraste, os tuítes sedentos sobre Jungkook mostram como ele e outras estrelas coreanas destruíram essas noções racistas. Tuítes como "Estou surtando ESTOU SURTANDO rolando pelo chão sacudindo os pés gritando chorando"[13] e "Pai mestre daddy senhor vossa majestade"[14] estão entre as respostas mais recatadas para aquele clipe de três segundos sem camisa. Ouvir centenas de homens e mulheres berrando em uníssono em um dos shows ao vivo dele vai logo dissipar ideias equivocadas sobre o quanto os homens asiáticos podem ser sexy.

EXISTE UM FENÔMENO QUE PRESENCIEI VÁRIAS VEZES, UM TIPO DE olhar perdido que ocorre quando uma pessoa começa a perceber como Jungkook é atraente. Em uma entrevista com SiriusXM, Charlie Puth falou sobre sua colaboração com Jungkook, de modo bem espontâneo: "Eles são todos muito talentosos, não ouço muito BTS, mas agora comecei a ouvir e... é... Jungkook é um ser humano muito atraente... Não, ele é mesmo, eu fiquei, tipo, uau",[15] disse ele, mirando o chão, como se revivendo o momento. "Eu fiquei, tipo, pera aí." O dançarino Brian Puspos teve um momento semelhante quando assistiu ao vídeo de ensaio de Jungkook para "Standing Next to You". Ele comentava as execuções afiadíssimas quando, depois de ver uma seção curta de movimentos circulares de quadril que Jungkook executava vestindo calça preta, disse, do nada, "Ele é muito gato",[16] antes de olhar para a câmera, de olhos arregalados, como se tivesse se enganado e falado em voz alta um pensamento intrusivo. Uma amiga me mandou mensagem há pouco tempo dizendo que talvez venha a Seul com o marido, que queria fazer plástica no nariz para se parecer mais com Jungkook, que ele diz ser "o mais bonito do BTS".

Jungkook é bonito, mas quase todos os idols são. O que acho atraente é a maneira como ele desarmou os padrões em ambos os lados do planeta. Na Coreia, onde ele nasceu e cresceu, o padrão de beleza é o mais extremo do mundo, sendo ao mesmo tempo, o mais difícil de alcançar e o mais crucial para o sucesso. Até 2019, anúncios de vaga de emprego exigiam uma foto junto com o currículo em todos os setores, não importando se a aparência era relevante para o trabalho. Um projeto de lei de "contratação às cegas" foi aprovado no congresso nacional do país, mas os padrões de beleza persistem. O coreano médio dedica muita atenção à sua aparência — é o terceiro maior mercado no mundo em vendas on--line de produtos de beleza em 2023, de acordo com o Euromonitor[17] —, por isso maquiagem masculina não é um estigma. A aparência é comentada com muita frequência, de maneira brutalmente sincera em um tom blasé, como se estivessem falando do clima. "Você ficou mais bonita" ou "você engordou" são cumprimentos comuns entre amigos e familiares, colegas de trabalho e recepcionistas. Quando isso se une à pressão cultural por conformidade, é difícil se libertar das expectativas.

Embora os gostos tenham mudado com o tempo, os padrões de beleza coreanos estão culturalmente arraigados: rosto pequeno, indicado pelo tamanho relativo a um punho humano, e em formato de V, com maxilar definido e queixo pontiagudo; olhos grandes com pálpebras duplas; nariz arrebitado; testa arredondada; *aegyo-sal*, pálpebras inferiores proeminentes que são associadas à juventude; pele viçosa e sadia, pálida e sem poros, como se nunca tivesse visto o sol. As proporções corporais são importantes: ombros largos e cintura fina para homens, ultramagra com nada mais do que uma leve sinuosidade para mulheres. Há pressão para corresponder a esses padrões, qualquer que seja a profissão. Sempre que vou a um novo dermatologista, saio com inseguranças novas que eu nem teria imaginado. Nunca me preocupei com minha "testa reta" até um médico perguntar se eu queria usar preenchimento dérmico para arredondá-la.

Há um contexto cultural significativo por trás desses ideais de beleza rígidos, influenciado pela sociedade altamente competitiva retratada em obras como *Round 6*. Assim como estudantes são forçados até seus limites acadêmicos para entrarem nas melhores universidades e conseguirem estabilidade financeira, a beleza abre o caminho para uma carreira de sucesso, um casamento bem-sucedido e uma vida feliz. Também defendo que isso tem a ver com o valor que se coloca no trabalho duro. Algumas pessoas nascem bonitas, mas manter uma beleza extrema — o padrão exigido na indústria do K-pop — requer um esforço hercúleo. Anos atrás, visitei a Jenny House, um salão de beleza frequentado por celebridades, e passei três horas sentada enquanto uma maquiadora e uma estilista aperfeiçoavam minha "maquiagem do dia a dia", algo que uma estrela faria todos os dias durante promoções. Eu estava sentada ao lado de dois idols homens e uma celebridade mulher, que estavam ali desde o amanhecer. Os idols estavam dormindo sentados. Quando visito minha amiga Park Eunkyung no Unistella, a designer de unhas famosa por seu trabalho com o Blackpink, lá se vão mais uma ou duas horas de dedicação para conseguir unhas perfeitas, enquanto ela faz a esmaltação, alonga as unhas ou aplica pedrarias e strass. Não me espanta as unhas postiças terem se tornado tão comuns na indústria. Dá para passar a vida inteira tentando ficar bonita.

Nos Estados Unidos, só comecei a ir ao dermatologista quando me tornei editora de beleza, e, mesmo assim, uma ou duas vezes ao ano para lidar com questões de pele específicas. Na Coreia, passei a ir pelo menos uma vez por mês para acompanhamentos e cuidados regulares, seguindo o conselho de minhas amigas e meus parentes. Devido à imensa demanda por tratamentos de pele, as consultas são fáceis de marcar e relativamente baratas. Idols vão toda semana para tratamentos a laser e limpeza de pele. Uma vez, uma ex-idol e amiga minha, vendo que eu não estava me cuidando, me mandou para um spa descolado que ela frequentava para tratamentos corporais. Passei por volta de três horas na maca, sendo massageada, hidratada, banhada, beliscada e sugada até ficar tonificada. Embora eu nunca tenha ficado tão bonita, foi mentalmente exaustivo passar tanto tempo com alguém pago para cutucar e examinar cada centímetro do meu corpo. Nunca mais voltei.

Semanas após semanas, são gastas horas na academia com um personal trainer ou instrutor de Pilates, além de uma dieta restritiva de peito de frango grelhado sem pele (que Jin chamou de "ingrediente eterno"[18] em um post no blog pré-debut) e ovos cozidos para manter o físico conseguido a duras penas. Espera-se que as estrelas do K-pop mantenham um peso extremamente baixo, que corresponda aos padrões da indústria da moda, e são muito elogiadas pelo esforço. Em 2013, IU revelou a, agora infame, dieta que usou para perder quase cinco quilos em cinco dias,[19] sobrevivendo com uma maçã no café da manhã, duas batatas ou bananas no almoço e um *shake* proteico no jantar. Mais tarde revelou que, depois que uma pessoa do público a comparou a um porco durante a época do debut,[20] ela começou a sofrer com distúrbios alimentares e dismorfia corporal.[21] T.O.P., do BigBang, inicialmente foi recusado pelo fundador da YG Entertainment, Yang Hyun-suk, por ser gordo demais; após perder 20 quilos em quarenta dias, ele voltou e foi aceito.[22]

E todo esse esforço não é suficiente. Há alguns anos, eu estava no set para o ensaio fotográfico do encarte do disco de uma proeminente estrela do K-pop que, pessoalmente, era belíssima, parecia uma boneca ambulante. Apesar das duas horas de cabelo, maquiagem e manicure, eu ainda observei como o fotógrafo usava, em tempo real, a ferramenta Liquify para ajustar suas proporções perfeitas, reduzindo a curva dos ombros para criar uma linha ainda mais plana e diminuindo a cintura, levando essa humana naturalmente perfeita a um nível de perfeição sobrenatural. O mesmo acontece no Ocidente. Trabalhando com moda e mídia, vi imagens e vídeos retocados de forma inacreditável. Mas nada me chocou mais do que aquele ensaio. Eu nunca tinha visto alguém partir do ponto de perfeição mais alto e ainda não ser suficiente.

A pressão para ser perfeito é somada à necessidade de conformidade que permeia a cultura coreana. Com um longo passado de governos opressores, políticas conservadoras foram usadas ao longo da história para suprimir os direitos individuais e controlar os cidadãos. Em 1973, o presidente Park Chung Hee introduziu a Lei de Ofensas Menores, que limitava o comprimento do cabelo para homens e das saias para mulheres, associando-os à contracultura hippie; naquele ano, cerca de 12 mil homens tiveram seus cabelos cortados contra sua vontade pela polícia.[23] As feridas dessa época ainda não cicatrizaram. Uma sensação sinistra paira no ar, como uma nuvem baixa de pressão que empurra as pessoas na mesma direção. Os coreanos há muito tempo promovem a ideia de unidade, de conformidade em nome da harmonia e de uma sociedade funcional, por meio da imposição de políticas restritivas nas escolas. "Pedra angulada encontra o cinzel do construtor" é um provérbio coreano, semelhante ao japonês "prego que se destaca é martelado", ambos opostos à ideia de "quem não chora não mama". Em 2018, o Escritório Metropolitano de Educação de Seul promoveu uma moção para abolir os regulamentos de comprimento de cabelo nas escolas, um resquício da era imperial japonesa e das ditaduras coreanas. Embora uma medida provisória tenha sido aprovada em 2012, a implementação se provou difícil. Mesmo os ocidentais que ficam no país por muito tempo acabam se curvando ao desejo da maioria. Tudo é muito mais fácil quando você se encaixa; quando se veste igual, parece igual, age igual. Por anos, descolori o cabelo, mas, quando me mudei para Seul, achei muito mais fácil voltar ao preto. Os taxistas não me questionavam mais, atendentes de caixa eram mais atenciosos, minhas tias e tios elogiavam minha aparência. Isso é mais uma coisa que torna Jungkook tão notável: as maneiras como ele rompeu com as expectativas, mantendo seu charme sem se curvar ao padrão.

CADA MEMBRO DE UM GRUPO DE K-POP TEM UM PAPEL DESIGNADO pela empresa. Há o líder, o *maknae* e o *center*, bem como dançarino, vocalista e rapper, divididos em diferentes níveis de responsabilidade. O papel mais incomum é chamado de "visual", que se refere ao membro mais atraente, que, mesmo não sendo uma celebridade, atrairia olhares ao andar pela rua. O visual chama atenção para um novo grupo, atraindo fãs como uma sereia leva marinheiros a afundarem navios. Ele tem um papel específico no cultivo dos fandoms. O termo surgiu em meados dos anos 2000 e era reservado para o membro que melhor se encaixava nos padrões de beleza coreanos. As empresas buscavam um tipo de beleza limpa e íntegra que ficaria bem em anúncios. Tornar-se modelo de *soju* continua sendo um contrato cobiçado, é um sinal de que você é tão gostoso e refrescante quanto o destilado nacional.

Historicamente, meu membro favorito sempre foi o visual; tendo passado muitos anos no mundo da moda, sempre apreciei um rosto bonito como alguém admira um modelo na passarela ou uma obra de arte num museu. Tenho certeza de que é assim para todo mundo. Eu amava L., do Infinite; Minho, do SHINee, que roubou o brilho de Melania Trump nas Olimpíadas de Inverno de PyeongChang em 2018;[24] Jaejoong, do TVXQ, o *manjjitnam* original, que é uma gíria do termo abreviado para um homem saído da página de um *manhwa* ou quadrinho. A beleza de Jaejoong era tão surreal que virou um rumor tão forte que acabou virando uma piada frequente entre os fãs: depois da quebra de contrato e saída da empresa, o fundador da SM Entertainment, Lee Soo-man, estava tão assombrado com a perda que passou anos no porão da empresa desenvolvendo uma série de "clones do Jaejoong", jovens idols que tinham uma beleza muito semelhante à original. Quando muitos pensam no ideal platônico de um visual, o primeiro nome que vem à mente é Cha Eun-woo, do Astro, que se tornou uma das estrelas mais populares do país, apesar de também vir de uma empresa menor. Eun-woo atende muito bem ao padrão de beleza coreano, e um de seus apelidos é "gênio do rosto". Em um vídeo que viralizou no TikTok, o Dr. Charles S. Lee, um cirurgião plástico de Beverly Hills que costuma avaliar celebridades, disse: "Notei que o rosto desse homem é perfeito.[25] A divisão horizontal em três de seu rosto é perfeita, assim como a vertical em cinco partes. E o perfil dele é perfeito. Procurei fotos dele na infância e ele nasceu perfeito. Se houver mais pessoas nascidas assim, eu vou à falência."

O visual do BTS é Jin, que viralizou no 2017 Billboard Music Awards como o "terceiro da esquerda", antes de o grupo se tornar mais conhecido. (Pelo mundo afora, os fãs apelidaram Jin, V e Jungkook de "Bermuda Line", um termo que surgiu para se referir a um trio cuja beleza vai atordoar você como o triângulo referido.) Com o apelido atrevido de "Worldwide Handsome", bonito no mundo todo, Jin, com sua pele de porcelana e lábios em formato de cerejas, é bonito da mesma forma que Cha Eun-woo. Jin sempre foi elogiado por sua aparência pelos membros do BTS e pela equipe da Big Hit. Uma vez compartilhou que foi recrutado na rua, no ensino fundamental, pela SM Entertainment[26] e que ligaram, mas ele não atendeu. Quando fez 18 anos e estava no primeiro ano da universidade, diz-se que foi descoberto por um diretor de elenco da Big Hit, que o viu descendo do ônibus.[27] Bonito, gentil, honesto, gente boa, Jin incorpora as qualidades que o público geral admira.

No começo, Jungkook, descrito como um garoto tímido e dedicado, parecia seguir os passos dele. A equipe de visual da Big Hit tendia a estilizá-lo de maneira mais natural, mesmo em conceitos mais pesados, colocando-o como um garoto comum. Mas, já nessa época, Jungkook tinha a mente mais aberta do que a maioria dos coreanos. Aos 16 anos, nas filmagens do reality BTS *American Hustle Life* em Los Angeles, ele parou diante da câmera e falou tudo o que queria fazer quando crescesse. Queria fazer uma tatuagem, ele disse.[28] Alarmado, Suga o reprimiu com gentileza, dizendo que o ARMY ficaria decepcionado. "Quero me tornar adulto", prosseguiu Jungkook, implacável. "Quero fazer tudo o que desejo, e logo."

Em 2014, tatuagens ainda eram tabu na Coreia, ainda mais para idols. O modelo de Jungkook, G-Dragon, era tatuado, mas, considerando-se os escândalos que perseguiram ele e o BigBang, o público geral talvez achasse algo de mau gosto, mas tolerável em um grupo de *bad boys*.

Na primeira vez em que trabalhei na filmagem de um vídeo de K-pop, encarei espantada um dançarino pedir um rolo de fita cor da pele e começar a enrolá-la ao redor dos braços, pescoço e peito, cobrindo as tatuagens. Assim como os japoneses, os coreanos associam tatuagens a *jopok*, gângsters. Desde 1992, tatuagem só pode ser feita legalmente por profissionais médicos licenciados; em 2021, o tatuador-celebridade Doy foi multado em 5 milhões de wons (cerca de R$ 20 mil na época) por não ter licença.[29] Enquanto crescia nos anos 2000, tatuagens ainda eram incomuns e consideradas feias.

A primeira aparição pública de uma tatuagem de Jungkook foi em setembro de 2019, quando fãs tiveram um vislumbre da palavra ARMY nas falanges de sua mão direita. Então veio outra, e outra, e mais outra, até que seu braço direito inteiro estivesse coberto por uma manga colorida. Considerando-se a imagem limpa de Jungkook, foi chocante que ele, uma das principais estrelas do K-pop, desafiasse as normas de modo tão visível, cobrindo seu corpo com tatuagens algumas com significado e outras sem.[30] Há uma coroa no topo do A, de ARMY, e um J de seu apelido, JK. Seu emoji favorito, uma cara enjoada, no dedo médio. Um coração que costumava ser roxo, a cor do fandom do BTS, mas desbotou com o tempo. Nuvens e relâmpagos. A data do debut, 0613, na lateral da mão. Um lírio-tigre, sua flor de nascimento. Uma cobra no antebraço. Um relógio parado na hora do seu nascimento, conectado a um microfone e uma nota musical, o que implica que ele nasceu para cantar.

Então vieram os piercings: um *barbell* na sobrancelha; dois no lábio; cerca de nove na orelha, embora ele às vezes os remova. Ele deixou o cabelo crescer, experimentando estilos não convencionais, como um rabo de cavalo, um *mullet*, um *bob* longo e cacheado com franja. Alguns fãs desaprovaram, dizendo que ele era mais bonito antes. Houve ataques generalizados daqueles que consideram tatuagens e piercings inadequados para um membro do grupo de idols que representa a nação. Jungkook sabia muito bem disso tudo. Depois de colocar seu segundo piercing no lábio, ele comentou em uma transmissão ao vivo, com uma risada inocente: "Pode ter ARMY que odeia, mas... sinto muito, eu queria muito fazer isso."[31] Para evitar escândalos, a maioria das celebridades teria se desculpado, depois removido ou coberto as modificações corporais. Han So-hee, por exemplo, removeu a maioria de suas tatuagens antes de começar a carreira de atriz, no fim dos anos 2010.[32] Jungkook persistiu e, em parte por sua influência, a atitude do país em relação a tatuagens e piercings melhorou. Os coreanos agora parecem mais receptivos à ideia.

Embora não tenha sido o primeiro artista do K-pop a se tatuar, Jungkook gerou um grande movimento na direção da aceitação de tatuagens devido a sua boa reputação, o contraste com sua aparência limpa, colocando-as em um novo contexto. A comoção foi tanta que o deputado Ryu Ho-jeong usou fotografias de Jungkook, em 2021, para promover um projeto de lei que legalizaria e regularia a tatuagem na Coreia do Sul. Foi assim também com seus muito piercings, incluindo a argola no lábio, outra atitude que desafiava a beleza e a moda conservadoras do país. Não só por meio de sua música, mas também pelo encorajamento silencioso, Jungkook e o BTS se posicionaram contra a rigidez tradicional da sociedade coreana, buscando ser modelos positivos que incentivam os jovens a pensarem com mais liberdade, mas ainda mantendo o respeito. Em outra transmissão ao vivo, um fã que queria colocar um piercing, mas cujos pais não aprovavam, pediu conselho a Jungkook. "Nossos pais nos trouxeram ao mundo, então é claro que temos de ouvi-los",[33] disse ele. "Mas a vida é uma só, e é minha vida, não é? Então... por que não posso fazer isso? Vou fazer o que eu quero da vida." Um bom garoto com imagem de *bad boy*, ou um *bad boy* com coração de ouro — estereótipos, talvez, mas com Jungkook, parece ser autêntico.

Por outro lado,, as tatuagens e os piercings de Jungkook apelam ao público ocidental. Funcionam como um sinal de que ele não é um idol pré-fabricado, mas sim um indivíduo e um artista, o que o torna um visual do K-pop para a era globalizada, quando atrair apenas o público coreano não é mais suficiente. Quando Bang Si-hyuk selecionou os membros do BTS, não tinha como adivinhar como criar um grupo atraente para o mundo. Por puro acaso, escolheu sete membros mais ajustados aos gostos do Ocidente do que os que tinham vindo antes. No passado, as empresas que aderiam com mais firmeza aos padrões de beleza coreanos debutavam idols com tendência a ter feições menos diversas. Pintas e sardas eram removidas a laser, maxilares eram afinados com injeções semanais de Botox; pequenas imperfeições eram cobertas para criar a imagem ideal, uma fantasia humana, adulada e adorada.

Em uma Bangtan Bomb que viralizou, um vídeo curto e casual de junho de 2014, chamado "Finding Jungkook by Jimin PD", em que Jimin saía à procura de Jungkook, então com 16 anos, e o encontrava comendo sobremesa, quieto num canto.[34] Jimin, então, começou o que chamou de "episódio especial de pessoas feias", em que ele saía andando, tentando filmar cada membro do BTS, exceto Jungkook. Ele foi atrás de Suga, sentado no chão de pernas cruzadas e disse que queria filmar todas as pessoas feias que encontrasse.

— Então você tem que se filmar primeiro. Filma você primeiro — disse Suga, apontando para a câmera.

— Claro, eu apareci primeiro — respondeu Jimin, orgulhoso, fazendo Suga e a equipe darem risada.

Embora debochado, o vídeo revelou a percepção doméstica do BTS na época. Comparados a outros grupos de idols, eles eram considerados "buracos visuais", um termo que se refere a membros de aparência não convencional, que reduzem a beleza e o equilíbrio do grupo. Ouvi incontáveis coreanos os chamarem de "feios" de maneira indiferente — não como insulto ou ofensa, apenas como se declarando um fato. "Por que não fazem cirurgia?" é outra coisa que eu ouvia com frequência.

O BTS englobava uma variedade maior de estruturas faciais, com recursos distintos, facilitando seu reconhecimento por fãs não coreanos, que podiam estar menos familiarizados com as feições coreanas. Há vários estudos psicológicos do chamado "efeito da raça cruzada", que explora a dificuldade em reconhecer rostos de outros grupos raciais devido à falta de exposição. Quando alguém não consegue identificar os membros de um grupo fica difícil se conectar emocionalmente com eles. O BTS conseguiu ultrapassar essa barreira. Globalmente, cada um cultivou a própria base de fãs fervorosos, cujas opiniões são obscenas demais para publicar. Todos os membros do BTS são bonitos, mas eu notei V primeiro. Ele me trouxe ao BTS, cumprindo seu papel de visual. O primeiro álbum de K-pop que comprei na vida foi *The Most Beautiful Moment in Life: Young Forever*, que escolhi na loja de discos Music Korea, em Myeongdong, no verão de 2016, depois de ver o lindo cabelo cor de pêssego de V e seu incrível visual *manjjitnam*. Quando o encontrei no estúdio da *Vogue* norte-americana, fiquei surpresa, no bom sentido, em ver que ele parecia exatamente como nas fotos, até mesmo o sorriso quadrado. Um homem que parecia mesmo tirado de uma página de *manhwa*.

UMA BOA APARÊNCIA EXIGE MANUTENÇÃO, QUE EXIGE DEDICAÇÃO. Em outros casos, requer um bisturi. A cirurgia plástica não sofre estigma na Coreia do Sul, em particular entre estrelas do K-pop. Estatisticamente, a cirurgia plástica per capita é alta; de acordo com a Sociedade Internacional de Cirurgia Plástica Estética (ISAPS, na sigla em inglês), nos idos de 2011, foram realizados 13,5 procedimentos cosméticos a cada mil indivíduos.[35] A Coreia do Sul tem a mais alta taxa desse tipo de cirurgia no mundo. E posso confirmar isso pela maneira indiferente como meus amigos e parentes abordam o assunto. Embora minha mãe e irmã tenham nascido com *sok ssangapul* natural, a pálpebra dupla oculta, eu herdei a pálpebra reta do meu pai, e minha avó insistia para que eu fizesse uma blefaroplastia, ou cirurgia de pálpebra, que me deixaria "mais bonita". Tenho pelo menos dois primos que receberam, aos 18 anos, uma versão combo do K-pop: implantes de silicone no nariz e pálpebras duplas, talvez com o bônus da raspagem do maxilar, e foram elogiados por ficarem mais bonitos. Uma amiga passou cerca de um ano gerenciando trainees em uma gravadora de K-pop, e uma vez eu a vi discutir, de maneira casual, quais meninas deveriam passar por pequenos procedimentos antes do debut. Certa vez, uma *rookie* foi enviada de volta a sala de cirurgia para que o cirurgião desfizesse a plástica, depois que eles decidiram que ela na verdade era mais bonita antes.

Graças à influência do K-pop e dos k-dramas, além de esforços publicitários e financeiros do governo, Seul se tornou destino mundial do turismo médico e de embelezamento. O Ministério da Saúde e do Bem-Estar anunciou que mais de 600 mil pacientes internacionais visitaram a Coreia em 2023,[36] o maior número desde que a instituição passou a manter registros, em 2009, com o número agregado de pacientes internacionais chegando a 3,88 milhões. Sempre que meus amigos estrangeiros, ou amigos de amigos, me visitam, pedem duas recomendações: onde comer frango frito e onde aplicar Botox barato.

Há muito a ser dito sobre esse histórico. A cirurgia de pálpebra dupla pode ser rastreada ao trabalho do cirurgião militar americano posicionado a Coreia do Sul em 1954 e que parece ter escrito, em 1955, um artigo sobre as origens do procedimento: "Um intérprete coreano de olhos inclinados, falando excelente inglês, veio pedir olhos mais arredondados. Seu futuro depende de suas relações com o Ocidente, e ele achava que, devido aos olhos estreitos e inclinados, os americanos não conseguiam saber o que ele estava pensando e, como consequência, não confiavam nele. Como isso era em parte verdade, consenti em fazer o que podia."[37] Quando a Coreia estava devastada pela guerra, dependente da proteção dos EUA, esses ideais de beleza ocidentalizados começaram a se formar. Agora, se transformaram no próprio conjunto bizantino de padrões. A moda da bichectomia que remove a gordura das bochechas para afinar o rosto, nunca teria sido popular na Coreia, pois os coreanos valorizam a gordura facial por sua aparência jovial. Mas a influência permanece: esteticistas e cirurgiões extrapolaram essa influência pós-guerra, como fizeram com muitas outras coisas.

Na indústria do entretenimento, a cirurgia plástica é vista como um sacrifício necessário e parte inevitável de se tornar um idol, ainda que as estrelas fiquem em uma encruzilhada. Os idols que fazem muita plástica são chamados de "monstros de plástico". Os fãs amam discutir se seus favoritos fizeram ou não procedimentos, elogiando os que parecem ser naturais e atacando os que exageraram demais. Fotos pré-debut são fonte de discussões acaloradas, permitindo que os fãs comparem a ponte do nariz, o formato dos olhos; oferecem análise especializada de um nariz cuja ponta vira para baixo, o que sugere a presença de um implante de silicone. Até as linhas capilares são escrutinizadas em busca de sinais de implante. Há membros do ARMY que afirmam com veemência que nenhum dos membros fez procedimentos, vendo isso como motivo de orgulho. Se eles fizeram ou não importa menos do que a impressão geral que perdura: mais uma vez, a ideia de que o BTS é mais real, com traços não uniformes que apagam a ilusão de "mesmice" que persegue outros grupos.

Essa palavra, "real", descreve muito bem o apelo de Jungkook. Por trabalhar no meio, vi pessoalmente membros do EXO, SHINEE, Blackpink, BigBang, NCT 127 e de muitos outros grupos; apesar de nunca ter visto Cha Eun-woo, o gênio do rosto. Então, as pessoas sempre parecem surpresas quando digo que o homem mais bonito que já vi, o que me pegou completamente desprevenida, foi Jungkook. Ele atinge aquele ponto intangível entre o real e o irreal. É marcante, mas acessível. Bonito e másculo. Maxilar e nariz fortes, um sorriso doce com dentes de coelho. Charmoso e carismático. Perfeitamente imperfeito e imperfeitamente perfeito.

CAPÍTULO 6

A autenticidade

N O CLIPE DE "DOPE", LANÇADO EM 2015, RM SE APROXIMA DA câmera vestido como mensageiro de hotel e pergunta, com um sorriso brincalhão: "É sua primeira vez com o Bangtan?" Pensando bem, essa icônica frase de abertura teria combinado mais com "Dynamite" — uma música pop clássica ao estilo de "Firework" de Katy Perry, de acordo com Jessica Agombar, uma das compositoras.[1] Lançada em agosto de 2020, alguns meses após o início da pandemia global da covid-19, "Dynamite" é cantada inteiramente em inglês. Essa animada música de verão mistura disco, funk e pop chiclete, com metais e sintetizadores que brilham como raios de sol. Foi a primeira música de um grupo coreano a estrear em primeiro lugar na Billboard Hot 100 e rendeu a primeira indicação ao Grammy para um grupo de K-pop, chegando a milhões de americanos pela primeira vez. No videoclipe, Jungkook toma um gole de leite, sorrindo como um modelo da campanha "Got Milk?" dos anos 1990. Aparecem lanchonetes, donuts cobertos de açúcar, palmeiras, céu azul e nuvens brancas — uma síntese da cultura americana interpretada por um grupo coreano. Esta é a imagem do BTS mais presente no imaginário popular.

Quem explorar a discografia do BTS sem dúvida traçará um caminho de "Dynamite" a "No More Dream". Bem diferente de

"Dynamite", o single de estreia de 2013 é um grito provocador de rebeldia juvenil. Versos de rap dominam a música; até Jungkook, o vocalista principal, canta mais em rap. Considerando a imagem pop associada ao BTS a partir de 2020, um ouvinte casual nunca imaginaria que o grupo foi originalmente concebido como um conjunto de idols de hip hop, com correntes grossas e bonés de aba reta. Para o público ocidental, esse contraste pode ser surpreendente. Já para os coreanos, a estreia do BTS representou um retorno às raízes do K-pop, que tem uma conexão profunda com o hip hop devido à influência direta da cultura afro-americana, apresentada aos coreanos através da presença militar dos EUA no país. Essa influência é uma das principais hipóteses para explicar por que os artistas coreanos fizeram mais sucesso internacional que cantores chineses e japoneses. É uma relação complexa que gerou tanto artistas adorados quanto discussões sobre questões profundas e complexas, fundamentais para compreender o K-pop e Jungkook.

O K-pop carrega fortes elementos do hip hop na música e na dança, mesclados a diferentes gêneros, como música eletrônica, pop e dance. A mídia coreana tem se esforçado para preservar a história do K-pop com produções como *Archive-K*, uma minissérie documental da SBS. Ao investigar as origens do hip hop coreano, testemunhas e historiadores apontam para Seul na década de 1980.[2] O presidente Park Chung Hee havia sido assassinado em 1979, encerrando 17 anos de governo autoritário, e as medidas de censura foram revogadas, abrindo espaço para novas formas de expressão. Antes que plataformas como YouTube e Instagram acelerassem a globalização da mídia, os coreanos já mantinham contato próximo com a cultura americana, desde a entrada dos militares no país, no final da Segunda Guerra Mundial. Em 1950, tropas americanas foram enviadas para a Guerra da Coreia e, em 1957, as Forças Armadas dos Estados Unidos se estabeleceram no país. Um dos canais de influência mais diretos e poderosos nos anos 1970 e 1980 era a American Forces Korean Network (AFKN), um serviço de rádio e TV do governo americano fornecido às suas tropas na Coreia do Sul, facilmente acessado pelos cidadãos coreanos no Canal 2 VHF. "Nos anos 1970 e 1980, além de chata, a TV coreana tinha um horário definido para encerrar a programação"[3] contou o Dr. Kyung Hyun Kim, professor da Universidade da Califórnia nascido na Coreia e conhecido por suas pesquisas acadêmicas sobre cultura pop coreana. "A AFKN rodava sem parar, 24 horas. Era o canal mais divertido, onde dava para assistir a *Vila Sésamo*, filmes de zumbi, tudo sem cortes."

Programas americanos forneceram a base cultural para a geração que levaria a cultura coreana ao cenário global. O diretor Bong Joon-ho, vencedor do Oscar, cresceu assistindo a filmes de Alfred Hitchcock,[4] Brian De Palma e Sam Peckinpah na AFKN, o que influenciou seu estilo cinematográfico. Em agosto de 1981, a MTV estreou na TV a cabo americana e chegou à Coreia pela AFKN. Na década de 1980, videoclipes icônicos de Michael Jackson, como "Billie Jean", "Thriller" e "Smooth Criminal", inspiraram artistas como Park Jin-young, fundador da JYP Entertainment. Ele transmitiria essa influência para membros das próximas gerações, como Jungkook, que fez referência a Michael Jackson com "Standing Next to You" nos anos 2020. "Assim que vi [Michael Jackson], fiquei completamente deslumbrado"[5] disse Park sobre assistir ao artista na AFKN. "Os movimentos, as roupas e até as meias, tudo. Quincy Jones virou minha referência em termos musicais, e Michael Jackson, para a performance no palco."

De acordo com Park, *Solid Gold*, um programa americano de música pop dos anos 1980,[6] também foi influente. Mas foi *Soul Train*, o popular programa musical que celebrava artistas negros, que deixou a marca mais profunda. "Todo coreano da minha geração sabe que aquilo era o máximo", disse o Dr. Kim. "A gente sabia exatamente quando o *Soul Train* ia começar."[7] Aos sábados, os coreanos se reuniam em frente à TV para ver os dançarinos fazendo *break dance* e descendo a Soul Train Line. Era um vislumbre de uma cultura distante que parecia alegre e livre. Presos em uma sociedade opressiva sob um governo autoritário e ansiando por essas liberdades, os coreanos gravavam episódios de *Soul Train* e os reassistiam, treinando os passos de dança várias vezes.

Para vivenciar o hip hop fora da tela, jovens coreanos iam ao bairro de Itaewon, a cerca de 20 minutos a pé da Guarnição de Yongsan, onde os militares americanos ficaram destacados até 2018, e desciam as escadas para uma boate no subsolo chamada Moon Night. A boate era administrada por Seo Chi Hoon,[8] um homem que, após ver a discriminação racial contra soldados negros nas boates de Itaewon,[9] abriu primeiro a Soul Train, que recebia apenas clientes negros e barrava os brancos, segundo a imprensa local. Com a Moon Night, Seo abriu as portas para todos, inclusive coreanos,[10] que podiam aprender os passos de dança hip hop que viam no *Soul Train*, com os olhos grudados nas pessoas que dançavam sobre o piso quadriculado preto e branco, rodopiando sob um globo de discoteca. Artistas como Run-DMC, Public Enemy e 2 Live Crew só podiam ser ouvidos na Moon Night,[11] para onde os discos eram trazidos pela base militar dos EUA para driblar a censura. Fotografias mostram Yang Hyun-suk,[12] fundador da YG Entertainment e membro do Seo Taiji and Boys; Lee Hyundo e Kim Sung Jae, da influente dupla de hip hop Deux; e Hyun Jin-young, primeiro artista contratado por Lee Soo-man para a SM, curtindo as noites na Moon Night. "Eles eram os caras que ficavam lá o tempo todo tentando ter a experiência da cultura hip hop em primeira mão",[13] explicou o Dr. Kim. "Você precisa desse contato direto para não ficar com uma versão equivocada." Hyun Jin-young era particularmente famoso por suas habilidades. Criado perto da base militar e tendo amigos americanos, ele dominou o jazz, o *break* e o *street dance* antes de virarem moda. Antes de ser contratado por Lee para a SM Entertainment, Hyun era membro de um grupo de B-boys chamado Spark e o único coreano autorizado a entrar no clube Soul Train para aprender a dançar.[14] Ele absorveu "técnica, ginga e sentimento" de amigos como Damon William, considerado o melhor dos soldados americanos e que mais tarde cantou rap na música "Sexy Lady", de Hyun. O sucesso de Hyun veio antes da fama do Seo Taiji and Boys, mas sua carreira foi destruída por dois escândalos com drogas, o que levou a SM a adotar uma abordagem vigilante e controladora no desenvolvimento de idols para evitar problemas futuros.

Assim, a Moon Night se tornou o berço do K-pop no final dos anos 1980, segundo o Dr. Kim. Foi lá que Seo Taiji supostamente conheceu Yang Hyun-suk, o que torna a boate o local do nascimento espiritual do Seo Taiji and Boys, o trio de hip hop que popularizou o rap na Coreia em 1992. Seus três primeiros álbuns venderam mais de 1,6 milhão de cópias cada,[15] para uma população de apenas 40 milhões, de acordo com um artigo da *Billboard* de 1996, e eles continuam sendo um dos grupos coreanos mais vendidos de todos os tempos. Seo começou como membro da banda de heavy metal Sinawe, liderada por Shin Daechul, filho de Shin Joong Hyun, o "padrinho do rock coreano, o músico mais importante da história do país",[16] nas palavras do Dr. Kim. Recusando-se a apoiar o presidente Park após o golpe de 1961, Shin Joong Hyun foi preso, torturado e proibido de se apresentar até o assassinato de Park. Com o Seo Taiji and Boys, Seo continuou o legado de Shin — o espírito contestador que deu origem à música popular coreana —, usando suas canções como crítica social e adotando o hip hop, aprendido por Yang na Moon Night, para atingir o sucesso comercial. É uma história que espelha as origens do rap na Nova York dos anos 1970: um gênero de expressão fora das normas estabelecidas, que fazia comentários sociais críticos contra governos repressivos.

O Seo Taiji and Boys surgiu durante a presidência de Roh Taewoo, que governou de 1988 a 1993. Embora Roh tenha sido o primeiro presidente eleito democraticamente, seu mandato foi manchado por corrupção e desrespeito aos direitos humanos, incluindo um episódio de violência policial que levou à morte de um estudante em uma manifestação um ano antes da estreia do grupo. O Seo Taiji and Boys lançou canções de protesto contra o sistema educacional do país, que foram banidas da rádio pública;[17] letras que faziam críticas ao governo e com ideias revolucionárias eram censuradas até que os protestos dos fãs levaram à revogação da prática de censura prévia pelo Comitê de Ética da Performance Pública. Graças ao sucesso do Seo Taiji and Boys, os artistas ganharam mais liberdade e continuaram usando a música como forma de expressão. H.O.T. estreou com um álbum intitulado *We Hate All Kinds of Violence* e um single, "Warrior's Descendent", que denunciava a epidemia de bullying nas escolas coreanas. "The Solver", do Shinhwa, criticava a ganância e a hierarquia da sociedade, pedindo uma reestruturação completa.

Assim, acadêmicos como o Dr. Kim argumentaram que o hip hop coreano, em suas origens, tinha uma autenticidade graças à influência direta da cultura negra na sociedade coreana, que ressoou com força por conta de experiências de vida semelhantes. "Embora sejamos supostamente soberanos daquela península, muitas vezes fomos subjugados na própria terra",[18] disse o Dr. Kim, mencionando a presença dos militares americanos por sete décadas em Yongsan, local que antes fora ocupado durante 35 anos por tropas japonesas. "Por gerações, a área mais nobre de Seul esteve ocupada. Você cresce com a experiência de viver subjugado, e tem o direito cultural de expressar e transformar toda essa inferioridade de um jeito que redefine quem você é", acrescentou o Dr. Kim. "Isso sempre fez parte da identidade coreana."

No entanto, quando Bang Si-hyuk estava formando o BTS, já tinham se passado décadas desde a época em que artistas como Yang Hyun-suk e Hyun Jin-young aprendiam a dançar com os soldados na Moon Night. A cada geração, o K-pop foi se afastando mais dessa fonte original. O hip hop se tornou mais um acessório do que um elemento fundamental, com trechos de rap adicionados como enfeite. Yang Hyun-suk fundou a YG em 1996, após o fim do Seo Taiji and Boys, e nos primeiros anos concentrou-se em artistas de hip hop, como o trio Keep Six e o grupo 1TYM. Após o sucesso de SE7EN, um cantor estilo idol, Yang decidiu montar seu primeiro grupo de idols seguindo o modelo de Lee Soo-man, da SM. Um ano antes da estreia do BigBang, Yang deu uma entrevista à Yonhap News dizendo que planejava usar a B2K, *boy band* americana de R&B, como inspiração para o grupo.[19] Ele afirmou que escolheu seus idols pelo talento musical, e não pela aparência. Também observou que, embora GD e Taeyang fossem talentosos e apaixonados por hip hop, achou que seriam mais adequados para um grupo de idols do que para uma dupla do gênero autêntica. "O hip hop dá grande importância aos valores e à visão de mundo do rapper, o que torna a juventude deles uma desvantagem",[20] afirmou, apontando a falta de vivência dos dois como impedimento para que fossem levados a sério como artistas de hip hop.

Em 12 de junho de 2013, a Big Hit lançou o clipe de "No More Dream", do primeiro álbum do BTS, 2 *Cool 4 Skool*, anunciado como uma retomada do hip hop dos anos 1990 em um *boy group*. Em entrevista à revista musical on-line *Weiv*, Pdogg, produtor da Big Hit, falou sobre a dificuldade em encontrar a direção musical apropriada para o grupo — uma identidade que fosse fiel ao hip hop, mas ainda agradasse o público. "Na cena musical mainstream coreana, o hip hop consiste em desvendar histórias de amor através do rap", disse ele. "Ou segue o estilo de *swag* da YG, sobre ostentação. Mas, para isso, você, tem que ter se dado muito bem, ter muito dinheiro, ter algo de que se gabar, e é claro que não temos nada. Na real, não é algo que as pessoas vão reconhecer."[21] Apesar de citar o BigBang como modelo, o BTS se afastou do modelo da YG e tomou a direção do Seo Taiji.

G-Dragon, um dos idols da infância de Jungkook, pode ter despertado seu interesse pelo hip hop, mas foi RM quem moldou sua compreensão dessa cultura. Líder do BTS e o artista em torno do qual o grupo foi formado, RM cresceu querendo ser escritor ou poeta, não idol. No segundo ano do fundamental, já escrevia poemas sobre desespero e solidão, comparando-se a uma folha caída.[22] Aos 13 anos, já participava da cena underground de rap,[23] fazendo músicas com batidas inexperientes que publicava na internet. Passava horas em Hongdae, absorvendo o trabalho de grupos de hip hop como Jiggy Fellaz e rappers como Verbal Jint. Ele reuniu suas influências: "Na Coreia, Epik High e Garion, no exterior, Nas e Eminem",[24] lembrou em uma entrevista de 2015 para a revista *Singles*. "As letras deles eram tão reais que eu não pude deixar de pensar que queria fazer música como essas pessoas."

113

Em 2009, ele fez um teste para o BigDeal Squads, um grupo underground de hip hop que saiu da antiga gravadora BigDeal Records. Embora tenha ido mal, esquecendo a maior parte da letra, a performance de RM impressionou Sleepy,[25] da dupla de hip hop Untouchable, que havia assinado com a gravadora TS Entertainment. Certa noite, Sleepy mostrou o trabalho de RM para seu amigo Pdogg,[26] que por sua vez o apresentou a Bang Si-hyuk. Bang ficou tão impressionado que decidiu construir um projeto em torno dele. Dado o histórico de RM no rap, os primeiros trainees do Bangtan também eram rappers que passaram nas audições da Big Hit. Eram cerca de trinta pessoas, como relatou Pdogg numa entrevista de 2013 à *Weiv*.[27] Suga, que fazia parte de um grupo underground de rap na cidade de Daegu, entrou para a empresa após fazer um teste com uma versão original de "Seventeen", de RM, ambas as letras tratando das dificuldades da juventude.

Quando Jungkook entrou na Big Hit, a direção já havia mudado. Em um vídeo de 2011 anunciando o Hit It the Second Audition, Bang convocou trainees que soubessem cantar e dançar.[28] Ele queria explorar uma definição mais ampla de hip hop, ciente de que o movimento cultural surgido no Bronx nos anos 1970 ia muito além do rap. Apesar dessa consciência, parecia que Bang tentava juntar duas metades discordantes para formar um novo todo: ao mesmo tempo um grupo de hip hop e de idols; o rap combinado com dançarinos, vocalistas e efeitos visuais para criar algo novo.

Na época, o BTS recebeu críticas na Coreia por agir de forma muito semelhante a grupos como H.O.T.[29] Em uma entrevista de 2015 para a *Hiphopplaya*, uma revista on-line coreana, RM defendeu o grupo, afirmando que os adolescentes coreanos de 2013 estavam passando pelos mesmos traumas de 1996, quando "Warrior's Descendant" do H.O.T. foi lançado. Apáticos e sem rumo, não eram incentivados a identificar e correr atrás de seus sonhos. A maioria estudava para se tornar funcionário público ou ter uma vida confortável. "É por isso que estamos tentando expressar a realidade atual. 'Um estudante que só estuda muito, mesmo sem ter um sonho' é exatamente quem eu era",[30] disse RM. "Não é algo que eu estava tentando pegar de outra época, era minha própria história."

Tenho dois primos com idade próxima à de Jungkook que foram criados em Daechi-dong, um bairro em Gangnam conhecido pelos milhares de *hagwons* ou cursinhos particulares que surgiram por lá. *sky Castle*, um k-drama popular ambientado no bairro, acompanhava pais ávidos e adolescentes sobrecarregados, forçados a participar de uma competição acadêmica implacável, capturando um dos extremos da sociedade coreana. Em Daechi-dong, o desempenho acadêmico é a chave para uma vida de sucesso; meus primos dormiam apenas duas ou três horas por noite, dedicando o restante do tempo à escola, ao *hagwon* e depois ao quarto, onde terminavam a lição de casa das 10 da noite até o amanhecer. Eram proibidos de ter smartphones para não se distraírem. Embora Jungkook não tenha experimentado esse nível de pressão acadêmica, uma vez que trocou os anos normais de ensino médio pela vida de idol, essa mentalidade implacável existe em todas as esferas sociais. O estresse e a atitude competitiva do sistema educacional são transferidos para o mundo do trabalho. Quando você não tem tempo, cultivar o pensamento livre e a criatividade é quase impossível. No entanto, o BTS, liderado por RM, conseguiu fazer isso. E, para seu mérito, Bang não os impediu. Suga certa vez falou sobre o grande segredo por trás do sucesso do BTS, resumindo-o da seguinte forma: "Desde antes da nossa estreia, não importava que tipo de música fizéssemos ou como queríamos apresentá-la, era sempre 'vai em frente' [de Bang e da empresa]. Sabemos que vocês vão ser criticados por isso, mas se querem fazer, simplesmente façam."[31]

Buscar autenticidade — não apenas em mostrar a experiência da juventude coreana, mas na representação do hip hop ao estilo americano — era uma abordagem incomum que parecia ir contra o sistema de idols. Na época em que o BTS estreou, a indústria já estava muito distante da Moon Night e, em grande parte, tinha apenas uma compreensão superficial das origens do hip hop. Artistas mal-informados ou ignorantes sobre a complexa relação entre K-pop e hip hop, entre as culturas coreana e negra, tornavam o gênero difícil de recomendar aos americanos. Muitas vezes, os artistas de K-pop pegavam apenas os elementos que achavam "maneiros", adornos superficiais como armas e correntes que, quando tirados de seu contexto, perpetuam estereótipos prejudiciais. Mesmo entre o final dos anos 2010 e início dos 2020, cantores dublaram insultos raciais em músicas de rap, se apresentaram em *blackface* "por acidente" e colocaram dreads no cabelo ao cantar uma música estilo reggae. Quando trabalhei em uma gravadora de K-pop, uma colega me perguntou por que os estrangeiros ficavam tão irritados quando os artistas usavam tranças ou dreads. Tentei explicar, mas ela não conseguia entender. Para ela, o estilo hip hop era simplesmente uma estética visual, desconectada das experiências reais das pessoas. Era uma mulher da geração que ajudou a construir a indústria do zero. Achava essas coisas bonitas e, para ela, a imitação era a maior forma de elogio.

Percebi que sua opinião era comum na indústria. Sendo um país pequeno e em grande parte homogêneo, a Coreia do Sul pode parecer uma bolha; quanto mais tempo você permanece aqui, mais isolado se torna. Ao longo dos anos, fui me desconectando dos EUA, as notícias vindas de lá parecendo histórias de uma terra distante que têm pouco a ver comigo. É como se eu estivesse caindo em um torpor, e precisasse me forçar a acordar e permanecer ligada ao mundo. Essa falta natural de conexão com a cultura global não era um problema quando o K-pop estava focado em mercados como China e Japão, com perspectivas parecidas, mas, para o K-pop atingir um público global, empresas e artistas precisam estar antenados. Deve haver um esforço para compreender o hip hop. Em vez disso, os artistas são forçados a se desculpar por coisas que não entendem, enquanto alguns nem pedem desculpas.

UMA OLHADA NO CIRCLE CHART, GERENCIADO PELA KOREA MUSIC Copyright Association (KOMCA), revela que a música mais popular de um grupo masculino de idols em 2013 foi "Dream Girl", do SHINee. Eu adorava "Dream Girl", uma canção pop animada que descia tão fácil quanto um refrigerante. O videoclipe era o ápice da produção de K-pop na época, elegante e estilizado com vários cenários e figurinos conceituais, as vozes dos rapazes se harmonizando perfeitamente, a coreografia impecável. Era o pacote perfeito, a especialidade da SM. "No More Dream", do BTS, não tinha o brilho de alta produção do SHINee devido à péssima situação financeira da Big Hit, que tinha torrado seus recursos no lançamento do grupo feminino Glam e obtido pouco retorno.[32] No entanto, essa crueza acabou jogando a favor deles. Como trainee, RM montou uma playlist com cerca de cinquenta faixas de Nas, Biggie e Tupac,[33] e ele, Suga e J-Hope ensinaram aos outros tudo o que sabiam sobre hip hop,[34] movidos por pura paixão e respeito. Aquelas músicas viraram a lição diária do BTS, a trilha sonora educativa deles. A letra de "No More Dream" foi escrita por RM, Suga e J-Hope,[35] e RM compôs 29 versões, batendo boca com Bang Si-hyuk por horas. A principal diretriz era falar sobre a vida dos jovens coreanos, como só eles poderiam fazer. Jimin lembra que o trio de rap pediu que ele descrevesse seus colegas de classe, o dia a dia deles e os sonhos que queriam realizar.[36] A versão final de "No More Dream" mira diretamente na juventude coreana, aprisionada pela pressão acadêmica do país — a necessidade de estudar, trabalhar e vencer a qualquer custo. Assim, o BTS se posicionou como rebelde, à maneira do Seo Taiji and Boys, insurgindo-se contra uma sociedade opressiva e ousando sonhar com algo diferente.

A ênfase da Big Hit no hip hop autêntico desde o início me fascinou. Seria possível para um grupo coreano ser fiel a uma cultura tão enraizada na experiência afro-americana? No começo, até o BTS pisou na bola. No clipe de "We Are Bulletproof Pt.2", lançado em julho de 2013, o cabelo de RM está armado como um cabelo afro, raspado atrás e nas laterais; em algumas cenas, ele segura uma bengala de cafetão com uma empunhadura em forma de cifrão. Há cenas de pistolas sendo disparadas, com tiros ecoando ao fundo; embora façam referência ao nome *bangtan*, que significa à prova de balas, a alusão à violência de gangues associada ao rap fica evidente. Dito isso, J-Hope, Jimin e Jungkook apresentam um segmento dedicado ao *break dance*, honrando uma das bases do hip hop. As letras expressam sinceramente sua condição de azarões, mencionando as noites em claro e mandando indiretas para quem os menosprezava — rappers de outros grupos de idols e rappers underground que ridicularizavam o conceito de idols de hip hop. Ao contrário da maioria das estrelas do K-pop, o BTS de fato tentou mergulhar no hip hop e compreendê-lo. Esse esforço foi impulsionado sobretudo por RM, que buscava uma interpretação mais sincera do estilo musical que amava.

Mesmo com toda a sua admiração, RM cometeu vários erros na juventude. Ele era apenas um adolescente que, além de viagens em família e quatro meses estudando na Nova Zelândia aos 12 anos,[37] nunca tinha saído da bolha sul-coreana e foi encarregado de guiar os outros em assuntos que mal conhecia. Apropriou-se de penteados negros e tinha o costume de falar inglês afro-americano, com um sotaque forçado. No programa de rádio *SimSimTaPa*, em junho de 2013, ele disse que seu talento individual era falar como um *heug hyung*, ou "irmão negro".[38] O pior aconteceu quando o BTS foi convidado para uma apresentação especial no *Show Champion* da MBC, em que o grupo fez dois covers de músicas do Shinhwa. Na introdução do single de 1999, "T.O.P.", RM disse a palavra com N*, como estava escrito na letra original.[39] O estrago na sua reputação foi enorme; muitos nunca o perdoaram por isso.

Ele precisava de instrução e experiência, coisas que a Big Hit, do seu jeito, tentou proporcionar com o tempo. "Bang Si-hyuk era muito respeitoso com a cultura negra e entendia que precisávamos aprender diretamente com a experiência",[40] disse o Dr. Kim. Um ano após a estreia, o BTS voou para Los Angeles para gravar um reality show chamado BTS *American Hustle Life*, onde treinaram com "mentores de hip hop" como Coolio, Tony Jones e Warren G. O programa é difícil de assistir hoje. A série começa com um sequestro encenado.[41] Dois americanos negros entram na van dos garotos e os levam para Skid Row, onde, temendo pela própria vida, são conduzidos para uma sala

---

* Termo pejorativo usado para se referir a homens negros que foi reapropriado pelos movimentos afro-americanos e deve ser usado apenas por pessoas negras. [*N. da E.*]

e ficam sem meias e sapatos. "O programa tinha sérios problemas de representação racial, porque há elementos que são quase ofensivos",[42] acrescentou o Dr. Kim sobre os estereótipos negativos (como associar homens negros a crimes e violência) perpetuados pela série. Na tela, por meio da edição e do enquadramento, o programa acabou captando a ignorância da maioria dos coreanos em relação a questões raciais. Mas, nos bastidores, os garotos aprenderam muito.

Então, voltamos a RM, o líder e primeiro membro do BTS. Ele nutria um amor genuíno pelo hip hop, alimentado pelos "irmãos mais velhos" que conheceu na cena underground de rap. No entanto, acredito que o tempo em Los Angeles serviu como um chacoalhão para ele. Foi uma experiência transformadora, e os rapazes voltaram diferentes da Califórnia. Em uma entrevista de 2015 para a revista *Singles*, RM falou sobre sua colaboração com Warren G,[43] destacando o ensinamento mais marcante que recebeu: que o hip hop estava aberto a qualquer pessoa, independentemente de raça ou nacionalidade. "O hip hop é um tipo de música que está sempre pronto para dar espaço a qualquer um que goste dele. Então, não se limite por nenhum tipo de pensamento preconceituoso", disse RM.

Naquele mesmo ano, ele deu uma entrevista à *Hiphopplaya*, demonstrando um amadurecimento e uma compreensão que eu nunca tinha visto em um rapper coreano, sobretudo entre os mais famosos, que evitam tocar em assuntos politicamente controversos por medo de criar polêmica. Ele contou que aprendeu com Warren G que estereótipos negativos como uso de drogas e violência armada não representavam a cultura hip hop original.[44] O entrevistador o confrontou sobre o momento problemático em "If I Ruled the World" (2013), onde ele gritou "Westside till I die". "Eu estava completamente errado na época", disse RM, rindo do seu eu do passado. Quando o entrevistador insistiu no assunto, RM respondeu que, naquele tempo, não entendia o verdadeiro significado por trás da frase, e seu uso desinformado não mostrava respeito pelos artistas de hip hop da Costa Oeste. "Acredito que existem muitos significados dentro das palavras 'Westside till I die'.

Suor, lutas, orgulho etc. Ou seja, fui imprudente", relatou ele. "Mais do que um deslize, foi um erro. Não tem desculpas."

O BTS não foi o primeiro grupo de K-pop a conquistar fãs internacionais, mas, tendo controle sobre sua conta no Twitter, os astros estabeleceram uma ligação muito mais direta com os fãs do que os grupos anteriores. Isso também os tornou mais conectados ao restante do globo, e as reações do ARMY internacional sobre questões de apropriação cultural e racismo foram levadas a sério. Como o porta-voz em inglês, RM deve ter visto os comentários e as discussões nas redes sociais. E, ao contrário de muitos coreanos presos na bolha, deu ouvidos a eles. Em uma transmissão ao vivo, ele refletiu sobre a necessidade de mudar sua mentalidade após 2016, percebendo que suas ações, sua música e suas palavras poderiam machucar as pessoas, mesmo que essa não fosse a intenção. "Percebi que precisava assumir a responsabilidade por isso e pensar mais sobre essas questões", disse. "Preciso saber como mudar minha forma de pensar se ela estiver errada. Aprendi que preciso ouvir o que as pessoas têm a dizer."[45]

A meu ver, o que o BTS levou da passagem por L.A. foi uma simples verdade: eles não conseguiriam expressar de forma autêntica o tipo de hip hop que haviam tentado criar em sua estreia. O que veio depois mudou completamente a trajetória do seu sucesso, e o grupo passou vários anos buscando sua direção: o estilo de hip hop que mais combinava com eles.

O BTS voltou à sua ambição original: explorar a beleza e a dor, o triunfo e as angústias da juventude. Mas, em vez da agressividade que marcava músicas como "No More Dream", em vez de atacar a sociedade como o Seo Taiji and Boys ou H.O.T., eles mudaram de abordagem e apostaram em algo mais sentimental e suave. *The Most Beautiful Moment in Life, Pt.1* foi lançado após a viagem a Los Angeles. Mais tarde, Suga confessou que, na época, estava convencido de que aquele seria o último álbum deles,[46] mas acabou sendo amplamente considerado o divisor de águas do BTS. O principal single, "I Need U", era uma faixa melancólica que permitiu que os impressionantes vocais de

Jungkook brilhassem pela primeira vez e garantiu a primeira vitória deles em um programa musical semanal. O conceito visual atmosférico do clipe lembra filmes de diretores como Wong Kar-wai, que explora relacionamentos humanos com uma beleza comovente.

O BTS começou a mostrar sensibilidade e emoção, usando o hip hop para transmitir as incertezas sentimentais da vida. Sua música ecoou na Geração N-po, termo usado para descrever jovens coreanos de 20 e 30 anos que haviam desistido de uma porção de coisas, como namoro, casamento, filhos, achar um emprego ou comprar uma casa. Também conquistou fãs no exterior, que enfrentavam problemas semelhantes. Fui apresentada ao BTS através de *The Most Beautiful Moment in Life, Pt.1* e conversei com duas fãs conhecidas como Aditi e Rinne, integrantes ativas do ARMY que entraram no fandom na mesma época. "Fiquei fascinada pela forma como o clipe mostrava a desintegração de um grupo de amigos durante a transição para a vida adulta", disse Rinne. "Parecia tão real e vulnerável, e me senti profundamente conectada com a narrativa deles." Aditi comentou que "algo nos vídeos e na música parecia tão bonito, mas de uma maneira muito particular, sentimental". Eles são ótimos contadores de histórias, acho que é seu maior trunfo como grupo e creio que foi isso que me conquistou também".

No fim das contas, o BTS carregou consigo duas máximas do hip hop: ser fiel a si mesmo e ter mente aberta e coração empático. Mesmo quando migrou para um som pop mais comercial, Jungkook continuou sincero em sua expressão pessoal. Naquela entrevista de 2015 para a *Singles*, perguntaram a RM como ele definiria o hip hop. "Definir o hip hop é como tentar definir o amor. Se existem 6 bilhões de pessoas no mundo, então existem 6 bilhões de definições de amor, e cada definição é diferente,[47] respondeu. "Em uma palavra, é algo que não pode ser explicado."

Entender que algumas coisas não podem ser compreendidas, mas ainda assim devem ser respeitadas e valorizadas, é uma lição de vida dolorosa, mas preciosa — uma das muitas que Jungkook aprendeu com seu *hyung*, RM, e levou mais longe do que jamais imaginou ser possível.

CAPÍTULO 7

A humildade

PARECE QUE, A CADA POUCOS MESES, UMA ESTRELA DO K-POP É flagrada fumando — com um vape nos bastidores, na praia, num restaurante — e, devido à revolta dos fãs, é obrigada a pedir mil desculpas por não estar à altura das expectativas. Então, quando Jungkook foi fotografado por alguns paparazzi na frente do Matsuhisa, em Beverly Hills, com um cigarro aceso entre os lábios,[1] a relativa calma do fandom falou por si só. Não mais julgado pelos rigorosos padrões dos idols, Jungkook estava no caminho para navegar entre os mundos das celebridades ocidentais e asiáticas, o que exigia um jogo de cintura para equilibrar os papéis de rebelde e modelo a ser seguido.

Pode-se pensar que os idols do K-pop não são tão diferentes dos idols pop adolescentes de ontem e hoje: Britney Spears, Miley Cyrus, Justin Bieber e outras estrelas do Disney Channel, com suas imagens impecáveis (quem não se lembra dos famosos anéis de castidade dos Jonas Brothers nos anos 2000?). Mas existem diferenças e nuances sutis — entre os idols japoneses e coreanos, que muitas vezes são colocados no mesmo patamar de comparação. Os idols japoneses são vistos mais como astros do entretenimento em geral, que não precisam cantar ou dançar excepcionalmente bem, desde que encantem o público. Muitos dos j-idols mais queridos são "incompletos", trabalhos em desenvolvimento, que frequentemente iniciam a carreira com habilidades limitadas e devem mostrar evolução ao longo do tempo, como um protagonista passando por seu arco de crescimento. Seus gestos atrapalhados e a vontade de dar o melhor, apesar da falta de jeito, são cativantes.

Na Coreia, os idols enfrentam anos de treinamento e sua estreia é conquistada com muito suor e sacrifício. Os K-idols se apresentam aos fãs como obras completas e polidas. São astros do entretenimento, mas acima de tudo são cantores, dançarinos ou rappers, o que os aproxima mais das estrelas pop ocidentais. Os K-idols nascem de instituições, sistemas e estruturas, do mesmo jeito que grandes gravadoras no Ocidente criam estrelas pop como Dua Lipa, que teve toda a força da Warner Bros. em sua estreia. "Dua foi muito esperta — ela assinou com a Warner Bros. em parte porque eles não tinham uma grande artista pop feminina e precisavam de uma",[2] contou o empresário Ed Millett em entrevista à *Music Business Worldwide*. "Eles realmente a queriam, então ela teve toda a atenção da equipe desde o primeiro dia."

Porém, o processo de criação na indústria de idols é mais metódico, rígido e controlado, com cada idol sendo incubado e nutrido do ovo à galinha adulta. É algo que executivos como Bang Si-hyuk consideram motivo de orgulho. Quando questionado pela Bloomberg sobre a incursão da HYBE na música latina, Bang explicou seu desejo de levar a infraestrutura "modularizada" do K-pop para a região,[3] referindo-se à fórmula metódica para criar um grupo de sucesso. "Acreditamos que, ao entrar no mercado e fornecer nossa fórmula modularizada e nossa infraestrutura, podemos acelerar o crescimento e fomentar a criatividade", explicou. "Nesse processo, conseguimos extrair os pontos fortes do K-pop, como eficiência, integração vertical e rápido crescimento da indústria, e usá-los como combustível para a inovação." O fundador da SM Entertainment, Lee Soo-man, tinha um famoso manual de "tecnologia cultural" que guardava em algum canto do escritório, como revelou à CNBC, explicando que combinava cultura e tecnologia de uma forma "logicamente formulada"[4]. O manual da SM supostamente abrangia todas as situações possíveis, desde as melhores progressões de acordes até o tom ideal de sombra para os olhos a ser usado em cada país. "Como sou engenheiro, essas coisas devem ser compreendidas pela lógica", disse Lee sobre aplicar sua formação em engenharia de computação à produção cultural. "A engenharia estabelece fórmulas. Por isso, me considero mais um engenheiro do que um artista."

Assim, a indústria do K-pop se assemelha ao complexo industrial pop ocidental, mas turbinada de modo a criar astros e estrelas de forma mais eficiente, e com uma conexão mais íntima com os fãs. Os fãs são a moeda corrente; seu amor e sua devoção, o combustível que mantém a máquina funcionando. Comparada ao Japão, a Coreia do Sul absorveu mais influências ocidentais na música e na estética pop, o que inclui até os tipos de artistas que o público prefere. Grandes grupos rotativos ao estilo j-pop não deram certo na Coreia. Lee Soo-man tentou várias vezes, começando com o Super Junior até o EXO, que dividiu em EXO-K e EXO-M para promover na Coreia e China, respectivamente, antes de voltarem a se unir como EXO. Sua ambição mais grandiosa, o projeto NCT, pretendia formar idols através de unidades com conceitos específicos, expandindo-se continuamente. O NCT Dream, por exemplo, era composto por adolescentes que sairiam ao atingir a maioridade, sendo substituídos por novos adolescentes. No entanto, após quatro anos, o plano foi abandonado e o Dream se consolidou como um grupo de sete membros, com o retorno daquele que havia "se formado", Mark Lee. Em um espectro que vai dos gostos tradicionais dos fãs japoneses aos gostos pop ocidentais, as preferências coreanas parecem estar em algum ponto intermediário. O sucesso do NCT e suas várias subunidades comprova isso: com 25 membros em seis subunidades em 2024, o grupo possuía um elenco grande e diversificado, mas ainda fixo.

Com o tempo, a indústria do K-pop desenvolveu ambições mais globais que o j-pop, que permaneceu concentrado no Japão. Isso pode ser atribuído em parte ao inesperado sucesso mundial do BTS, que apresentou o gênero a um público mais internacional do que qualquer executivo poderia ter imaginado. À medida que seu alcance se expandia, empresas e idols aprenderam a atender tanto aos gostos ocidentaliza-dos — em geral, grupos menores com artistas e personalidades bem definidos — quanto aos da Ásia Oriental e do Sudeste Asiático. A globalização do K-pop foi um desafio, já que os padrões culturais opostos tornavam impossível agradar a todos ao mesmo tempo.

JUNGKOOK PARECE SER, ATÉ O MOMENTO EM QUE ESCREVO ESTE livro, um dos casos milagrosos — uma estrela do K-pop com uma reputação ainda imaculada. Considerando como o BTS chegou longe, o público ocidental talvez nem saiba que os integrantes do grupo são tecnicamente idols. Bang Si-hyuk deixou de lado seu objetivo inicial de formar um grupo de hip hop quando percebeu o potencial da cultura de fandom do K-pop.[5] No entanto, ele sabia que os fãs podiam "ficar irritados com muita facilidade — ofendidos e furiosos. Então, havia coisas que também não deveríamos fazer", contou à *New Yorker* em 2024. Apesar de sua música contundente e crítica, os membros do BTS se mantinham na linha, exibindo o comportamento exemplar esperado deles. Nada de fumar. Nada de usar drogas. Nada de beber até a idade permitida e, mesmo depois, nada de beber demais. Nada de festas ou baladas (ou pelo menos nada de serem flagrados). Nada de namoro (idem). Mas, para os fãs ocidentais, essa imagem impecável pode soar falsa, parecendo artificial e desumana.

De meados ao final da década de 2010, os fãs internacionais e coreanos começaram a dar mais atenção aos idols que pareciam "reais", buscando um amigo em vez de uma fantasia — idols que pudessem proporcionar uma sensação de conforto, não através do escapismo, mas da identificação. A autenticidade passou a ser uma moeda poderosa à medida que a desinformação e as imagens irreais se espalhavam com mais facilidade pelas redes sociais. Essa mudança ocorreu, mais ou menos na mesma época em que o K-pop se tornou mais popular no exterior, e o BTS sem dúvidas teve um papel importante, com o conteúdo realista que compartilhava on-line. Em contraste ao idol tradicional, o artista pop ocidental incorpora características como independência e individualidade, possuindo visão e ambição fortes. Não existe uma divisão clara entre os gostos asiáticos e ocidentais, mas há certos alinhamentos. É uma questão de preferência — nem todos os fãs do Leste Asiático querem idols perfeitos, nem todos os fãs ocidentais querem idols autênticos. Um idol deve ser real ou perfeito? Há quem espere que seja os dois ao mesmo tempo.

Ninguém além do próprio Jungkook pode realmente conhecê-lo. Mas, depois de passar centenas de horas assistindo a suas lives e lendo suas entrevistas, me vi convencida de sua humildade. Ele tem uma personalidade rara, que faz você querer acreditar nele. É humilde e trabalhador. Em entrevistas em grupo, não é de buscar os holofotes e se esforça para dar o melhor de si. Mas também é honesto e direto. Fala de maneira muito simples e clara.[6] Não é dado à linguagem sofisticada e metafórica como RM, que fala como um estudioso. Embora o jeito de falar de Jungkook possa não ser tão poético, não é menos bonito — é como se falasse em haicais, não em sonetos. Ele sempre vai direto ao ponto, de uma maneira que parece transmitir honestidade e autenticidade a cada sílaba.

Sempre tive dificuldade em traduzir citações do coreano para o inglês, em especial frases de artistas de K-pop. Quando a tradução é feita palavra por palavra, as respostas se tornam secas e sem graça, como se tivessem sido redigidas por um estagiário fazendo o mínimo de esforço possível. O coreano é, em geral, uma língua mais direta e brusca que o inglês, na qual o contexto e a forma de falar são fundamentais para a compreensão. Por exemplo, a expressão *ma-shi-tta* ("está delicioso") se traduz literalmente como "tem sabor, tem gosto". Quando o discurso traduzido parece artificial, fica ainda mais difícil parecer "autêntico". A maneira de falar de Jungkook é incomum, mesmo entre os coreanos. Quando entrou na Big Hit como trainee, ele falava de modo atípico para uma criança, não sabendo usar de maneira adequada o *jondaenmal*[7] (linguagem formal) com seus colegas mais velhos e achando o *banmal* (linguagem informal) mais natural.

Isso por si só é incomum. A fala formal, os níveis de respeito e a estrutura hierárquica estão enraizados na cultura coreana. Quando eu, ocidental, me mudei para Seul, não ligava que pessoas mais jovens me chamassem pelo primeiro nome ou falassem comigo em *banmal*; não me incomodava com títulos ou honoríficos. No entanto, com o tempo, depois de trabalhar em uma empresa por vários meses, comecei a entender o significado implícito do discurso informal, o que significava quando alguém sequer anexava o sufixo honorífico básico *-shi*. Alguns coreanos usam a fala informal de forma livre para indicar uma mentalidade aberta — a ideia ocidental de que todas as pessoas são iguais, não importando a idade. Jungkook pode ter tido uma mente aberta quando criança, ou pode ter assimilado esse jeito de falar de um personagem favorito ou alguém que admirava. Inclino-me a acreditar na primeira opção, considerando a velocidade com que ele entendeu e adaptou seu comportamento, mesmo sendo um adolescente. Quando entrou no dormitório de trainees da Big Hit, logo percebeu como os outros reagiam ao seu estilo informal de fala e começou a usar o coreano formal.[8] Para ele, falar assim se tornou uma questão de compreensão, deferência e empatia com aqueles ao seu redor — *nunchi*, um conceito coreano de consciência situacional que equivale à capacidade de ler o ambiente, captar sinais sociais e zelar pelo conforto dos outros.

Essas características de compreensão e empatia foram ensinadas a ele pelos *hyungs* — todos os quais, pela intuição ou sorte incomparável de Bang Si-hyuk, parecem ser genuinamente boas pessoas, segundo relatos da indústria. "Eu sabia que eles teriam sucesso quando os conheci",[9] disse o coreógrafo Choi Youngjoon em uma entrevista no YouTube, maravilhado com o comportamento gentil e atencioso dos garotos com os dançarinos e a equipe. Essas qualidades permaneceram com Jungkook ao longo dos anos. Em uma live no Weverse em fevereiro de 2023, ele estava lendo os comentários que rolavam pela tela quando viu uma fã perguntar como ele se sentiria se ela gostasse de outros idols masculinos, lançada como isca para um pouco de *fan service*. Em algumas noites, Jungkook poderia ter entrado na brincadeira, fingindo ciúmes. Em vez disso, falou com simplicidade. "Jungkook, se eu gostar de outros idols masculinos... e daí? Se você gosta deles, você gosta deles. O que posso fazer?",[10] disse ele tranquilamente. "Não é minha vida. Tenho que respeitar a sua... Respeito, compreensão, consideração. Uma pessoa deve sempre ter essas três coisas."

Conforme o BTS começou a ser ativamente promovido no exterior, tornou-se mais importante satisfazer tanto os fãs que queriam um artista quanto aqueles que queriam um idol, um malabarismo tão alucinante quanto o de Philippe Petit caminhando em um cabo de aço entre as Torres Gêmeas. A pressão de representar a Coreia do Sul no exterior deixou a situação ainda mais complexa. A cultura pop e o entretenimento coreanos receberam investimentos substanciais do governo no final dos anos 1990, após a crise financeira de 1997. O Ministério da Cultura, do Esporte e do Turismo recebeu fundos para promover o K-pop,[11] construindo o *soft power* do país (uma estratégia para a conquista de poder e prestígio sem o uso da força militar ou econômica). Em 2012, um comitê consultivo foi estabelecido para sustentar a onda crescente de popularidade da cultura coreana com centenas de milhões de dólares alocados para isso. Como todas as formas eficazes de *soft power*, as estrelas do K-pop se tornaram representantes nacionais, construindo percepções positivas da nação aonde quer que fossem. Com esse investimento, o que antes era uma forma inferior de entretenimento, uma fuga passageira, virou um poderoso produto de exportação. O BTS se tornou — como a patinadora olímpica Yuna Kim, o futebolista Son Heung-min e outros sul-coreanos que conquistaram aclamação internacional — o orgulho da nação.

Consequentemente, o grupo começou a passar cada vez mais tempo no exterior, expondo-se a novas culturas e formas de pensar, expandindo suas visões para além da bolha doméstica. Apesar de ter sido escolhido para representar a nação e seus valores no exterior, Jungkook parece ter absorvido novas ideias. "Acho que ele se tornou o mais mente aberta de todos nós",[12] disse V no vídeo do Festa de 2019. Os membros do BTS sempre foram consistentes, usando suas reputações de garotos-modelo para defender causas justas, enquanto outros famosos relutam em fazê-lo por medo da reação do público. Em vez de apenas divulgar uma declaração de apoio ao Black Lives Matter em 2020, o BTS doou 1 milhão de dólares ao movimento, comovendo muitos fãs no exterior e inspirando o ARMY a igualar o valor em 25 horas. "Somos contra o racismo e a violência",[13] explicou Suga em uma entrevista à *Variety*. "A maioria das pessoas seria contra essas coisas. Nós também já sofremos preconceito. Só queremos expressar o fato de que sentimos que não sofrer racismo ou violência é um direito de todos."

Em 2018, o BTS foi convidado para as Nações Unidas para ajudar a UNICEF a promover uma campanha de educação e desenvolvimento global, após lançar a campanha "Love Myself" com o órgão no ano anterior e fazer parceria com o programa da organização para acabar com a violência contra crianças. Quatro anos depois, durante a pandemia global, o presidente Moon Jae-in levou o BTS à Assembleia Geral da ONU,[14] dando a cada um dos membros do grupo passaportes diplomáticos vermelhos e um certificado, nomeando-os enviados presidenciais especiais para as gerações futuras e a cultura. Vestidos de terno, eles apresentaram "Permission to Dance" no Salão da Assembleia, incentivando as pessoas a se vacinar e a motivar os jovens que enfrentavam dificuldades durante a pandemia. Em um discurso gravado para a 75ª Assembleia Geral da ONU, os integrantes do BTS se revezaram para falar. Jungkook, sentado em uma cadeira e todo de preto, com seus brincos prateados brilhando nas orelhas, falou com calma e firmeza.

"Vivemos na incerteza, mas, na verdade, nada mudou. Se há algo que posso fazer, se nossas vozes podem dar força às pessoas, então é isso que queremos e é isso que continuaremos fazendo."[15] Simples, honesto, direto e humilde.

CAPÍTULO 8

O ARMY

NO EPISÓDIO 18 DA TEMPORADA 34 DE *Os Simpsons*, EXIBIDO em abril de 2023, Homer insulta uma artista que é um ídolo pop e vira alvo da ira de seu fandom, que lança bombas de glitter e envia um bando de corvos para seu local de trabalho. "Você não conhece esses exércitos de fãs, são todos psicopatas implacáveis", diz Lenny a Homer, antes de se virar para falar diretamente com a câmera. "Exceto pelo ARMY do BTS, que é justo e puro de coração", acrescenta, quebrando a quarta parede em um momento que a conta oficial dos *Simpsons* no Twitter compartilhou com a legenda: "Diferente dos outros fãs. #BTSArmy".[1]

Essa é a reputação do fandom do BTS, que foi batizado de ARMY (acrônimo para Adorable Representative M.C. for Youth, ou Adorável Representante M.C. da Juventude) em julho de 2013 e se tornou tão famoso quanto os artistas que adora. Se eu tivesse que apontar a maior fonte do sucesso de Jungkook, o ingrediente-chave para torná-lo uma estrela pop global, muito provavelmente seria o amor e a devoção do ARMY, que levou não apenas Jungkook, mas todos os membros do BTS em suas carreiras solo, a quebrar recordes.

Fandoms dedicados não são exclusivos do K-pop, tampouco um fenômeno novo. No ensino fundamental, eu tinha uma colega de turma tão dedicada aos Backstreet Boys que escrevia KTBSPA (Keep the Backstreet Pride Alive, ou Mantenham o Orgulho dos Backstreet Boys Vivo) em cadernos e na palma das mãos. Ela escrevia a sigla em todo lugar, a ponto de eu me lembrar dessa frase tantos anos depois. Beliebers, Directioners, Swifties, Beyhive, Little Monsters; Cheeseheads, Potterheads, todo tipo de *heads*. Fama e fandom andam de mãos dadas.

Os fandoms do K-pop precedem o BTS. O que torna o ARMY único para a época em que surgiu é sua composição altamente internacional. O ARMY foi pioneiro no trabalho transcultural de apoiar um grupo originalmente voltado para o público do Leste Asiático e promovê-lo em escala global. O ARMY internacional, ou i-ARMY, é muito experiente on-line, conectando-se em plataformas como Twitter, Discord, Reddit, Tumblr, YouTube e TikTok, povoando cada nova rede social que surge e usando-a para compartilhar o evangelho do Bangtan. Sua obra-prima: unir-se a outros fandoms de K-pop em 2020 para combater a supremacia branca[2] e o racismo contra os negros, afogando a propaganda prejudicial da hashtag #WhiteLivesMatter com *fancams* de K-pop e *gifs* de reações. O BTS tem mais consciência social que a maioria dos artistas de K-pop e foi um dos poucos grupos a doar uma quantia substancial para a fundação Black Lives Matter Global Network. Assim, fazia sentido que o ARMY fosse responsável por grande parte do esforço coletivo, e Jungkook se tornou o rosto de um meme que remixou três cenas de *O Senhor dos Anéis: O Retorno do Rei*[3] — um diálogo editado entre os personagens Gimli e Legolas.

GIMLI: Nunca pensei que morreria lutando lado a lado com um fã de K-pop.
JUNGKOOK [com a cabeça no corpo de Legolas]: sksksks enfim stan jungkook.
GIMLI: Sim. Isso eu posso fazer.

O que o i-ARMY alcançou abriu caminho para todos os artistas de K-pop. Suas inúmeras contribuições são lendárias. Um exemplo é a tarefa de legendar e fazer traduções de fãs. Pode parecer óbvio, mas esse trabalho muitas vezes não recebe o devido crédito: as traduções são essenciais para a disseminação do K-pop, e grande parte do trabalho inicial, antes que as próprias empresas percebessem o valor de se dirigir ao público internacional, foi feito por fãs. Muito já se falou sobre como o YouTube, o Twitter e outras plataformas on-line permitiram que artistas de K-pop se comunicassem de forma mais direta com fãs internacionais. Agora, há legendas em inglês na maioria dos vídeos e os comunicados das empresas são devidamente traduzidos. Mas, antes de o BTS se tornar um grupo global, as legendas em inglês eram escassas e raramente anexadas ao conteúdo de K-pop pelas empresas e pelos criadores de conteúdo, que não consideravam isso digno de tempo ou esforço. A Big Hit Entertainment só começou a fazer a legendagem oficial de vídeos do BTS em 2019, anos depois de o grupo conquistar reconhecimento internacional.

Vivendo na Coreia do Sul, a milhares de quilômetros dos Estados Unidos, é incrível como tudo isso parece tão distante. Marcos importantes como o sucesso de *Parasita* no Oscar ou do BTS no Grammy não passam de breves detalhes nos noticiários. Ainda em 2022, tive uma conversa com dois membros da equipe do Blackpink que, mesmo após sua apresentação de destaque no Coachella em 2019, me perguntaram se o grupo era mesmo popular nos EUA, parecendo surpresos com a ideia. Em certos aspectos, a Coreia pode ser isolada, razão pela qual o alcance internacional não é uma prioridade das empresas.

Um dos primeiros e mais influentes grupos de fãs tradutores foi o Bangtansubs, que, desde a estreia do BTS, faz um trabalho crucial na disseminação do conteúdo do grupo para um público mais amplo. O Bangtansubs é o braço direito de legendagem de vídeos do BTS-Trans, uma organização sem fins lucrativos gerida por fãs que faz traduções não oficiais em inglês de "mídia e conteúdo produzido por ou relacionado ao BTS — consistindo em postagens de mídia social (Twitter, Instagram, Weverse e Naver), de blog e letras de músicas", de acordo com o grupo. Lembro-me da primeira vez que encontrei o Bangtansubs no YouTube, por volta de 2014. Fiquei surpresa ao ver um esforço tão organizado e concentrado na promoção de conteúdo para um grupo coreano pequeno, que não fazia parte de uma das três grandes gravadoras. Em retrospecto, deveria ter sido um sinal do que estava por vir.

Tive o prazer de conversar por e-mail com vários membros da equipe que, desde sua fundação, em 2013, cresceu e chegou a cerca de 30 membros: quatro tradutores de diferentes idiomas (coreano, japonês, mandarim e indonésio para inglês), cronometristas e diagramadores, codificadores de vídeo, secretários, coordenadores de equipe e pessoal administrativo. Suas idades variam de 16 a 37 anos; moram em lugares como Alemanha, Filipinas, Índia e EUA e têm ocupações diversas — são estudantes de doutorado, arquitetos, designers gráficos e alunos do ensino médio, entre outros. Os membros fundadores começaram a seguir os meninos do BTS quando eles eram meros trainees da Big Hit e iniciaram o BTS-Trans cerca de um mês antes da estreia oficial do grupo. Os vídeos traduzidos eram originalmente carregados no Tumblr, no Dailymotion e no YouTube, onde a equipe foi ganhando seguidores. No final de 2024, eles tinham 1,46 milhão de inscritos no YouTube e mais de mil vídeos legendados. Seu vídeo mais popular é de 12 de outubro de 2016: uma reação do BTS na Bangtan Bomb ao clipe de "Blood Sweat & Tears", com 9,8 milhões de visualizações.

Os fandoms do K-pop são extraordinariamente organizados, e os membros do BTS-Trans não são exceção. Com uma grande equipe trabalhando em conjunto em diferentes fusos horários,[4] eles se comunicam via Discord, e as traduções e os arquivos seguem uma linha de produção digital, com funções designadas através do Trello e de um Google Drive compartilhado. De acordo com uma tradutora conhecida como Rinne, cada vídeo tem pelo menos um tradutor, um cronometrista que cria os arquivos de legendas e um *uploader* (responsável por publicar o conteúdo on-line), além dos secretários e administradores que ajudam a manter as coisas em movimento. Rinne traduz vídeos do coreano para o inglês. Os vídeos mais curtos podem ser feitos em algumas horas,[5] enquanto projetos mais difíceis (um episódio de *Run bts!*, por exemplo) exigem uma equipe de verificadores e podem levar meses ou até anos para serem concluídos. A transmissão de uma hora e onze minutos do evento do primeiro aniversário do bts exigiu quatro tradutores, um cronometrista, dois diagramadores e um codificador/*uploader*. Notas e referências são acrescentadas para contextualizar as informações, garantindo que o significado original seja transmitido da forma mais fiel possível.

— A maioria dos nossos membros entra na equipe porque quer eliminar a barreira do idioma para que armys que não sabem coreano possam aproveitar o conteúdo do bts tanto quanto aqueles que sabem. Nosso canal do YouTube (Bangtansubs) surgiu do desejo de adicionar legendas em inglês ao conteúdo do bangtantv, na esperança de que mais pessoas que não falam coreano ao redor do mundo pudessem aproveitar esses vídeos e entender a mensagem do bts — disse o grupo.

No Ocidente, a cultura de legendas e traduções existe há muito tempo para conteúdo estrangeiro inacessível. Quando era criança, quebrei a cabeça tentando descobrir como entrar em um irc (Internet Relay Chat) que me permitisse baixar arquivos de legendas para meu anime favorito. Graças a sites como YouTube e Twitter, o conteúdo do K-pop ficou mais acessível, tornando-o um interesse menos nichado. Com a maior exposição através do algoritmo do YouTube, grupos de K-pop não pareciam mais tão estrangeiros e estranhos, e as traduções foram essenciais para esse processo e experiência. Os fãs fazem isso de graça, e como todos os fandoms, o army trabalha por amor. Não recebe uma compensação direta dos idols ou de suas empresas. Você talvez esteja se perguntando por que fazem isso. Pelo simples desejo de compartilhar aquilo que você ama com mais pessoas.

— Gosto de pensar no Bangtansubs/bts-Trans (e nos tradutores em geral) como a 'cola' do fandom[6] [e] a coisa mais incrível é que nosso fandom cresceu para abranger o globo inteiro — disse Dhara, uma diagramadora do grupo. — Os tradutores trabalham duro para transmitir mensagens de modo que todos possam entendê-las. Assim, cada pessoa pode encontrar um motivo para amar o BTS à sua maneira. Ao longo dos anos, o fandom cresceu por causa dessa capacidade de comunicar nosso amor por algo em comum, e sinceramente não acho que isso teria sido possível sem a ajuda dos tradutores.

— Pode parecer um pouco piegas dizer isso, mas nosso trabalho é motivado puramente por amor — explicou Aditi, uma tradutora. — Fazemos isso porque temos um amor profundo pelo BTS. Embora existam outros motivos, a principal razão pela qual traduzo é achar que o BTS diz, canta, escreve e cria belas mensagens que merecem ser ouvidas e entendidas por muitas pessoas. Se eu puder contribuir, mesmo que um pouquinho, para que as pessoas possam entender e admirar os membros, isso significa muito para mim.

O amor de um fã por seu artista favorito pode ser expressado de várias formas, e cada uma delas ajuda a expandir a popularidade do artista. Além dos tradutores, existem os criadores de conteúdo que fazem *fanarts*, memes e compilações de vídeos (como "um guia inútil", entre outros) que — em cortes divertidos e bem editados, selecionados com cuidado em meio a horas de filmagens — mostram o carisma dos membros em um formato fácil de compartilhar. Vídeos como "jungkook's duality being a threat to humanity for 8 minutes" ["a dualidade de Jungkook sendo uma ameaça à humanidade por 8 minutos"],[7] do youtuber KOOKIESTAETAS, em contraste com sua forte presença no palco — tendo alcançado mais de 2 milhões de visualizações quando do este texto foi escrito. "Jungkook hates losing at anything | 'you always have to let jk win'-Hobi" ("Jungkook odeia perder em qualquer coisa | 'você sempre tem que deixar o jk ganhar' - Hobi"),[8] do canal SugArmyy, que tem mais de 5,8 milhões de visualizações, destaca o lado competitivo e teimoso de Jungkook, com sons de memes e efeitos especiais, tornando-o ainda mais cativante. Essas compilações funcionam como ações de marketing feitas pelos próprios fãs, que mostram os lados mais divertidos e atraentes de seus idols favoritos de um jeito que parece mais verdadeiro do que qualquer material que a empresa possa produzir.

Em outra frente, o *fancam* é um importante veículo de divulgação. Depois de assistir aos vídeos de ensaio de dança, costumo conferir as *fancams*, que trazem diferentes closes dos idols dançando e cantando em apresentações. Dá para ver o exato momento em que piscam para a câmera, o movimento perfeito de suas franjas impecáveis, o trabalho preciso de pés e braços. As *fancams* têm um poder enorme: diz-se que o *girl group* EXID estava prestes a acabar quando as imagens da integrante Hani dançando "Up & Down" viralizaram em 2014, levando a música das últimas posições ao topo das paradas. A famosa *fancam* de Hani agora tem mais de 38 milhões de visualizações e é considerado o marco inicial da febre das *fancams*. "Na verdade, aquela quase foi nossa última apresentação, porque estávamos pensando em nos separar. Se não fosse por aquela *fancam*, eu não estaria aqui agora",[9] disse Hani no programa de TV *Running Girls*. "Senti como se tivesse sido salva por aquela *fancam*. Foi como se finalmente alguém me encontrasse depois de ficar perdida em uma floresta por muito tempo."

As *fancams* costumam ser produzida por fãs de cada idol, que dedicam muito tempo e dinheiro para acompanhar as apresentações de seus idols pela cidade e pelo mundo. São gravados, editados e publicados em uma velocidade incrível, que compete com organizações jornalísticas tradicionais, muitas vezes com uma qualidade 4K melhor que a das imagens oficiais. Certa vez, fui a K-Con com minha irmã e nos sentamos ao lado de duas fãs do The Boyz. Elas tinham viajado do Japão para Nova York para ver seus artistas preferidos e carregavam câmeras HD com lentes poderosas. Uma delas deu para minha irmã uma ventarola feita à mão com uma foto que ela mesma tinha tirado de Sunwoo, compartilhando seu amor.

Na Coreia, os *homma*, ou *fansites*, administram páginas dedicadas a seus idols preferidos. É um hobby que mais parece um trabalho em tempo integral: tirar fotos do idol saindo de programas como *M Countdown* às 2 da manhã, pegar voos para registrar uma apresentação em Osaka, contrabandear equipamentos de filmagem para dentro dos locais de gravação, escondendo-os amarrados à coxa debaixo da saia. Embora os *homma* possam ganhar dinheiro com essas fotografias, vendendo produtos feitos por fãs, a maioria gasta mais do que ganha. Uma ex-*homma* contou certa vez que seus idols até a reconheciam, procurando-a durante as apresentações para garantir que ela conseguisse as melhores fotos — sabendo que uma boa foto pode ajudar na sua carreira.

As *fancams* de Jungkook são incríveis e mostram toda a sua versatilidade. Veja, por exemplo, a *fancam* oficial de "Boy With Luv"[10] no *M Countdown*, em abril de 2019 (mais de 62 milhões de visualizações). Usando terno bege e gravata floral azul, ele se move com leveza, com a câmera se aproximando para capturar seu sorriso doce, mesmo quando ele não está no centro do palco. Quatro meses depois, uma *fancam* não oficial da apresentação do BTS de "Idol" no Lotte Family Concert[11] (mais de 18 milhões de visualizações) mostrou Jungkook em um terno preto, dançando com muita intensidade, jogando o cabelo encharcado de suor para todos os lados e completamente imerso na apresentação, deixando o ARMY sem palavras.

Conquistar o topo das paradas é outro elemento importante da experiência do fandom. Jungkook lidera as paradas da Billboard. Como? Graças ao esforço dos fãs, que seguem manuais detalhados sobre como fazer streaming e comprar álbuns durante os novos lançamentos, com orientações específicas para cada parada musical diferente. Existe uma conta popular no Twitter chamada @btschartdata (BCD), com 2,4 milhões de seguidores, que difundiu o Stationhead, um site onde fãs podem se reunir e ouvir músicas juntos. Tudo começou quando eles organizaram sessões de reprodução coletiva para os lançamentos do BTS em 2020. Uma dessas sessões, feita para "Butter", ocorreu em 25 de maio e atraiu mais de 400 mil ouvintes[12] e 5,4 milhões de reproduções, transformando o Stationhead em uma ferramenta essencial para as comunidades de fãs de K-pop (a página oficial do BTS ARMY conta com 4,63 milhões de membros). O próprio Jungkook organizou eventos desse tipo para "Seven", "3D" e *Golden* no Stationhead, aparecendo para conversar com o ARMY e acumulando milhões de reproduções.

Plataformas como o Stationhead transformam o ato solitário de ouvir música em um encontro social, explorando o lado comunitário do fandom, um dos principais pilares do K-pop.

A psicologia por trás dos fandoms é complexa, com base na busca por comunidade e identidade social. Todos os grupos de fãs, seja de esportes, música ou séries, compartilham os mesmos pontos positivos e negativos. O ato de escolher um artista favorito — um *bias* — também significa escolher um grupo social e identidade dentro dele, além de criar laços com pessoas que compartilham suas obsessões. Esse vínculo entre fãs os mantém conectados, e o ARMY está entre os fandoms mais dedicados e unidos. "Para mim, o ARMY parece mais uma família do que qualquer outro fandom", conta Adele, uma cronometrista do BTS-Trans, em nossa troca de e-mails. "Tenho vários interesses dentro e fora da música e do K-pop, que posso curtir com outras pessoas on--line ou pessoalmente, mas o ARMY cria um sentimento profundo de aceitação e amor que ainda não encontrei em outras comunidades das coisas que amo."

— Acho que parte disso vem da diversidade do ARMY e da vontade deles de compartilhar sem esperar nada em troca — continuou Adele. — Como parte do ARMY, entendemos nossas diferenças e que cada um de nós enfrenta as próprias batalhas, mas também temos nossas forças e, por isso, o ARMY se esforça para tornar o mundo um pouco mais fácil para pessoas que estejam passando pelas mesmas situações. Nós nos apoiamos, doamos, trabalhamos juntos, tudo como uma família, e isso é lindo.

COMO O FANDOM É A BASE DA INDÚSTRIA DO K-POP, AS EMPRESAS estimulam relacionamentos próximos com os artistas. Esses relacionamentos são mais pessoais do que ocorre no pop ocidental, e na era digital, ficaram ainda mais próximos. Os idols passam horas em transmissões ao vivo e Jungkook é especialmente conhecido por elas. Segundo o BTS, as transmissões costumavam ser supervisionadas por um membro da equipe, que garantia que tudo corresse bem.[13] Quando os garotos foram morar sozinhos, Jungkook começou a quebrar as regras, fazendo transmissões quando bem entendia. No dia 1º de fevereiro de 2023, ele iniciou uma live improvisada,[14] comentou em voz alta que já era grandinho o suficiente para fazer isso, lançando um sorriso travesso à câmera. Durante a pandemia, suas transmissões no Weverse foram uma alegria nos dias de isolamento de muitos ARMYs. Ele abria lives de sua casa em horários inusitados. Em junho de 2023, pegou no sono durante uma delas no Weverse com mais de seis milhões de espectadores,[15] que o assistiram dormir por cerca de 45 minutos até que um funcionário desligasse a transmissão remotamente. Ele falou sobre isso em uma entrevista:

— Você faz transmissões ao vivo às vezes — comentou Jimmy Fallon no *The Tonight Show*[16] — e às vezes canta, às vezes está cozinhando, e teve uma coisa que me fez rir, que foi a minha preferida: você dormiu, simplesmente caiu no sono por 45 minutos e todo mundo, seis milhões de pessoas ficaram assistindo você dormir.

— Acho que meus fãs, o ARMY, gostaram porque foi algo totalmente inesperado, mas na verdade é um pouco constrangedor — respondeu Jungkook, parecendo sem graça.

A pandemia teve um papel fundamental em levar o BTS, que vinha ganhando terreno internacional desde 2016, a um novo patamar de sucesso, apresentando o grupo a pessoas que não davam a mínima para o ranking da Billboard e premiações. A música "Permission to Dance" costuma ser citada como um marco — o terceiro single totalmente em inglês do grupo, que, junto a "Dynamite" e "Butter", formou uma trilogia de músicas lançadas na era pandêmica, criadas para trazer alegria ao público durante a crise sanitária. Coescrita por Ed Sheeran para o BTS, o clipe da música celebrava os trabalhadores essenciais e terminava com uma montagem de pessoas tirando as máscaras e revelando seus sorrisos. A alegria do BTS tocou o coração do público nesse período: sete rapazes bonitos, dançando e cantando para animar as pessoas. Mais uma vez, eles estavam no lugar certo na hora certa, enquanto pessoas isoladas e confinadas buscavam conforto e conexão.

Isso trouxe novos fãs e fortaleceu os laços existentes. — A capacidade do BTS de conquistar corações por meio de suas experiências e pensamentos sinceros[17] transforma sua música em uma fonte de inspiração e conforto, permitindo que se destaquem entre outros grupos de K-pop, e se conectem com um público global diversificado — explicou Rinne do BTS-Trans.

A conexão entre o ARMY e Jungkook é a base do sucesso dele, o resultado de um relacionamento carinhoso cultivado ao longo dos anos. Seu amor pelo ARMY é genuíno, e os membros do BTS se importam com os fãs que, com um esforço inabalável, os tiraram do anonimato e permitiram que alcançassem seus sonhos. No entanto, também entendo que isso beneficia as empresas, que incentivam um apego nem sempre saudável. Afinal, seriam necessários milhares de fãs "comuns" como eu — que adicionam algumas músicas do BTS a uma playlist e compram um álbum por impulso para colocar na estante — para se equiparar a um fã envolvido de corpo e alma em um relacionamento parassocial com o idol, que compra mais de vinte álbuns para colecionar fotos e, acima de tudo, ganhar a chance de conhecê-lo pessoalmente em um encontro com fãs.

O relacionamento parassocial pode seguir caminhos mais sombrios. Fãs *sasaeng* são conhecidos no mundo do K-pop por serem perseguidores que invadem a *sasaenghwal*, ou vida privada, dos famosos. *Sasaengs* descobrem o endereço de um idol e ficam de plantão lá; em sua penúltima live no Weverse antes do alistamento, Jungkook comentou, com uma leve irritação, que *sasaengs* ainda estavam na porta de sua casa,[18] como se fosse algo corriqueiro. Alguns *sasaengs* vão além, chegando a invadir as residências ou os quartos de hotel dos idols e roubando seus pertences. Jaejoong, do TVXQ, certa vez acordou com uma fã *sasaeng* em sua cama.[19] *Sasaengs* muitas vezes conseguem os números de telefone dos idols, e ficam mandando mensagens e ligando para eles; por isso, os artistas mudam com frequência de número. Esses fãs obcecados também conseguem acesso às agendas de seus idols com antecedência, incluindo detalhes como voos e número do assento, para poder comprar lugares próximos a eles. Existem contas on-line dedicadas a vender informações pessoais dos idols[20] (números de telefone, horários de voos, informações de hotéis), supostamente compradas de funcionários das gravadoras ou de terceirizadas (agências de viagens, por exemplo) visando lucrar com isso. Em setembro de 2023 a HYBE organizou uma força-tarefa para combater essa prática. Os *sasaengs* não se limitam à Coreia: existem em todos os países, inclusive nos EUA. No ano passado, voei para o Japão no mesmo voo que o Mirae, um grupo de sete garotos que se desfez alguns meses depois. Até eles estavam cercados por cerca de oito fãs, que os rodeavam, tirando fotos, e voaram no mesmo avião em fileiras próximas.

O *FANSIGN* É OUTRO ASPECTO DA INDÚSTRIA DE IDOLS QUE DIFERE bastante do pop. Membros do fã-clube que compram determinado número de álbuns recebem bilhetes de sorteio para participar de um *fansign*, um evento exclusivo realizado pelo idol ou grupo. Nessas ocasiões, eles fazem muito *fan service* (como covers de músicas e esquetes), autografam álbuns e conversam com cada fã. Os idols atendem a pedidos, desde colocar orelhas de gatinho até dar as mãos e fazer contato visual. Fãs que acompanham um grupo desde o debut, ou que simplesmente compram álbuns suficientes para garantir participações constantes, podem até ser reconhecidos e lembrados pelos idols. Fãs coreanos compartilham vídeos dos eventos, enquanto fãs internacionais assistem desejando estar lá: Jungkook brevemente tomando a mão de uma fã, entrelaçando os dedos; Jungkook colocando um capuz felpudo em forma de Cinnamoroll, o mascote da Sanrio,[21] e balançando a cabeça para fazer as orelhas irem para lá e para cá.

Durante a pandemia, quando encontros presenciais se tornaram impossíveis, as empresas migraram para as videochamadas, provocando uma mudança radical na indústria. Com as videochamadas, que não exigiam mais que você estivesse fisicamente na Coreia, os fãs internacionais tiveram acesso ao mesmo nível de intimidade que antes era exclusivo dos coreanos. As vendas internacionais de álbuns dispararam à medida que os fãs compravam dezenas de cópias na tentativa de conseguir videochamadas; alguns se tornaram ganhadores frequentes, ficando obcecados com a oportunidade de conversar regularmente com seu idol favorito. Existe uma compilação de videochamadas que Jungkook fez para *Golden*.[22] Uma fã misturou cidra, soju e cerveja para um brinde virtual, sugerindo que tomassem uma bebida juntos algum dia, ao que Jungkook respondeu que beberia uma durante uma live. Outro fã mostrou a Jungkook as próprias fotos de bebê e pediu que ele imitasse aquelas expressões, o que ele fez com muita alegria.

Tudo isso serve ao que Joon Choi, presidente da Weverse e executivo da HYBE, descreveu em 2023 como o princípio da empresa: "O que estamos investigando a fundo é o mecanismo psicológico de se apaixonar."[23] Fico fascinada por essa análise empresarial da comunidade de fãs de idols, que parece ser mais dedicada do que os fandoms do pop ocidental (há exceções, claro, como Swifties, Directioners etc.). Existem muitos motivos pelos quais o fã típico de idols é mais propenso ao apego emocional.

Enquanto os idols adolescentes ocidentais costumam ter como público-alvo outros adolescentes, mantendo uma imagem pública comportada para garantir a aprovação dos pais, os idols japoneses e coreanos, embora sem dúvida atraiam jovens, focam mais no elemento de fuga da realidade para conquistar um público mais adulto, com poder de compra próprio. Em sua forma mais pura, os idols representam uma válvula de escape momentânea, uma dose de pura felicidade entregue no palco; uma "existência brilhante e especial",[24] como definiu Sunoo, do Enhypen, no primeiro episódio do programa *I-Land*. Eles fornecem uma quantidade enorme de conteúdo produzido três vezes mais rápido do que o de artistas ocidentais: um buraco negro no qual você pode mergulhar a qualquer momento, perdendo horas em uma maratona de K-pop. Alegres e sorridentes, eles te ajudam a esquecer seus problemas por um tempo. Com essa forma de escapismo em mente, o aspecto mais importante da indústria de idols — a razão para o apego profundo que se forma entre idols e fãs — é a história que está sendo contada.

Mais do que simples astros e estrelas pop, os idols se transformam em personagens de uma narrativa que acontece diante dos nossos olhos. Suas personalidades, frequentemente construídas com cuidado, reproduzem estereótipos de personagem adorados pelos fãs do gênero. Há o "cara frio da cidade", o estiloso e reservado *tsundere* (termo japonês para alguém que parece rude, mas tem um coração de ouro quando você o conhece melhor); o "vírus da alegria", aquele que ilumina todo o grupo, como J-Hope; o líder responsável, que mantém os outros na linha, como RM; e o gênio ou faz-tudo, que parece naturalmente bom em tudo, como Jungkook. Depois, há a dinâmica do grupo, que é cuidadosamente criada e cultivada: momentos de discussão, de carinho, cada cena se unindo em episódios que mostram uma adorável família formada pelo destino.

É de conhecimento público que Bang Si-hyuk se declara um *otaku*, termo japonês que se refere a um tipo de superfã, compartilhando animes como *Nichijou*[25] e idols como Akina Nakamori em sua conta do Twitter.[26] Na cultura popular, *otakus* são mais associados a fãs de anime, mangá e videogames, mas não basta simplesmente gostar desses hobbies. Ser um *otaku* significa ter uma paixão quase obsessiva pelo assunto. Qualquer pessoa pode ser *otaku* de qualquer hobby ou interesse — de idols, por exemplo — desde que mostre essa fixação característica. Com a mistura entre fãs de idols e *otakus* — duas subculturas com raízes no Japão —, caracterizações semelhantes tendem a aparecer nas duas mídias. Acredito que as tendências *otaku* de Bang podem tê-lo ajudado a entender os mecanismos da formação de fandoms em um nível mais profundo do que outros CEOS.

Entrar em um fandom e encontrar seu membro favorito é chamado de *ipdeok*, uma mistura peculiar do prefixo para "entrar" e uma variação da palavra "obsessão". O termo existe nas comunidades de fãs de idols, anime e jogos, já que estruturas e princípios similares se aplicam. Os fãs tomam parte na jornada e, no caso dos idols, suas ações afetam diretamente o resultado. Você torce por eles, chora e luta por eles, comprando álbuns e reproduzindo suas músicas para que quebrem recordes. Vendo-os passar por dificuldades, você quer ajudá-los a dar a volta por cima. As batalhas diárias deles parecem momentos-chave de uma série de TV com a qual você está muito envolvido. Pode haver, como Joon Choi disse, a sensação de se apaixonar, seja este um amor romântico, amigável, maternal ou paternal. A sensação é difícil de explicar para quem está de fora. Será que os fãs atribuem a esses artistas as mesmas características que alguém atribuiria a um personagem fictício favorito? Os idols, sobretudo os que seguem as regras tradicionais, podem parecer bons demais para ser verdade. Para criar a fuga perfeita da realidade e preservar a fantasia, um idol precisa abandonar ou esconder as partes mais feias de si mesmo.

O ato de deixar um fandom é chamado de *taldeok* — numa tradução livre, escapar da obsessão. Parte do declínio da indústria de idols pode ser atribuída aos frequentes escândalos. Por conta de sua regularidade, a maioria são pequenos tropeços no caminho, varridos rapidamente para debaixo do tapete com a publicação de um pedido de desculpas escrito à mão nas redes sociais do artista, deixando apenas uma mancha mínima em sua reputação. Escândalos de namoro, por exemplo. Um tabloide coreano chamado *Dispatch* revela um casal secreto de celebridades quase todo ano durante o Ano Novo Lunar; em 2024, revelaram que Karina do Aespa e o ator Lee Jae-wook estavam namorando.[27] Karina emitiu um pedido de desculpas escrito à mão.[28] Ela tinha quebrado a confiança de seus fãs e destruído a imagem romantizada que tinham dela por estar em um relacionamento, tornando-se indisponível para a imaginação deles. Por isso, teve que implorar por perdão. O casal terminou cinco semanas depois e o assunto foi logo esquecido. Houve casos de idols com esposas secretas, casamentos realizados às pressas após uma gravidez não planejada, embriaguez ao volante, ataques de cachorro, abuso e assédio. Conheço mais de um fã que, desiludido pelas realidades infelizes de seus idols favoritos, fugiu para o conforto de versões fictícias, que nunca decepcionam. Muitos fãs de K-pop sofrem com o esgotamento e acabam deixando o fandom, cansados demais da indústria para cair de vez em seu feitiço ilusório.

Quando Jungkook voltou a Seul em 22 de junho de 2023, havia centenas de fãs esperando no desembarque internacional do Aeroporto de Incheon.[29] Ele passou pela porta e fez várias reverências de 90 graus, depois das quais os fãs começaram a romper as barreiras, gritando e correndo com os celulares no ar. Fiquei com ansiedade só de ver. Alguns fãs ficam tão apegados que a possibilidade de seu idol namorar pode levá-los à loucura. Quando houve boatos de que Jungkook estaria namorando, o que a empresa negou com firmeza, alguns fãs postaram fotos de automutilação em resposta à notícia. A incapacidade de distinguir fantasia e realidade pode levar a resultados preocupantes. É o amor em seu lado mais sombrio.

O público ficaria surpreso em saber que alguns dos maiores críticos de Jungkook vêm de seu próprio fandom. Existem fãs OT7 (*one true seven*, no sentido de que a única e verdadeira composição do BTS é com sete membros), que acreditam que todos os membros devem receber amor e cuidado iguais, um pouco como pais que insistem que amam todos os filhos da mesma maneira. Há também os *akgae*, ou fãs solo. Eles apoiam apenas um membro do grupo e se ressentem dos outros por supostamente impedirem seu favorito de progredir ou por receberem muita atenção. Fico triste em dizer que Jungkook sempre teve um número impressionante de haters, *akgaes* de outros membros do BTS que não gostam da sua visibilidade no grupo. Em 2015, lembro de ver Jungkook sendo alvo de muito ódio on-line por estar no centro com muita frequência, apesar de essa ser sua posição oficial; por ser divulgado demais pela empresa, mesmo que ele próprio trabalhasse com dedicação nos bastidores, sem se colocar à frente. Um cover de "Rainism", apresentado no programa *Gayo Daejejeon* de 2016,[30] foi criticado por parecer uma apresentação solo de Jungkook, com os outros membros relegados a papéis de dançarinos de apoio.

O ARMY sempre me diz que Jungkook era o membro mais popular, mas eu via mais *haters* do que fãs on-line, com a negatividade ofuscando todo o resto. Era doloroso ver pessoas o criticando por períodos de acne severa, que ele enfrentou por ser um sofrendo com uma quantidade considerável de estresse. Certa vez, tive um incidente recorrente com um *akgae* de Jimin que, depois que elogiei a aparência de Jungkook em uma matéria para a *Vogue* norte-americana, deixou comentários e mensagens de ódio, porque ele não admitia que eu pudesse elogiar Jungkook em vez de Jimin. A maior ironia, claro, é que Jimin e Jungkook são incrivelmente próximos, apoiando as carreiras solo e as conquistas um do outro, assim como a dos outros membros do BTS, que sempre tiveram um bom relacionamento. Muitos fãs de K-pop lamentam essas dinâmicas: a toxicidade afasta muito fãs em potencial e define a percepção pública do "fã maluco de K-pop", mesmo que a maioria dos fãs seja gentil. Para cada *akgae* de Jimin, encontrei centenas de ARMYs maravilhosos que queriam ajudar a espalhar a mensagem de amor e aceitação do BTS.

— Acredito que muito do ódio e da discriminação neste mundo nascem da ignorância e do medo do desconhecido[31] — disse Adele do BTS-Trans. — Se apenas mais uma pessoa puder entender as mensagens do BTS para o mundo, então talvez o mundo possa ficar um pouco mais bonito. Quanto mais nos entendemos, mais podemos sentir o que temos comum como seres humanos, e essa conexão não tem preço.

— Minha principal motivação é o fandom[32] — disse Annie, tradutora do BTS-Trans. — Pode parecer estranho, mas sinto que somos uma grande família, mesmo que eu não os conheça. Os membros do BTS são minhas inspirações e sempre fazem o máximo por nós, ARMYs, então sinto que preciso retribuir e contribuir com o máximo que posso.

A mídia costuma focar nos lados negativos do fandom do K-pop, nos relacionamentos nada saudáveis e nas bolhas que se desenvolvem em torno de pessoas reais. Jungkook prefere se concentrar no lado positivo: o amor que o ARMY lhe deu e que permitiu que ele subisse ao palco e descobrisse quem é, algo que espera compartilhar com o mundo através de sua voz. Como ele costuma dizer, este é um presente valioso que ele quer passar a vida inteira tentando retribuir. Na pré-gravação da apresentação de "Standing Next to You" de Jungkook no *M Countdown*, em novembro de 2023, ele preparou uma surpresa especial para os 180 fãs que ganharam um lugar na plateia.[33] Era um frasco de perfume *Golden*, com uma combinação personalizada de aromas escolhida por Jungkook: lírio-tigre (sua flor de nascimento), camurça e âmbar, com partículas de ouro flutuando dentro do vidro. "Florescendo esplendidamente em uma embalagem resplandecente, assim como a linguagem das flores que significa 'Me Ame'",[34] dizia o bilhete que acompanhava a fragrância. "Lembra o outono, melancólico, mas cheio de momentos DOURADOS brilhantes, todos capturados aqui dentro. Centrado em torno da fragrância do lírio-tigre que floresce com elegância nesta estação encantadora, o âmbar profundo forma uma mistura harmoniosa e sensual com as flores. Só para o ARMY." Jungkook assinou cada bilhete com caneta dourada e incluiu uma segunda nota manuscrita, simples e direta como sempre: "Estou feliz que vocês possam ouvir minha música. Obrigado. -JK-"[35]

Mesmo quando Jungkook se alistou no exército, o ARMY e ele continuaram pensando um no outro. Alguns previram que o tempo de Jungkook nas forças armadas diminuiria sua popularidade, mas essas previsões subestimaram o vínculo que ele e o ARMY tinham construído ao longo dos anos. Perto da meia-noite de 18 de dezembro de 2024, depois de um ano de serviço militar, Jungkook voltou para casa durante as férias de inverno e, sem qualquer aviso, começou uma live improvisada no Weverse intitulada "Ah, senti muita saudade de vocês".[36] Ele mostrou seu novo apartamento, depois se sentou e começou a cantar para o ARMY sob uma luz roxa. Era como se nada tivesse mudado. Veio uma enxurrada de comentários do mundo inteiro: Brasil, Paquistão, Índia, EUA, Japão, um fluxo interminável de emojis de coração roxo.

Em duas horas e catorze minutos, ele acumulou 17,5 milhões de espectadores. Oito minutos depois, o número saltou para 19 milhões.

E, quando ele foi dormir, às 2h04 da manhã, tinha reunido 20.190.330 espectadores e 291.799.096 curtidas, quebrando o próprio recorde de maior número de espectadores em uma transmissão individual do Weverse, conquistado em 2023. — Quero voltar logo, de verdade — disse ele, com um sorriso sincero. "Quando isso acontecer, o ARMY estará pronto para fazer história mais uma vez."

CAPÍTULO 9

A carreira solo

APÓS 14 DE JUNHO DE 2022, NOS MESES QUE SE SEGUIRAM AO anúncio de que o BTS faria uma pausa, cada membro fez, pela primeira vez em nove anos — ou mais, se contarmos o período como trainees —, o que gostava, livre da necessidade de colocar o grupo em primeiro lugar. J-Hope lançou o álbum solo *Jack in the Box* em julho, Jin lançou seu single "The Astronaut" em outubro, e RM lançou *Indigo* em dezembro. Em março, Jimin lançou o miniálbum solo *Face*; em abril, Suga lançou *D-Day* sob seu alter ego Agust D. V lançou dois singles em agosto, "Love Me Again" e "Rainy Days", antes do lançamento do miniálbum solo *Layover*, em setembro.

Jungkook fez uma longa pausa. Após trabalhar sem descanso, desde os 13 anos, sacrificando a oportunidade de ter uma adolescência comum, ele decidiu se desligar por completo. Sem a obrigação de continuar no ritmo frenético do K-pop, viu-se em um período sabático de cinco meses, após retornar da Copa do Mundo do Qatar em novembro. Um dos últimos membros a sair do dormitório do grupo, foi morar sozinho pela primeira vez e refugiou-se no apartamento de luxo que comprou. Ficava acordado até tarde,[1] levantando-se às quatro da manhã para fazer frango refogado com uma fatia de queijo se tivesse vontade. Ouvia música[2] sentado em um cômodo escuro, com luzes verdes cintilando nas paredes como uma constelação. Cozinhava macarrão de trigo sarraceno,[3] adicionando três colheres de óleo de gergelim, duas de molho *cham*, uma colher de molho Buldak e uma de maionese da mesma marca em uma tigela, misturando tudo com uma gema de ovo e mexendo bem. A receita de *deulgireum makguksu* viralizou. Ele aprimorou suas habilidades culinárias com outros pratos, assistindo a youtubers como YOOXICMAN[4] cortando a gordura branca e brilhante de uma barriga de porco e dourando-a até ficar crocante. Ia à academia, treinar seu gancho de direita com o personal trainer, e cantava para o ARMY em lives no Weverse. Em algumas noites, ficava introspectivo, até mesmo sombrio, refletindo sobre a importância da saúde e da felicidade. — Preciso aproveitar enquanto sou jovem[5] — disse ele em março daquele ano. — Só temos uma vida. Pessoal, temos apenas uma vida.

Conforme o tempo passava e cada membro lançava seus tão aguardados projetos, a expectativa pelo debut solo de Jungkook começou a crescer, como uma panela em fogo baixo e lento. Sua participação na música "Left and Right", de Charlie Puth, lançada logo após a pausa do grupo, e sua histórica apresentação na cerimônia de abertura da Copa do Mundo FIFA 2022 indicavam um futuro promissor no pop global. Lançar o primeiro álbum com o peso de tantas expectativas deve ter parecido uma tarefa impossível. Afinal, Jungkook era um compositor talentoso, que começou a escrever com a orientação dos outros membros, em especial Suga, que acompanhava seu trabalho com orgulho. Ao analisar o desempenho de Jungkook em "Outro: Love Is Not Over", de *The Most Beautiful Moment in Life, Pt.1*, de 2015, Suga comentou: "Ah, nosso Jungkook tem talento para isso."[6]

No início da carreira, Jungkook tinha a ambição de compor as próprias músicas. Em 2017, na noite que precedeu a entrevista para o livro-conceito de *Wings*, ele ficou acordado até as sete da manhã[7] compondo músicas com seu teclado MIDI. Embora costumasse pedir com frequência aulas de piano à Big Hit, ainda não tinha aprendido nenhum acorde e precisava apertar cada tecla para encontrar o som que procurava. Quando o entrevistador perguntou se era necessário que todos os membros escrevessem músicas, ao que Jungkook protestou, explicando que não queria deixar toda a composição para apenas dois ou três membros. — Além disso, os tipos de música e emoções que eu aprecio são diferentes dos que os outros membros gostam[8] — disse ele. — Quero transformar minhas emoções em histórias e ouvi-las em forma musical.

Em 2024, Jungkook foi promovido a membro pleno da Korea Music Copyright Association (KOMCA), depois de ganhar royalties substanciais através de 22 créditos em canções. Sua primeira música solo, "Still With You", coescrita com Pdogg, era uma linda balada de jazz que se tornou uma das preferidas dos fãs. Apesar de nunca ter recebido um lançamento ou promoção oficial, acumulou mais de 250 milhões de reproduções no Spotify. Perfeccionista declarado, Jungkook tinha o hábito de escrever músicas e apagá-las no dia seguinte. Havia uma canção original, chamada "Decalcomania", que ele planejava inserir em sua primeira mixtape. Suave e melancólica, a balada inacabada parecia uma página de diário, quase íntima demais para ser compartilhada: "Quando te vejo sorrir na tela, você parece bom em tudo, você é simplesmente perfeito / Acho que nunca fui você."[9] A demo foi publicada no Twitter em 1º de setembro de 2019, mas, quando os fãs perguntaram sobre seu lançamento dois anos depois, ele disse que havia apagado os arquivos.[10]

Em uma entrevista publicada na *Weverse Magazine* em junho de 2022, Jungkook falou sobre sua relutância em lançar suas composições autorais. O jornalista Kang Myeongseok perguntou se o astro hesitaria em lançar uma música que havia escrito caso não estivesse pessoalmente satisfeito com o trabalho. Jungkook pareceu se prender a essa linha de pensamento, contando que compunha muitas canções que acabavam engavetadas.[11] Ao ouvi-las mais tarde, achava que não estavam boas o suficiente e, em vez de editá-las, optava por apagá-las, apesar de seus *hyungs* o incentivarem a continuar. — Os outros membros me dizem: 'Você tem que continuar lançando músicas. É assim que se aprende' — disse ele. — Então, estou escrevendo músicas ultimamente. No entanto, em fevereiro de 2023, durante uma transmissão no Weverse, um fã perguntou se ele estava preparando seu disco solo e Jungkook confessou que, embora estivesse ansioso por seu futuro álbum, tinha chegado a um momento de "estagnação total",[12] comparando seu estilo de vida ao de uma pedra que tinha parado de rolar.

Para a HYBE, isso era um pesadelo. Já em 2017, quando visitei o edifício Cheonggu, após a primeira vitória do BTS no Billboard Music Awards, um funcionário da Big Hit se preocupava com a necessidade de maximizar o tempo e o potencial de ganho dos garotos antes do temido período de alistamento militar, que encurtava as carreiras de celebridades masculinas ao tirá-los da indústria por cerca de dezoito meses durante seu auge. Jungkook tinha um potencial enorme, sobretudo no mercado ocidental. A HYBE poderia incentivá-lo de um jeito sutil, tentando encorajá-lo a trabalhar em projetos solo, mas ele não era mais um trainee, nem tinha mais a obrigação de se prender a projetos do grupo que tanto prezava. O BTS estava em uma pausa oficial. Ninguém poderia forçar Jungkook a fazer algo contra sua vontade, e Bang Si-hyuk sempre adotara uma abordagem mais solta com o BTS, porque queria que a música deles fosse uma expressão autêntica de sua juventude.

Enquanto Jungkook se acomodava em seu período de descanso, Andrew Watt, vencedor do Grammy de Produtor do Ano de 2021 (Justin Bieber, Lady Gaga, Post Malone), e Cirkut (Katy Perry, Miley Cyrus, The Weeknd) estavam finalizando a produção de "Seven". A faixa, originalmente escrita para Bieber,[13] foi finalizada mais de um ano antes de seu lançamento, segundo uma entrevista à *Forbes*,[14] e inspirada pela sonoridade da música de garagem do Reino Unido, em voga na época. Watt mostrou a canção para seu empresário, Scooter Braun,[15] que havia vendido a empresa Ithaca Holdings para a HYBE em 2021, tornando-se CEO da HYBE America — para o desgosto de muitos fãs, mas para o deleite de Bang Si-hyuk, que tinha ambições para o K-pop nos EUA. Ele viu que o mercado de K-pop no Sudeste Asiático estava estagnado e havia potencial de crescimento no território americano.[16] A HYBE America é um projeto fascinante. Bang não é o primeiro CEO coreano a mirar na América do Norte, mas a subsidiária deu um grande passo para a empresa em território estrangeiro. Para liderar a empreitada, Bang contou com Braun, cujo maior sucesso foi descobrir Justin Bieber aos 13 anos no YouTube e contratá-lo. Entre seus ex-clientes estão Ariana Grande, Kanye West e Demi Lovato.

Braun ficou encarregado da parte de artistas e repertórios (A&R) da carreira solo de Jungkook. Essa é uma função que em geral envolve descobrir e contratar novos artistas, além de manter um relacionamento próximo no desenvolvimento de sua carreira inicial, fazendo a ponte entre o artista e a gravadora. Esse tipo de A&R não existe na indústria do K-pop, na qual os artistas são gerenciados de forma mais direta pela empresa, que assume um papel ativo no desenvolvimento dos talentos. O que se sabe é que Braun ouviu "Seven", pensou em Jungkook e fez a conexão. "Na verdade, foi Scooter quem disse que esta poderia ser a música de maior sucesso do mundo se Jung Kook a cantasse",[17] disse Watt à *Forbes*. Como CEO, Braun era responsável pelo sucesso do empreendimento americano da HYBE. Provavelmente viu em Jungkook um artista capaz de catapultar a subsidiária ao sucesso. Braun levou a música a Bang,[18] mostrando-a durante um almoço e oferecendo-a em específico para o astro. O CEO, por sua vez, levou a canção a Jungkook,[19] que, na época, ainda não tinha certeza se lançaria um álbum em breve, como Bang revelou em uma entrevista à *Bloomberg*.

Tudo isso mudou depois de "Seven". Em uma entrevista por e-mail à *Variety*, Jungkook comentou: "Ao ouvir 'Seven', pensei: 'É isso.'[20] Como este é meu primeiro passo sob os holofotes como artista solo, quero mostrar uma versão mais madura e adulta." Assim que ouviu a música, algo se acendeu dentro dele. Não era um projeto planejado, nem um conceito artístico específico que ele havia imaginado para si próprio. A decisão veio por instinto — o mesmo instinto que o

155

levara a escolher a Big Hit em vez de gravadoras maiores, incluindo a JYP, uma das Big Three, e que agora lhe dizia para seguir em frente. No fim das contas, "Seven" foi a música que desencadeou seu próximo passo, como ele contou a Kang Myeongseok em outra edição da *Weverse Magazine*: "Só tenho um grande objetivo, que é ser um grande astro do pop."[21]

ÀS 19H DE 8 DE ABRIL DE 2023, OS FÃS JÁ SE AGLOMERAVAM NO Terminal 2 de partidas internacionais do aeroporto de Incheon,[22] em pé sobre banquetas e plataformas improvisadas, armados com celulares e câmeras fotográficas. Havia barreiras montadas ao lado da entrada e seguranças com coletes pretos patrulhavam a área. Jungkook entrou sob aplausos, ladeado por seguranças e um cinegrafista, vestindo uma jaqueta jeans e camiseta da Calvin Klein, com o cabelo preso em um pequeno rabo de cavalo. Acenou para os fãs que tinham ido se despedir, curvando-se a cada poucos passos, embarcou em um voo para Los Angeles e se hospedou no Beverly Hills Hotel. Em 10 de abril, às 13h, foi para o estúdio, parecendo um pouco ansioso para gravar no exterior com um produtor que não era coreano,[23] o primeiro compromisso oficial para seu trabalho solo. Suspirou e passou os quinze minutos da viagem de carro fazendo exercícios vocais com um canudo preto na boca, uma técnica para fortalecer e equilibrar as cordas vocais que tinha pesquisado na internet.

Acompanhado por Bang Si-hyuk, o que demonstra a importância deste projeto para a HYBE,[24] Jungkook chegou à casa de Andrew Watt, que tinha um estúdio de gravação no porão, decorado com tapeçarias e luzinhas. Era um ambiente muito diferente das cabines de gravação funcionais que a HYBE usava. Watt se sentou em um sofá a alguns metros de Jungkook enquanto ele gravava os vocais, dando orientações e o incentivando, levantando-se para dar joinhas e fazer *high fives*, gritando e aplaudindo.

Sua positividade deixou Jungkook à vontade depois de chegar ali sentindo, como descreviam os versos iniciais de "Seven", o peso do mundo nas costas. Havia a necessidade de representar o BTS como vocalista principal do grupo, pressão que ele continuava a sentir uma década depois. Mesmo após impressionar Chris Martin, que dirigiu sua sessão de gravação para "My Universe" em 2021, Jungkook a sentia com mais intensidade ao gravar fora de sua zona de conforto, ainda mais com produtores que não eram da Coreia do Sul. Não era apenas a reputação do BTS que estava em jogo, mas a dos idols coreanos, como ele e Suga discutiram no programa *Suchwita*: o orgulho que carregava como artista coreano e o desejo de representar seu país no cenário do pop ocidental.[25]

Ele passou horas revisando os versos com Watt, ora sugerindo uma nova abordagem para certas frases, ora experimentando ornamentações melódicas ou buscando dar um toque mais sussurrado às notas agudas. Manteve-se de bom humor durante todo o processo. "Esse garoto é perfeito, cara",[26] gritou Watt, entusiasmado e impressionado com sua postura positiva e a disposição de repetir um verso várias vezes até acertar a sonoridade. Assim que terminaram de gravar, Jungkook saiu, parecendo um pouco cansado e assolado com a mudança de fuso horário. Mas, depois de ouvir a gravação, ficou animado, ganhando confiança em sua capacidade de ter um bom desempenho mesmo em condições e estilos desconhecidos, o que o impulsionou para o próximo objetivo. Continuava humilde como sempre, mas sonhava com coisas espetaculares. Quando perguntaram se seus sonhos haviam mudado após a sessão, ele respondeu: "Sou coreano, mas gostaria de ser o único cantor que pode transitar entre canções K-pop e pop. Se puder, vou dominar todos os gêneros. Vou me ater a esses dois por enquanto e talvez depois possa fazer música latina. E ópera. Quem sabe também musicais. E canto clássico."[27] Sem dúvida, as ambições de Jungkook e seu potencial para alcançá-las não tinham limites.

"Seven (feat. Latto)" estreou em primeiro lugar na Billboard Hot 100 e na Global 200, acumulando quase 16 milhões de reproduções no Spotify. Foi o primeiro trabalho de K-pop a alcançar o topo das paradas do Spotify nos EUA, e o primeiro lançamento de um artista solo coreano a estrear na liderança do ranking global. Também foi o terceiro lugar do UK Singles Chart, até então a maior estreia para um artista solo coreano na história do ranking, empatando com o BTS pela maior estreia coreana no Singles Chart. "Seven" se tornou a música a atingir 1 bilhão de reproduções mais rapidamente na história do Spotify e foi a quarta música mais reproduzida em 2023, depois de "As It Was", de Harry Styles. Para garantir o sucesso do lançamento, a HYBE acionou nomes importantes. O coreógrafo Brian Puspos entrou como dançarino de apoio. Bradley & Pablo (Harry Styles, Rosalía, Lil Nas X, Charli XCX) dirigiram o videoclipe, coestrelado pela atriz coreana e it-girl Han So-hee. O restante do álbum recebeu o mesmo nível de investimento e impulso promocional tanto da sede da HYBE quanto da divisão americana da empresa, com apoio direto de Bang e Braun.

"Ouvindo-o cantar sozinho nesta música, fica evidente o sucesso estrondoso que esse cara vai fazer",[28] disse Watt. "O que está prestes a acontecer é impressionante."

Logo após concluir "Seven", Watt apresentou duas canções a Jungkook,[29] sendo uma delas "Standing Next to You". Com as mãos entrelaçadas sobre o peito, Jungkook cerrou os olhos, como se já se visualizasse interpretando a música no palco. Começou a estalar os dedos, enquanto seu rosto se iluminava. Depois, saiu e passou a noite toda estudando a letra para gravá-la no dia seguinte,[30] cantarolando as notas ao redor do canudo. Na manhã seguinte, ao deixar o hotel, parecia impressionado com o nível de habilidade necessário para interpretar a música. Segurava seu café gelado, ainda com o canudo de treino vocal na boca. Este era o Jungkook de sempre: incansável e comprometido.

Um artigo no *New York Times* dizia: "É para isso que serviu todo o trabalho árduo no BTS — uma chance de estender a carreira para além das imensas fronteiras das conquistas do grupo. Ou, em outras palavras: mais trabalho árduo [...] Se ele comemorou seus amplos sucessos — incluindo um single número 1 e um álbum em segundo lugar nas paradas dos EUA —, as câmeras não estavam lá. Se ele se rebelou ou resistiu, nunca saberemos."[31] Sob a ótica ocidental, artistas de K-pop podem parecer sobrecarregados. Embora exista verdade nisso, a realidade é mais complexa. Nem Bang Si-hyuk, nem qualquer executivo da HYBE conseguiria forçar Jungkook a seguir carreira solo contra sua vontade — prova disso é seu álbum *Golden*, que demorou a sair, e sua recusa em aceitar diversos contratos milionários com marcas de luxo, mesmo com inúmeras empresas disputando sua imagem. Quando passa madrugadas inteiras estudando melodias e aperfeiçoando cada nota, não o faz por ordem da empresa. Na verdade, Jungkook poderia ter gravado "Standing Next to You" com um esforço mínimo e seus fãs ainda o adorariam. Se ele se dedica tanto, é porque deseja entregar o melhor — para si mesmo e para seus fãs. Esta é sua essência.

Em uma transmissão ao vivo no Weverse em novembro, após o fim da campanha de lançamento de *Golden*, Jungkook disse que sua agenda de compromissos solo, embora agitada e estressante, tinha sido muito mais divertida do que ele esperava.[32] A experiência intensa também proporcionou momentos de introspecção, e o astro percebeu que preferia se manter ativo,[33] indo em busca de um objetivo, mesmo que isso tornasse a vida mais difícil. Em outras palavras, os oito meses de trabalho solo frenético foram, no fim das contas, mais satisfatórios do que os cinco meses de descanso quase sedentário. Em 2022, em uma entrevista para a *Weverse Magazine*, Kang perguntou a Jungkook por que ele sempre fazia tanta coisa. "Porque, eu quero",[34] respondeu. "Quero me ver sendo capaz de fazer todas essas coisas." Isso sempre lhe trouxe felicidade.

De volta ao mesmo lugar do dia anterior, com Watt no sofá, Jungkook cantou como se tivesse ensaiado a música por semanas, e não apenas algumas horas. Quando Watt disse que ele soava como Michael Jackson,[35] Jungkook arregalou os olhos, incrédulo. Cantou por cerca de quatro horas e saiu atordoado da sala de gravação. Ele estava preocupado, se perguntando se receberia o reconhecimento dos outros.[36] Indagava-se sobre isso andando de carro entre ensaios e sessões de gravação em Los Angeles, em Nova York e em Seul, parecendo pensativo e, às vezes, até inseguro. Migrar do K-pop para o pop americano exigia atravessar inúmeras barreiras culturais — não apenas idiomáticas, mas também em relação à estrutura e ao sistema de funcionamento das coisas. No entanto, como Bang contou mais tarde em uma matéria da revista *New Yorker*, Jungkook sempre tinha sonhado em ser um "astro pop americano"[37] — o que deveria ser um sonho inalcançável para um garoto de Busan, mas agora parecia assustadoramente possível.

"Standing Next to You" se tornou a faixa-título de seu álbum solo, *Golden*, lançado em novembro 2023. Originalmente, ele havia planejado um pequeno EP só com as músicas que amava,[38] mas, conforme Braun e Bang lhe apresentavam cada vez mais opções, o projeto se transformou em um álbum completo com onze canções, selecionadas e gravadas em ritmo frenético assim que Jungkook retornou a Seul. Como contou a Suga e V durante um churrasco no *Suchwita*, ele gravou cinco músicas em uma semana, quase uma por dia, cantando três horas por dia durante cinco dias seguidos. No estúdio, preocupava-se com os ritmos e a pronúncia. Certa vez, tropeçou em um trava-línguas em um verso de "Yes or No",[39] mas ficou determinado a seguir em frente. Foi após gravar "3D" que decidiu prosseguir com um álbum todo em inglês.[40] A decisão foi apoiada pela HYBE America para ajudá-lo a realizar a ambição de ser um astro pop global e, ao mesmo tempo, expô-lo a um público maior, como foi feito quando o BTS lançou a música "Dynamite". Era também um desafio tentador para Jungkook, que estudava inglês havia anos. Em 2019, ele contou em uma transmissão no VLIVE que queria ajudar RM,[41] que ficava a cargo da maioria das entrevistas internacionais. Revisou sua lista de vocabulário — confiança, interpretar, admirar, ansioso, atencioso, chocado, ciumento — e detalhou suas dificuldades com os tempos verbais, os advérbios e as preposições que vinha aprendendo na Siwon School, uma escola de idiomas com cursos on-line. Em 2020, quando o BTS gravou uma entrevista com Jimmy Fallon para o *Tonight Show*, Jungkook respondeu com competência algumas perguntas em inglês,[42] enquanto RM o observava, radiante de orgulho. Ainda assim, Jungkook admitia ter um longo caminho a percorrer para alcançar o nível de fluência de RM e continuava a praticar em todas as oportunidades.[43]

— Este álbum foi preparado para o mercado internacional, então escolhemos só músicas em inglês[44] — explicou em uma entrevista ao jornal *Hankyoreh*, garantindo aos fãs que lançaria músicas em coreano no futuro. — Eu não estava planejando gravar um álbum, mas, depois de ouvir 'Seven', saí do meu período de férias — disse ao Spotify.[45] — Corremos para gravar as músicas, filmar os videoclipes e tirar as fotos do álbum. Como o ARMY estava esperando há tanto tempo, trabalhamos muito rápido.

Em julho, Jungkook voltou para Nova York para se preparar para sua primeira apresentação solo no GMA Summer Concert Series. Um dia antes do show, entre ensaios de dança no New 42 Studios na Times Square, ele foi ao médico para examinar a garganta,[46] que estava seca e irritada havia semanas, e recebeu um tratamento temporário para aliviar a dor. Na manhã do show, ainda se sentindo mal, Jungkook ficou um pouco surpreso quando, devido à ameaça de chuva, o *Good Morning America* adiantou sua apresentação. No entanto, quando subiu as escadas, já tinha reencontrado seu ritmo habitual, determinado a fazer a melhor apresentação possível.

Assim como anos antes no show do Chile, quando desmaiou nos bastidores, Jungkook cantou perfeitamente, sem mostrar sinais de problema. Segundos depois de deixar o palco, a chuva começou a cair,[47] fazendo-o quase escorregar nas escadas, com o pé esquerdo escapando do tênis Balenciaga. A garganta doía e ele começou a tossir muito quando entrou no camarim. Olhando para as nuvens de chuva que interromperam o que deveria ter sido uma triunfante apresentação ao vivo, Jungkook lamentou: "Que coisa! Estou tão triste."[48] Baixando a janela enquanto partia, acenou para os fãs, apontando para o céu com uma expressão decepcionada. "Esta foi minha primeira apresentação", disse ele. "As coisas nunca correm bem para mim no início."

Uma semana depois, Jungkook estava nos bastidores do *One Show* em Londres, preparando-se com uma sessão de boxe e aquecendo a voz com trechos de "Seven" enquanto tomava xarope para controlar a tosse.[49] O céu estava limpo quando apresentou a música para os representantes do ARMY que foram vê-lo à beira do rio Tâmisa, com o sol se pondo no horizonte. Voltou saltitando pelos corredores, radiante. Dois dias depois, já estava de novo em Nova York para um show no Festival Global Citizen, que encerrou com uma prévia de seu próximo single, "3D", gravado em julho em Seul, sob orientação por videochamada do produtor David Stewart.[50] À noite, no trajeto após o show, enquanto o carro atravessava a cidade sob a chuva, Jungkook pegou a letra de "Hate You" e começou a ensaiá-la no silêncio da escuridão.[51]

Em oito meses, ele percorreu cinco países, gravou doze músicas, fez mais de dez shows e lançou três videoclipes e quatro vídeos de performance. Embora quase nunca tocasse no assunto, o alistamento militar estava próximo, ameaçando interromper sua carreira solo recém-iniciada. Em abril, depois de gravar "Seven" e "Standing Next to You", ele caminhava pelo Beverly Hills Hotel refletindo sobre a melhor estratégia de lançamentos. — Antes do exército... vou soltar os singles...[52] — pensou em voz alta. — Singles antes do exército... já estamos em abril. Quantos devo lançar? — murmurou, deslizando para o sotaque de Busan. Havia uma urgência em provar seu valor no pouco tempo disponível, estabelecendo uma base sólida para quando retornasse após um ano e meio. — Já recebi aprovação como o Jungkook do BTS. Muita aprovação.[53] Provei meu valor — afirmou. — Mas nunca fiz nada como artista solo. O grande público não me conhece. O que eu queria era conquistar as pessoas por conta própria, sem o respaldo do BTS.

Ele parecia estar passando por mais uma transformação, testemunhada por colaboradores como Pdogg, que acompanhava Jungkook desde a época de trainee e notou que, como artista solo, sem precisar se encaixar no grupo, ele estava livre para explorar sonoridades diferentes,[54] experimentar novas técnicas vocais. Stewart, também produtor de "Dynamite", observou que o sotaque e a abordagem pop ocidental de Jungkook haviam se tornado mais naturais desde então,[55] descrevendo-o como um profissional com intuição musical nata.

Cada um dos três singles, escolhidos pelo próprio Jungkook, tinha um propósito específico e representava um desafio próprio para o artista. "Seven" foi selecionado para demonstrar sua maturidade e dissolver sua imagem de caçula do BTS, o que foi evidenciado pela versão com linguagem explícita. Segundo uma entrevista à *New Yorker*, Braun aconselhou Jungkook a seguir os passos de Justin Timberlake,[56] que apostou na ousadia ao deixar o *NSYNC (como em "Rock Your Body", bastante provocativa para os padrões de 2002). O single "3D" parecia claramente inspirada em Timberlake — uma mistura de pop e R&B dos anos 2000 com uma "pegada retrô" que teria se encaixado à perfeição no primeiro álbum solo do americano, *Justified*. Um remix com o próprio Timberlake, lançado meses depois, comprovou que os vocais de Jungkook estavam à altura do antigo príncipe do pop. Mais que isso, a colaboração mostrou que o coreano estava seguindo um caminho semelhante. Assim como Timberlake emergiu do *NSYNC para uma bem-sucedida carreira solo, Jungkook faria o mesmo, com um som pop arrojado que destacava sua versatilidade e seu carisma.

Então veio "Standing Next to You", a faixa-título — uma homenagem grandiosa a Michael Jackson, principal influência e inspiração, tanto como vocalista quanto como dançarino, para quase todas as estrelas do K-pop, incluindo Jungkook. Seu legado persiste. Fazer um tributo digno de Jackson exigia não apenas técnica vocal, mas também domínio da dança, algo que Jungkook vinha refinando ao longo de uma década. Para atingir o padrão que havia imaginado, o artista elevou suas habilidades de dança a outro patamar. Son Sungdeuk, que ensinou Jungkook a dançar na adolescência, confessou que virou fã ao ver seu pupilo alcançar um novo nível técnico.[57] Em outubro, o cantor viajou para Budapeste para filmar o clipe, que exibia várias sequências coreográficas desafiadoras, incluindo movimentos de pés e quadris inspirados em Jackson. Descansando em uma cama durante as filmagens, Jungkook refletiu sobre a possível reação do público. "Acho que os fãs vão amar. Já o público em geral… talvez…",[58] disse com os olhos fechados, a voz esmaecendo. "'Esse garoto que cantou 'Seven' e '3D' também dança assim?' Espero que pensem isso. 'Uau, como esperado, o BTS continua arrasando. Eles ainda estão no topo.' Quero ouvir isso. Espero provocar reações variadas. É por isso que me esforço tanto, para ouvir esses comentários."

Com a reputação em jogo, Jungkook recebeu o reconhecimento que tanto desejava de pessoas que nunca poderia imaginar. Em seu site, Diana Ross comentou: "Adoro as músicas e os vídeos dele. Dá para ver Michael Jackson em cada movimento. Acho ele simplesmente incrível!"[59] "Standing Next to You" ganhou um remix de Usher, ídolo de infância de Jungkook. Em entrevista à iHeartRadio, o americano declarou estar entusiasmado com a parceria. "'Standing Next to You' se tornou um hit assim que Jungkook o lançou.[60] Eu só queria fazer parte dessa magia", afirmou. "Adoro essa música porque me lembra o Michael no começo da carreira. Tem algo nela que me transporta para aquela época, me faz pensar em 'Rock With You.'"

Quando os dois se encontraram para filmar o vídeo da faixa, os olhos de Jungkook brilhavam — era um sonho de infância que se realizava. Ele sorriu enquanto autografava uma cópia de *Golden* para Usher,[61] escrevendo seu nome com caneta dourada e tomando cuidado para que a mensagem não borrasse. Nos bastidores, lembrou como estudara os passos de Usher na época de trainee e disse que era uma honra trabalhar com o lendário artista. Usher ficou tão impressionado com Jungkook que um tempo depois o convidou para o show do intervalo do Super Bowl 2024,[62] embora infelizmente o astro já estivesse no serviço militar naquele momento.

Em números, *Golden* foi um fenômeno incontestável. Vendeu mais de 2 milhões de cópias no dia do lançamento e permaneceu na Billboard 200 por 24 semanas consecutivas. Jungkook se tornou o primeiro artista solo de K-pop a colocar três singles nas dez primeiras posições da Billboard Hot 100 e da parada oficial britânica, além de ser o primeiro asiático solo a estrear simultaneamente em primeiro lugar em três grandes rankings globais. Mesmo assim, alguns fãs e críticos se mostraram insatisfeitos. Em comparação com "Decalcomania", uma composição íntima e crua, e com os álbuns solo de RM, Suga e J-Hope, as faixas de *Golden* eram canções pop comerciais produzidas por profissionais ocidentais, reunidas por Braun e Bang e servidas a Jungkook como parte de um cardápio de opções. Ao contrário dos trabalhos solo de RM e Suga, que o próprio Jungkook sempre admirou, não era a obra pessoal de um artista. Críticos mais ácidos rotularam o álbum como "pop derivativo", uma coletânea de músicas que qualquer um poderia cantar. No entanto, a maioria das estrelas pop, mesmo as ocidentais, não participa ativamente da composição das próprias músicas, tornando essa crítica questionável.

Qualquer pessoa no meio criativo conhece bem a pressão do primeiro lançamento. O perfeccionismo excessivo com a estreia pode levar à estagnação total, uma espécie de bloqueio criativo. Como o perfeccionista que é, imagino que esse tenha sido um dos fatores que mantiveram Jungkook em modo de espera, enquanto os outros membros lançavam seus projetos solo com mais frequência. No início de novembro, após retornar a Seul, Jungkook fez uma live no Weverse para comentar o sucesso de *Golden*,[63] revelando que seu principal objetivo era conquistar reconhecimento como cantor pop. Consciente da decepção de alguns ARMYs por não ter composto nenhuma faixa, admitiu que, mentalmente, não estava no momento certo para isso. Não tinha nada a dizer, nenhuma questão a resolver ou explorar. "Mesmo quando tento expressar algo, meu conhecimento, meu vocabulário e meus modos de expressão são muito simples e diretos", confessou. "Letras são complicadas, mas quero escrevê-las." Era como se estivesse processando as próprias inseguranças em voz alta.

No fim, Jungkook decidiu reorientar sua mentalidade. Seu primeiro álbum solo tomou a forma de um novo desafio, um novo projeto, uma nova etapa da vida, na qual enxergava sua voz como um instrumento, uma ferramenta a ser explorada por compositores talentosos.[64] Mesmo admirando profundamente artistas como RM, Suga e J-Hope, que criavam as próprias letras e melodias, preferiu contar com compositores e produtores experientes, capazes de traduzir seus sentimentos de maneira mais eloquente. Ele admitiu que ainda tem problemas de autoconfiança e que pode demorar bastante tempo para lançar composições autorais. Conectou-se emocionalmente com as músicas apresentadas e quis transformá-las em algo seu — algo que encantou milhões de fãs ao redor do mundo.

No futuro, Jungkook pode voltar a compor, quando tiver algo novo a comunicar, e sem dúvida pretende explorar gêneros diferentes após seu retorno do serviço militar, incluindo músicas em coreano. Mas, com *Golden*, ele alcançou algo extraordinário. Aqueles que criticam o álbum por seu apelo pop comercial talvez não percebam a transgressão radical que é ter canções feitas para se tornarem grandes sucessos de público — originalmente destinadas a artistas como Justin Bieber — confiadas a um rapaz de Busan chamado Jeon Jungkook. O simples ato de gravá-las já as transformou em algo inovador. Num mundo ideal, isso não seria excepcional. No entanto, é apenas se infiltrando nos sistemas existentes e operando dentro deles que um artista de fora desse cenário consegue promover mudanças significativas. Ver Jungkook executar uma homenagem impecável a Michael Jackson no *Tonight Show*, conquistando o reconhecimento ocidental, é emocionante — um ato de representatividade que eu jamais imaginei presenciar. Se *Golden* foi ou não um álbum perfeito, se capturou ou não a essência artística completa de Jungkook, são questões irrelevantes. Como primeiro passo rumo a um futuro brilhante mas desconhecido, o disco cumpriu seu papel — e foi além.

— Acho que foi um ano em que mostrei quem sou[65] — refletiu Jungkook sobre o início da carreira solo. — Foi divertido. Foi incrivelmente difícil. Fiquei muito feliz. O caminho que estou percorrendo ainda não está totalmente claro, mas se eu continuar crescendo, evoluindo e, de vez em quando, enfrentando fracassos, ficarei mais forte e mais consistente. E chegarei lá de forma natural, sem nem perceber. Vou seguir em frente.

CAPÍTULO 10

A lealdade

No inverno de 2023, Jungkook se sentou numa cadeira em um banheiro impecável de mármore branco com seu cabeleireiro, Park Naejoo.[1] Após colocar uma capa branca sobre os ombros dele, ajustada cuidadosamente na nuca, Park pegou um pente e uma máquina para iniciar a difícil tarefa de raspar a cabeça do artista antes de seu alistamento militar. Jungkook olhava para a frente com uma expressão resignada enquanto a máquina era posta ao trabalho. No final de novembro, ele havia realizado seu primeiro *showcase* solo, "Jung Kook *Golden* Live on Stage", para 2.800 fãs na arena Jangchung — uma apresentação triunfal que encerrou a campanha de *Golden*. Cantou doze músicas, incluindo sucessos internacionais como "Seven (feat. Latto)" e "Standing Next to You", apresentando-se como um verdadeiro astro pop global que voltava para casa. Contudo, antes da última música, quando apareceu vestindo um confortável moletom cinza, a atmosfera mudou, adotando um tom mais reflexivo. Agradecendo ao ARMY, sentado de pernas cruzadas no palco, Jungkook parecia emocionado. Preparando-se para sua canção de despedida, disse em tom de adeus: — Por favor, nunca esqueçam que, não importa quando ou onde eu esteja, sempre estarei com todos vocês.[2]

— Foi divertido, né?[3] — murmurou com os olhos fechados enquanto Park passava o pente por seu cabelo, relembrando a jornada de oito meses que acabavam de concluir. Apresentações no *Good Morning America* e *Tonight Show*, colaborações com Usher, shows às margens do rio Tâmisa, em Londres, na Times Square, em Nova York, e aquela apresentação final — o primeiro show solo em sua terra natal. Foi um começo promissor para uma carreira pop internacional, que o levou a explorar territórios desconhecidos. Mas já era o momento de fazer uma pausa.

Park mantinha uma conversa leve enquanto começava a remover o cabelo do artista em pequenos tufos. Jungkook mantinha os olhos fechados ou olhava para o celular, cantando baixinho para si mesmo, parecendo calmo e firme. Com uma leveza que amenizava a situação, comentou que agora seria mais fácil lavar o cabelo. Enquanto Park removia as pontas cortadas com uma escova, Jungkook perguntou se havia terminado, removendo os fios soltos do rosto. Passando as mãos na cabeça recém-raspada, sorriu com entusiasmo.

Park começou a chorar, dominado pela emoção, enquanto Jungkook se levantava e lhe dava um abraço. "Estou quase chorando também, mas vou me segurar", disse Jungkook. "Estou me controlando."

Por detrás das câmeras, um membro da equipe lhe disse que ele havia trabalhado duro, palavras que soavam como um consolo ou um lamento contido.

Todo fã de K-pop conhece esta cena, mas ela tem um significado especial no universo dos grupos musicais masculinos da Coreia do Sul, onde todo rapaz deve cumprir serviço militar obrigatório. É uma experiência profunda e carregada de emoções, vivida de forma única por cada fã e cada artista, que evoca os cinco estágios do luto descritos por Kübler-Ross: negação, raiva, negociação, depressão e aceitação — afinal, o alistamento muitas vezes marca o fim da fase mais brilhante na carreira de um idol.

Quando o BTS se consolidou como o maior grupo de K-pop do mundo, os fãs especularam sobre sua longevidade. Muitos grupos que alcançaram fama semelhante acabaram sucumbindo a conflitos internos, egos inflados, disputas contratuais ou divergências artísticas (como aconteceu com os Beatles, as Spice o Girls, o *NSYNC, o One Direction e tantos outros). Para um grupo coreano como o BTS, existia ainda o desafio adicional do serviço militar. Considerando o ritmo frenético da indústria, que lança mais de cem novos grupos a cada ano, compreende-se por que muitos previam um declínio na popularidade do BTS quando chegasse a hora do alistamento. Sua projeção global complicava ainda mais a situação, já que o público estrangeiro tem dificuldades para entender as nuances da política de serviço militar coreana. No entanto, acredito que a maneira singular como Jungkook encarou sua obrigação o preparou para o melhor cenário possível: um futuro em que poderá se reunir com os colegas de grupo e desenvolver sua carreira solo.

Na Coreia, o recrutamento militar existe desde o Período dos Três Reinos, segundo registros históricos, devido às frequentes invasões estrangeiras. O serviço militar se tornou obrigatório na Coreia do Sul em 1949, quando a Lei do Serviço Militar foi promulgada, poucos anos após o fim da ocupação japonesa, em 1945. No ano seguinte, com o início da Guerra da Coreia, tornou-se indispensável. Vivendo em Seul, é impossível esquecer que o conflito nunca terminou oficialmente, tendo apenas chegado a um cessar-fogo, com o armistício assinado em 1953. Embora as tensões flutuem, mudando mês a mês ou ano a ano, o conflito permanece como um ruído de fundo constante. Seul fica a apenas 55 quilômetros da Zona Desmilitarizada (DMZ), a faixa de terra que separa Norte e Sul. Meus amigos e vizinhos fazem piadas sombrias, dizendo que, se o embate ressurgisse, seremos os primeiros a morrer quando as bombas caírem, já que moramos tão perto da nova residência presidencial em Yongsan. Certo dia, ao encontrar um amigo, ele me perguntou se eu tinha ouvido as sirenes naquela manhã, pedindo para evacuarmos para o subsolo. "Achei que fosse o fim", comentou, rindo. Tentamos ignorar o perigo latente e seguir com a vida. Ainda assim, quando ouço motores de aviões voando baixo, sinto um calafrio de medo, consciente de que aquele pode ser meu último momento.

Tudo isso para dizer que o serviço militar obrigatório é uma necessidade infeliz, mesmo agora, após décadas de relativa paz. Embora possa ser minimizada com piadas, a ameaça permanece presente e enraizada em nosso subconsciente coletivo. O serviço militar é um dever e um rito de passagem entre os homens coreanos. É um ato de patriotismo, e espera-se que os homens o aceitem publicamente com orgulho e o cumpram sorrindo. No entanto, em particular, suas expressões são sombrias. As regras mudaram ao longo dos anos, mas desde 2023, quando Jungkook se alistou, funciona assim: homens entre 18 e 35 anos são elegíveis para servir e devem cumprir seu serviço obrigatório antes dos 28 anos; mulheres não são obrigadas, mas podem se voluntariar. Há um exame físico e um teste psicológico para determinar se estão aptos; os considerados inaptos podem se qualificar para posições de serviço social — trabalhando em funções administrativas, como monitorar estações de metrô —, longe do combate, mas que exigem um período maior de serviço. O prazo, que antes era de dois anos, foi reduzido para cerca de 18 meses em 2022. Eu poderia falar sobre o desgaste físico e mental do alistamento, a cultura machista, os trotes — todos os motivos pelos quais os homens temem o serviço. Mas, no caso de Jungkook, quero focar no que é considerado o aspecto mais doloroso do serviço obrigatório: perder quase dois anos de sua juventude.

É uma perda para qualquer homem, porém ainda maior para os idols do K-pop, cujo trabalho envolve exibir juventude e beleza no palco. Raspar a cabeça não é apenas uma exigência prática das forças armadas, mas um ato simbólico: uma cerimônia que marca uma breve saída da vida de idol e um retorno à vida civil. Também marca o fim de uma era. As coisas nunca voltam a ser as mesmas depois que um idol retorna do serviço. "Você se tornou um homem" é o cumprimento típico de retorno. Quando RM, V e Jungkook se encontraram com J-Hope enquanto ele estava servindo, comentaram que seu solzinho Hobi também tinha "se tornado um homem",[4] portando-se com mais seriedade. Isso não é ruim: os idols crescem, amadurecem, voltam e encontram novos caminhos. Mas sempre há certa tristeza em ver uma fase da vida se encerrar. É o fim de algo. E não é uma transição natural, mas uma interrupção abrupta, como uma planta arrancada pela raiz.

Para os fãs, o início da era do alistamento marca um período de luto. Dá para sentir a sombra sobre o fandom e sobre os idols quando o membro mais velho do grupo se aproxima dos 30 anos. Quando o primeiro vai, os outros seguem como dominós caindo um a um. Um amigo que trabalhou na HYBE me disse que, de acordo com as métricas da empresa, grupos masculinos costumam precisar de mais tempo que os femininos para engrenar. Em geral, levam cerca de três anos para conquistar o público. Depois de um breve período de sucesso, tendo enfim ganhado impulso, chega a hora de os membros mais velhos se alistarem. Outro amigo me contou que um idol, nos meses que precederam seu alistamento, ficou abatido e deprimido, bebendo mais que o normal enquanto lidava com o iminente hiato na carreira. Mesmo Jungkook, que encarou o alistamento com mais otimismo, deve ter enfrentado suas dificuldades. Seu último compromisso oficial — gravar com Usher o vídeo do remix de "Standing Next to You" — foi um ponto alto da carreira, a oportunidade de trabalhar com um herói de infância. Quando a gravação terminou, ele olhou para a câmera dos bastidores para fazer um comentário final.

Jungkook anunciou que aquele era seu último compromisso oficial[5] e que havia aprendido muito nos oito meses anteriores. Balançando-se de leve, prometeu continuar treinando e crescendo como artista, para voltar ainda melhor do exército. "ARMY… vocês provavelmente vão se sentir tristes quando assistirem a este vídeo…",[6] disse, desviando o olhar da câmera, como se estivesse contendo as emoções. "Sigam a vida normalmente, e eu vou voltar como se nunca tivesse saído."

No ar, dava para sentir um toque de tristeza: após conquistar tantas coisas, o fim estava próximo. Depois houve a escolha da música de despedida no *showcase*, "Still With You", uma melancólica canção de jazz, gravada em 2020, da qual ele foi um dos compositores e produtores. A letra transborda saudade, a sensação de sentir falta de alguém e de fazer falta. Mesmo que Jungkook não demonstrasse pesar, seus fãs sentiam certa tristeza. Se tivesse ficado fora do exército, poderia ter avançado mais no pop ocidental, aproveitando o impulso de *Golden*. Enquanto Jungkook e os membros do BTS serviam nas forças armadas, outros grupos de K-pop entraram em cena, quebrando recordes que o *boy group* havia estabelecido. Idols femininas seguiram a carreira sem interrupções, enquanto grupos masculinos mais jovens aproveitavam o espaço que se abriu.

Essa melancolia é sentida por todos os homens coreanos que servem no exército. Olhando para meus primos, vejo duas histórias diferentes. Alguns homens, como meu primo mais novo, decidem se alistar cedo, arrancando o band-aid logo após completarem 20 anos. Um ano depois de entrar na faculdade, ele planeja se alistar o quanto antes, para "acabar logo com isso" e seguir com a vida. No entanto, isso significava que estava à deriva enquanto esperava para servir, sem conseguir dar passos concretos. Não fincou raízes antes do alistamento, e as consequências dessa decisão mudarão o rumo de sua vida. Outros, como seu irmão mais velho, imerso em estudos de pós-graduação, adiam o máximo possível, tentando construir uma base sólida antes que a vida seja interrompida. Quando uma pessoa se afoga em ansiedade, sua carreira fica estagnada e os relacionamentos são deixados de lado.

Existe um luto em perder dois anos no período mais crucial da vida, o peso de decidir quais dois anos sacrificar. Os idols quase nunca têm escolha, e dói de qualquer maneira. Com o ritmo acelerado da indústria, fãs casuais e o público em geral migram para um novo grupo em poucos meses. As empresas incentivam isso, lançando idols que aguardavam nos bastidores e ascendem enquanto os anteriores começam a perder força. Como ex-fã de grupos da SM, vi o Super Junior entrar no serviço militar enquanto o EXO crescia, depois o NCT 127 surgir após o EXO, seguido pelo NCT Dream e o Riize.

É um processo doloroso para fãs leais acompanharem. Por isso, alguém como Jungkook, que sempre pensa no ARMY, tratou a questão com o maior cuidado. No final de maio, quase sete meses antes de seu alistamento, ele disse em uma live no Weverse que faria o possível para amenizar o impacto para os fãs, suavizando o choque de vê-lo passar de idol brilhante a soldado comum num piscar de olhos. Em vez de raspar a cabeça de repente, decidiu ir cortando o cabelo aos poucos, em uma tática de *mobal-lighting*[7] — um trocadilho com cabelo (*mobal*) e *gaslighting*. Com a mão no cabelo ondulado, que à época chegava aos ombros, Jungkook tentou ajudar o ARMY a ver o processo como algo natural. Cumpriu a promessa e, com o passar dos meses, foi cortando aos poucos. A juba cacheada virou um mullet arrumado, depois um corte em camadas, até que a parte de trás ficou aparada em um estilo curto mais clássico.

Em 5 de dezembro de 2023, Jungkook, V, Jimin e RM fizeram sua primeira live em grupo no Weverse depois do alistamento de Jin. Os quatro se sentaram diante de pizzas, sabor pepperoni e havaiana, refrigerantes e frango frito, como numa festa. Com seriedade, Jungkook anunciou que era a última transmissão em grupo antes do alistamento.[8] V roía o osso de uma coxa de frango sem a menor preocupação, enquanto RM comentava sobre o quão triste era a ocasião.

Nos 38 minutos seguintes, os quatro tentaram aliviar o clima, mesmo com o ar pesado, garantindo aos fãs que ficariam bem e seguros, que voltariam mais fortes, que o tempo passaria rápido e que haviam preparado conteúdos de presente para o período de ausência. Jungkook expressou alívio por ter completado seu álbum antes de partir. RM prometeu que um ano e meio passaria num piscar de olhos e que o ARMY já estava estado ao lado deles há dez anos e meio Jimin e V brincaram com o fato de que rraspariam a cabeça em breve. Jimin jurou que entraria e sairia discretamente, sem mostrar a cabeça raspada aos fãs, como um verdadeiro idol (embora a tenha revelado depois na própria live de despedida). Por sua vez, V comentou que, de cabeça raspada, ficaria parecido com os Pokémon Chimchar ou Aipom. Jungkook revelou que já tinha raspado a cabeça, embora a mantivesse escondida com um capuz e um boné preto.

Costuma-se dizer que o alistamento obrigatório é um dos principais motivos para a crescente divisão de gênero na Coreia. Alguns homens argumentam que não faz sentido as mulheres pedirem tratamento igualitário na sociedade e não serem recrutadas como eles. A questão do alistamento por gênero foi levada à corte constitucional em 2014 e novamente em 2023[9] — este último caso foi aberto por cinco homens que entraram com uma petição com base na igualdade de gênero. Em ambas as ocasiões, o tribunal manteve por unanimidade que a Lei do Serviço Militar era constitucional e justa, por enquanto.

Para além da tristeza e da raiva que os homens possam sentir, há sempre aceitação. O alistamento é parte inevitável da vida. Naquela última transmissão, os quatro expressaram isso:

— É triste, mas é hora de ir[10] — disse Jimin.

— Temos que ir agora — todos concordaram.

— Claro que temos que ir — disse RM, um líder nato, como se fosse algo natural.

— Todo mundo vai — disse Jungkook.

Tentar "fugir" do recrutamento não é incomum: alguns buscam formas discretas de serem considerados inaptos para servir. Já vi de tudo, desde ganhar peso de propósito até falhar no exame psicológico. Ouvi falar de famílias que pagam por informações sobre os momentos mais propícios para se alistar, para conseguir vagas nas melhores bases ou estações civis. Essas práticas são mantidas em segredo. O problema começa quando alguém demonstra de forma clara querer evitar o serviço. O cantor MC Mong foi condenado em 2011 por supostamente extrair dois dentes sem necessidade para adiar seu alistamento.[11] Em 2023, Ravi do VIXX deixou o grupo após suspeita de envolvimento em um esquema de corrupção com um intermediário militar,[12] que teria ajudado mais de quarenta pessoas a falsificar condições de saúde para escapar do serviço. O caso mais famoso ocorreu em 2002, quando o cantor Yoo Seung-jun, que havia adiado seu alistamento para viajar, foi a Los Angeles e obteve a cidadania americana, renunciando à cidadania coreana e ao dever de servir. O público ficou tão indignado que o governo considerou a tática um ato de deserção e o proibiu de entrar no país. Yoo passou as últimas duas décadas tentando reverter a decisão; sua tentativa mais recente de receber um visto foi negada em setembro de 2024.[13] Ele nunca mais conseguiu voltar à terra natal.

Acho que seria difícil encontrar um coreano que sinta muita empatia por Yoo. A faca de dois gumes de uma sociedade coletivista é que o sofrimento deve ser compartilhado. A justiça, ou ao menos a aparente justiça, é fundamental num país onde as coisas não são justas de verdade — a Coreia do Sul é a nação da OCDE que apresentou a maior diferença salarial de gênero em 2022 e a segunda taxa de desigualdade de renda que mais cresceu em 2023.[14] O presidente Yoon Suk Yeol, eleito em 2022, fez campanha prometendo restaurar "justiça e bom senso".[15] Desde então, sua esposa foi comparada a Maria Antonieta, envolvida num escândalo ao aceitar uma bolsa Dior de presente, e ele mesmo foi destituído após declarar lei marcial em 2024. Então, quando Jin, o membro mais velho do BTS, se aproximou da idade de alistamento e o governo começou a avaliar se o grupo merecia isenção do serviço militar, vi muitos fãs internacionais empolgados com essa possibilidade. No entanto, nem por um segundo acreditei que eles aceitariam uma isenção, mesmo que fosse oferecida.

A imagem pública do BTS como orgulho da nação sofreria um golpe irreparável. Mesmo celebridades que servem corretamente, mas recebem funções civis "confortáveis", que permitem ir e vir em vez de viver em quartéis, são olhadas com desconfiança enquanto o público questiona se receberam tratamento especial. Até lesões comprovadas são examinadas com suspeita. Sim, existem precedentes para isenções por conquistas notáveis que elevam o "prestígio" do país no exterior — um incentivo criado em 1973 para atletas e artistas. O jogador de futebol Son Heungmin foi liberado por ganhar ouro nos Jogos Asiáticos de 2018; Lee Sanghyeok, também conhecido como "Faker", e seus colegas da equipe sul-coreana de *League of Legends* receberam isenção por ganharem o ouro nos Jogos Asiáticos de 2023; o pianista Seong-Jin Cho foi poupado por vencer o Concurso Internacional de Piano Chopin de 2015 com uma impressionante apresentação de quarenta minutos do "Concerto para Piano No. 1 em Mi Menor, Op. 11". Eu diria que o BTS contribuiu mais para a presença global e o prestígio do país do que qualquer atleta olímpico, mas o programa de incentivo em si é extremamente polêmico. Seus beneficiários não estão imunes a críticas do público. As isenções são raras, e os legisladores não encontraram critérios claros para os idols, cujas contribuições são menos palpáveis do que uma medalha brilhante num pódio. Por que meus idols favoritos deveriam servir e outros não? O que torna um melhor que o outro? A disputa sobre quem merece esse privilégio seria acirrada.

Em 2020, após debater o assunto, o Comitê de Defesa Nacional da Assembleia Nacional aprovou um projeto apelidado de "Lei BTS", uma lei especial que permitia "a um artista da cultura pop recomendado pelo ministro da Cultura, dos Esportes e do Turismo por ter melhorado significativamente a imagem da Coreia tanto dentro quanto fora do país" adiar o serviço por mais dois anos, alistando-se aos 30, e não aos 28. O projeto foi aprovado dois meses antes do 28º aniversário de Jin. A introdução à emenda dizia: "Embora esses jovens astros do pop estejam contribuindo tanto para a imagem da Coreia quanto pessoas das artes tradicionais e dos esportes, não recebem a mesma proteção de direitos [para seguir suas carreiras] como os outros [...] esses jovens artistas pop geralmente alcançam mais conquistas na faixa dos 20 anos, e forçá-los ao serviço militar durante seu auge prejudica não apenas suas carreiras, mas também a nação."[16] A questão de uma isenção completa segue controversa. Em 2022, pouco antes de o grupo visitar a Casa Branca para se encontrar com o presidente Joe Biden, o comissário da Administração de Recursos Humanos Militares (MMA), Lee Ki-sik, relacionou isenções militares a questões de justiça. "[Estivemos] nos esforçando para reduzir casos de isenções militares até agora; contudo, a questão ressurgiu com o BTS",[17] disse Lee. "É importante reconsiderarmos se esse tipo de programa é apropriado, levando em conta a justiça e a igualdade [...] que são temas centrais entre os jovens na Coreia."

Os próprios membros do BTS nunca pediram isenção e pareciam relutantes em aceitá-la, sem dúvida preocupados com a crescente polêmica. Sem alarde, Jin anunciou seu alistamento em dezembro de 2022, aos 30 anos, seguido por J-Hope em abril de 2023, aos 29 anos, e por Suga, aos 30 anos, em setembro. RM se alistou em dezembro, aos 29 anos. O surpreendente foi que Jimin, V e Jungkook, que ainda tinham cerca de três anos pela frente, escolheram se alistar junto a eles, uma anomalia em relação a outros grupos de K-pop, que em geral se alistam em ondas, para manter alguma presença pública e continuar lançando músicas. Escalonar o alistamento é uma estratégia óbvia para minimizar prejuízos.

Em 8 de dezembro, alguns dias após a última live em grupo, Jungkook ligou a câmera para falar com o ARMY após uma corrida, com a cabeça raspada ainda protegida por um boné preto. De volta ao seu apartamento, Jungkook, pronto para descansar, sentou-se sob uma iluminação alaranjada cuja configuração havia salvo com o nome *izakaya*. Quando os fãs comentaram que estavam tristes, ele admitiu que também estava.[18] — O exército é o lugar para onde todos os homens vão. Não tenho nada especial a dizer sobre isso, mas... acho definitivamente que tenho que ir. Foi um vislumbre dos sentimentos interiores, contrastando com sua versão pública, o idol do BTS Jung Kook, que tinha o dever de se alistar com um sorriso patriótico. O conflito entre esses dois lados deve ter tornado o processo mais difícil.

Um dos grandes mistérios da era do alistamento do BTS: por ser o membro mais jovem, Jungkook ainda poderia adiar o serviço militar por alguns anos. Então, por que escolheu servir logo após lançar o primeiro álbum solo? Não foi apenas lealdade ao país, mas ao grupo. As nuances culturais do alistamento podem ser difíceis de entender para quem não faz parte da sociedade coreana. Mas esse fator é claro e evidente ao longo da carreira de Jungkook: acima de tudo, ele é (e sempre foi) um membro leal do BTS. Em uma live de novembro de 2023 no Weverse, depois de retornar da campanha de divulgação no exterior, ele disse de forma bem clara: "Para mim, o BTS é mais importante que meu trabalho solo."[19] Na última transmissão do grupo, parecia comovido ao falar sobre a saudade que sentia dos camarins e dos ensaios do *boy group*.[20]

Claro, não temos como saber as razões pessoais por trás da decisão de Jungkook. Só posso comentar como essa escolha foi recebida e percebida. A maneira como ele escolheu se alistar — sendo o mais jovem, junto aos irmãos mais velhos — revela seu caráter, seus princípios e o que ele de fato valoriza. Ao colocar o grupo acima de suas necessidades individuais, tomou uma atitude que diz mais que mil palavras. "Para ser sincero… também queremos ver o BTS completo o mais cedo possível. Por isso tomamos essa decisão",[21] disse Jungkook. "Não me arrependo, me sinto aliviado… acho que foi uma ótima decisão."

Foi um impressionante ato de lealdade e devoção, coerente com o caráter dedicado que o tornou querido pelo público global ao longo dos anos. O fato de Jungkook, Jimin e V não fazerem alarde sobre se alistarem tão cedo, nem transformarem um claro sacrifício em espetáculo, tornou-os ainda mais admiráveis. Após *Golden*, o momento era perfeito para Jungkook deslanchar como estrela pop global. Ele teria todo o direito de aproveitar a oportunidade e priorizar a si mesmo e sua carreira solo, como tantos de seus colegas ocidentais fizeram: Michael Jackson, Justin Timberlake, Harry Styles, Beyoncé. Em vez disso, escolheu discretamente permanecer com seu grupo, um ato de altruísmo que contrastou de forma impressionante com o padrão da indústria pop.

Na madrugada de 12 de dezembro, no dia marcado para o alistamento, Jungkook ligou o celular uma última vez para uma breve transmissão no Weverse. Com menos de oito minutos de duração, a live teve um clima contido.[22] Ele acabara de se despedir de RM e V e estava lavando roupas, com o som da secadora girando ao fundo. Os fãs brincaram com o fato de ele estar fazendo tarefas domésticas antes do alistamento, tratando aquele dia tão significativo como qualquer outro.

— Vim dar meu último adeus — disse ele. — Fiquem todos bem e saudáveis. Voltarei em segurança.

— A partir de amanhã, todos os membros estarão servindo no exército. Obrigado por nos apoiarem até este momento.

— Adeus — disse em coreano formal. — Bye-bye — acrescentou em inglês. Parecia relutante em encerrar.

— Bye-bye — repetiu com um aceno. — Amo vocês. Amo vocês, pessoal.

Pode-se imaginar que Jungkook tenha decidido se alistar pensando no ARMY, que deseja ver os sete integrantes do BTS reunidos o quanto antes. Embora a fase do alistamento tenha um gosto agridoce, o grupo sempre se destacou por transformar os momentos complexos da vida — os altos e baixos — em músicas carregadas de significado. Ainda que acredite nisso, considero que o fator determinante foi sua lealdade aos seis irmãos mais velhos, que transcendem o papel de colegas de banda, amigos ou família, e a quem ele repetidamente atribui tudo o que conquistou.

— Às vezes penso que parei de amadurecer aos 15 anos[23] — confessou Jungkook no documentário *Burn the Stage*. Ele passou o ensino fundamental treinando e morando em um dormitório, depois o ensino médio como idol em tempo integral, sem poder frequentar a escola ou socializar como um adolescente comum. Todas as suas horas eram dedicadas aos seis *hyungs* que o cercavam constantemente, influenciando-o mesmo sem querer. Como uma esponja, absorveu o conhecimento deles, seus traços de personalidade, seus sonhos compartilhados. — Os caras me moldaram um a um, e acho que foi assim que me tornei quem sou hoje[24] — refletiu. — Dá para dizer que sou a manifestação de todas as personalidades deles juntas.

O BTS sempre foi mais forte unido e, junto, reinventou a era do alistamento, tornando-a muito menos desoladora que nos anos anteriores. Cada membro preparou um arsenal individual de conteúdo, pré-gravando músicas e vídeos para alimentar os fãs durante sua ausência. RM lançou o álbum *Right Place, Wrong Person*; Jimin apresentou seu segundo álbum de estúdio, *Muse*; Jimin e Jungkook estrelaram *Are You Sure?!*, um reality show no Disney+; Jungkook lançou seu documentário, *I Am Still*, além do single "Never Let Go", gravado especialmente para o 11º aniversário do BTS. Com tantas produções, além da permissão para que os soldados usem celulares nos momentos livres (possibilitando breves atualizações no Weverse) e da redução do tempo de serviço, quase parece que ficaram ausentes. Quando somos jovens, dois anos parecem uma eternidade. No mundo pós-pandemia, esse tempo passa num piscar de olhos.

Em junho de 2024, ao verificar as notícias, me surpreendi ao descobrir que Jin havia concluído seu serviço e estava prestes a ser dispensado. "Já?", pensei. Apesar de apelos para que os fãs não fossem até lá, alguns entusiastas e jornalistas apareceram para registrar sua saída da base militar em Yeoncheon, montando tripés e câmeras em frente ao portão de ferro. Vestido com uniforme militar e boina, Jin saiu do complexo e fez uma continência impecável, antes que RM aparecesse sorridente com um saxofone pendurado no pescoço, tocando um trecho de "Dynamite" para recebê-lo. O grupo inteiro se reuniu para celebrar sua dispensa, tirando uma foto em conjunto pela primeira vez em anos. Quatro meses depois, J-Hope completou o serviço militar e foi recebido por Jin, que vestia um conjunto bordô e óculos escuros. Os dois estavam prontos para manter a chama acesa até que o grupo completo seja liberado em junho deste ano. No dia seguinte à sua dispensa, Jin anunciou que queria dar "abraços leves" em mil fãs[25] — a princípio seriam três mil, mas a HYBE o convenceu a reduzir o número — em um evento sem precedentes. J-Hope foi para Los Angeles, retomando imediatamente projetos ainda mantidos em segredo — parte do suposto "plano de seis meses pós-dispensa"[26] que havia traçado, de acordo com insinuações de Suga.

Quanto a Jungkook, só podemos imaginar o que fará quando sair em junho de 2025. Ele mencionou certa vez que poderia retornar com energia renovada. Isso sugere talvez uma rápida retomada de seu segundo projeto solo, uma série de colaborações. Quem sabe volte ao estúdio e, com uma nova clareza mental, revisite as composições autorais. O diretor financeiro da HYBE, Lee Kyung Joon, revelou durante uma teleconferência em novembro de 2024 que a empresa estava negociando com o BTS a retomada das atividades em grupo para 2026.[27] Não existe nada que o ARMY deseje mais que uma turnê para compensar a Map of the Soul Tour, interrompida pela covid-19. Seja qual for o caminho escolhido, sem sombra de dúvida Jungkook fará o possível pelo BTS e pelo ARMY, que deseja ver sempre sorrindo.

Na última transmissão com RM, Jimin e V, Jungkook encerrou pedindo a V que mantivesse a câmera firme, prometendo uma surpresa para o ARMY. Enquanto V fazia um discurso reflexivo, apontando para o caçula do grupo, Jungkook passou correndo em frente à câmera, de capuz abaixado, gritando "Nós fomos o BTS!"[28] com um sorriso enorme. Todos caíram na risada, finalizando a transmissão de despedida em clima de alegria. Com essa mesma rapidez, ele voltaria num piscar de olhos, como se jamais tivesse partido.

CONCLUSÃO

Quem é Jungkook?

QUE TIPO DE ARTISTA É JUNG KOOK DO BTS, QUEM É O ARTISta solo Jung Kook, e quem é Jeon Jungkook? O que o torna especial, o idol do K-pop pelo qual o público ocidental mais se interessou? A jornada solo de Jungkook mal começou, mas já foi exaltada pela indústria.

Em 30 de agosto de 2024, oito meses e meio após o alistamento de Jungkook, a HYBE, na ausência do artista, abriu uma exposição dedicada à sua carreira solo.[1] "Golden: The Moments" foi instalada no primeiro e no segundo andares do Le Méridien & Moxy, um hotel em Myeongdong, bairro turístico conhecido por carrinhos de comida de rua que vendem potes de frango frito e vieiras gratinadas na concha, onde lojas na estação de metrô subterrânea vivem abarrotadas de fotos, cartões-postais e bugigangas de Jungkook.

Um retrato do cantor na capa de *Golden* cobria três andares do prédio. Os fãs reservavam um horário e iam ao segundo andar para entrar em pequenos grupos, pagando 35 mil wons para receber um ingresso dourado e um cartão verde-esmeralda dobrado, contendo uma imagem de Jungkook. Retratos da turnê promocional do álbum foram ampliados e emoldurados em mais de dez espaços espalhados por dois andares. Havia áreas celebrando seus recordes, como atingir 1,8 milhão de reproduções da versão não explícita de "Seven (feat. Latto)" no Melon em 24 horas e a placa prateada do Clube dos Bilhões que recebeu do Spotify por atingir um bilhão de reproduções com "Seven". Os microfones e os pontos de ouvido que usou como membro do BTS e como artista solo estavam expostos em vitrines de vidro. Os fãs passavam sob uma réplica da marquise de *Golden* e posavam para fotos com os amigos, aproximando-se alegremente dos manequins que vestiam as roupas de Jungkook, como ternos de risca de giz pretos e jeans largos, dispostos ao longo de um tapete vermelho.

Na loja de souvenirs, a HYBE oferecia uma seleção de produtos que vendiam como água. Segundo os fãs lutando para conseguir algum item exclusivo, os mais cobiçados esgotavam nas primeiras horas, em geral antes do meio-dia, apesar do limite de um item por pessoa e da reposição diária. Havia catorze fotografias impressas, um conjunto de 15 *photocards* (cartões colecionáveis), dois pôsteres, um chaveiro porta-foto, uma ventarola, uma "barra de ouro", um colar de corrente simples com um anel dourado, um frasco de perfume, uma caixa de joias de veludo verde e um pingente de microfone roxo em um chaveiro que lembrava o microfone personalizado (roxo, adornado com cristais Swarovski) exposto ao lado dos pontos de ouvido roxos de Jungkook.

Havia uma sala com paredes brancas oferecidas como uma tela para os fãs escreverem mensagens com canetas pretas, azuis e douradas e desenharem corações, coroas e coelhinhos. Havia mensagens em coreano e chinês, inglês e japonês, escritas por visitantes de todo o mundo, desde Taiwan e China até Ucrânia e Rússia. Alguns fãs, que estiveram na exposição no dia 1º de setembro, deixaram mensagens de feliz aniversário. Havia recados de amor e agradecimento, desejando-lhe bem-estar e boa saúde. "Jeon Jungkook, o mundo inteiro te ama, eu te amo, Jeon Jungkook, lenda do K-pop",[2] escreveu um fã em chinês simplificado. "O mundo inteiro vai te amar", dizia a sucinta frase final em inglês. Ao final da exposição, as paredes estavam completamente tomadas pelas mensagens. Dezenas de milhares de pessoas visitaram a exposição em Seul,[3] e "Golden: The Moments" seguiu depois para Los Angeles e Tóquio.

184

A exposição reuniu todos os destaques da carreira solo de Jungkook, com uma curadoria impecável. Era uma mostra de Jung Kook, o artista, com os momentos mais marcantes do incrível astro. Infalível, intocável, um garoto brilhante. Na superfície, é assim que o público com frequência o enxerga, tal como divulgado pela HYBE e retratado pela mídia, e isso constitui um elemento essencial de Jungkook. Sua imagem como o *maknae* de ouro, perfeito e capaz de qualquer coisa.

No entanto, conforme explora sua identidade como artista solo, essa imagem de perfeição não parece corresponder à visão que ele próprio tem de si. Jungkook afirmou diversas vezes durante sua turnê promocional que não se considera um gênio. Em uma entrevista de julho de 2023 para a *Weverse Magazine*, quando começou suas atividades solo, ele expressou suas dúvidas persistentes. "Por que sou tão popular? É apenas por gostarem da minha voz? Ou talvez pela forma como danço? Ainda não consigo compreender por que sou amado por tantas pessoas."[4] Qualquer fã que examine além das aparências perceberá as contradições dentro de Jungkook. Modesto e gentil, jamais convencido ou arrogante. Não tenho como saber quem Jungkook é de verdade, mas, quando penso em como ele me parece, minha mente se volta para "Decalcomania", sua canção inacabada de 2019. Jungkook canta sobre a pessoa perfeita que vê sorrindo na tela, aquela que é boa em tudo, e sobre como não se reconhece com ela — não reconhece Jung Kook como Jungkook. Decalcomania, de acordo com o museu Tate Britain, é um processo de impressão no qual se aplica tinta em um papel que depois é dobrado para criar uma imagem espelhada. Jungkook canta sobre o desejo de se tornar decalcomania, o anseio de se transformar na imagem espelhada do idol que todos enxergam.

Há uma sensação de perda — e de estar perdido. Quando escuto sua voz carregada de emoção, sempre penso no menino que deixou Busan sozinho aos 13 anos para treinar dança e canto sem parar, como se sua vida dependesse disso. Me lembro de "My Time", uma canção solo lançada no álbum *Map of the Soul: 7*, do BTS, em 2020. Nela, Jungkook canta sobre a velocidade com que foi obrigado a amadurecer, sobre a ideia de que sua vida tem sido um filme, um papel que representou na tela para o entretenimento dos outros. Apesar de todas as suas conquistas, realizando seus sonhos de astro do pop, tornando-se o artista "descolado" que sonhava em ser quando criança, ele reflete sobre o que sacrificou: infância, relacionamentos, tempo valioso que se esvaiu por entre seus dedos. Ao contrário das crianças "comuns", Jungkook nunca teve tempo para descobrir quem era além dos limites do BTS. Já falou também sobre se sentir vazio sem os colegas do grupo, apegando-se a eles como uma forma de identidade. Em "Bangtan Attic", o vídeo introspectivo gravado para a transmissão de aniversário do grupo em 2019, ele desabafou: "O Jung Kook do BTS brilha intensamente, mas Jungkook é simples... Não estudo desde pequeno e sou mais lento que os outros."[5]

Essas músicas revelam o verdadeiro eu interior de Jungkook. Falam da sensação de estar à deriva, buscando conexão e estabilidade. Uma angústia silenciosa que remete a uma experiência humana comum: a busca por identidade, por se encontrar. O desejo de enfrentar o vazio dentro de si e confrontar a pergunta: quem sou eu? O que me torna único, o que tenho de singular para oferecer ao mundo? Até agora, Jungkook passou grande parte da carreira incorporando quem precisava ser — o idol impecável, o astro talentoso, o amigo e confidente. Quando o BTS anunciou sua pausa como grupo, ele finalmente pôde parar e refletir; enfim teve um tempo para questionar quem era além do BTS. Em dezembro de 2023, ele e Jimin ingressaram na 5ª Divisão de Infantaria do Exército no Condado de Yeoncheon,[6] na Província de Gyeonggi, cerca de 60 quilômetros ao norte de Seul, onde Jin já servia como instrutor auxiliar. Depois de concluir as cinco semanas de treinamento básico, ele assumiu sua função como cozinheiro,[7] picando legumes e preparando grandes quantidades de carne para alimentar os soldados. Com exceção de uma única palavra publicada no Weverse em 17 de janeiro de 2024 ("Unity", o lema de sua divisão militar), ele permaneceu ausente das redes sociais até março de 2024, quando compartilhou uma atualização:

ARMY, vocês estão bem?[8]
Eu estou bem
Estou malhando muito
Estou fazendo um ótimo trabalho na limpeza, limpo até o teto
Também estou cozinhando bastante
Já estamos no meio de março
Vou vir aqui para ver vocês de novo
Estou com muita saudade
Unity!

Enquanto cumpria o serviço militar, sentindo falta do cachorro Bam e do ARMY, e descansando de sua imagem pública, a HYBE continuou a lançar e promover o conteúdo preparado com antecedência: "Never Let Go", a música em inglês para fãs coescrita por Jungkook e lançada para o BTS Festa 2024; *Are You Sure?!*, o reality show de viagem com Jimin que foi transmitido no Disney+; e o documentário *I Am Still*, sobre sua carreira solo. Jeon Jungkook pode até estar longe, levando uma pacata vida de soldado, mas para a figura Jung Kook, o astro global da HYBE, não houve descanso.

EM MUITOS SENTIDOS, A JORNADA ARTÍSTICA DE JUNGKOOK É uma busca por autodescoberta universal. Todos os artistas trabalham para receber e dar amor aos fãs, mas, quando vejo Jungkook, às vezes vislumbro um elemento de vazio e solidão, uma vulnerabilidade que acho muito humana e cativante. Ao preparar *Golden*, ele disse que um dos motivos pelos quais não participou da composição foi sua personalidade.[9] Jungkook se considerava uma pessoa simples, incapaz de se apegar ao passado, para o bem ou para o mal — uma característica que deve ter admirado e adquirido de Jin, conhecido pelo mesmo tipo de temperamento despreocupado. Ele contou sobre como era desafiador escrever canções autorais — talvez se comparando inconscientemente a RM, conhecido pela habilidade com as palavras — e como ficava frustrado tentando encontrar as expressões certas. Disse que se considera simples e direto demais, mas outras vezes confessou que é cheio de contradições. Nessas contradições, é mais fácil se identificar com ele do que com qualquer outra celebridade que já conheci. Essa identificação, somada a seu incrível talento, é uma combinação poderosa.

Se tivesse que resumir, eu diria que o apelo global de Jungkook pode ser atribuído às qualidades universais que ele compartilha com seus predecessores e colegas que percorreram um caminho semelhante. Michael Jackson, artista completo e trabalhador incansável, que tinha habilidades de canto e dança quase perfeitas e sacrificou sua infância pelo estrelato. Justin Bieber, que teve a experiência de crescer sob os holofotes, com fãs acompanhando sua jornada através de uma proximidade sem precedentes por meio das redes sociais. Harry Styles, com o carisma inexplicável que projeta mesmo sem querer, nunca se esforçando demais. Jungkook também tem uma rara combinação de talento e humanidade, cuidado e autenticidade, que lhe permitiu cultivar uma relação especial com os fãs, os quais são a parte mais importante da equação Jungkook. Porque, no fim das contas, como o mesmo diria, ele chegou aonde está hoje por causa deles.

No final de seu último *showcase* solo para *Golden*, Jungkook ficou emocionado, fazendo questão de agradecer ao ARMY. Sem os fãs, o idol e o astro pop Jung Kook nunca teriam existido. Enquanto se perguntava em voz alta onde estaria se nunca tivesse se tornado um idol,[10] uma fã gritou que ele teria se saído bem fazendo qualquer coisa, mas ele se mostrou incrédulo. "Não sou uma pessoa tão incrível assim", objetou. "Mas, depois de conhecer todos vocês, pude me tornar uma pessoa incrível. É tudo graças a vocês."

Na era globalizada, em que as pessoas estão mais abertas do que nunca a artistas e conteúdos diversos, Jungkook teve a sorte de subir ao palco no momento certo, chamando a atenção das pessoas certas, e conseguiu aproveitar essa oportunidade quando o momento chegou, apoiado por uma legião dedicada de fãs. Claro, os fãs não bastam: já se passaram quase duas décadas desde que Rain ficou em primeiro lugar na lista de cem pessoas mais influentes da *Time* de acordo com a votação do público, mas o artista teve dificuldade para avançar na indústria musical ocidental devido aos preconceitos enraizados na sociedade americana, que relegavam pessoas não brancas a papéis secundários. Graças a uma mudança cultural, trazida por uma geração mais aberta e disposta a acolher perspectivas diversas, agora vivemos em uma época em que o sonho de um astro pop do Leste Asiático não é tão impossível quanto antes.

No dia anterior ao seu show surpresa na Times Square em 9 de novembro de 2023, Jungkook foi visitar uma livraria Barnes & Noble na cidade,[11] segurando um café gelado enquanto observava com espanto genuíno um display de *Golden*. Mesmo com tudo que havia conquistado, ele ainda parecia o mesmo de anos atrás. Enquanto percorria as prateleiras, olhando as diferentes capas de álbuns, ele se perguntou: se não fosse cantor, iria comprar o disco de alguém como forma de apoio?[12] De quem seria fã? Na tarde do show, acordou bem-disposto, após dormir por cerca de doze horas e comer uma *burrito bowl* no quarto do hotel para recarregar as energias. O palco TSX ficava atrás do outdoor no centro da Times Square, e Jungkook estava muito consciente de que aquela posição privilegiada significava que pessoas que não eram do ARMY estariam presentes, o que aumentava a pressão para fazer a melhor apresentação possível.

— Estou em boa forma, e é um bom dia para terminar as promoções[13] — disse ele no carro a caminho do show. — ... e então acabou — acrescentou, mordendo os nós dos dedos.

A conta do Instagram da TSX Entertainment soou o alarme com uma postagem: "Vocês têm 30 minutos, Nova York. Jung Kook se apresentará AO VIVO no palco TSX. 17h30. Vejo vocês em breve."[14] No entanto, o ARMY já estava três passos à frente, tendo analisado a pequena lista de pistas (uma postagem enigmática da Big Hit, insinuando uma surpresa especial; o outdoor digital da TSX mudando para o anúncio da Calvin Klein de Jungkook), e adivinhara que Jungkook faria um show surpresa. Consequentemente, os fãs exploraram o local no dia anterior e começaram a fazer fila nas primeiras horas da manhã. Quando Jungkook estava pronto para subir ao palco, a multidão havia tomado a área, amontoada na praça e nos quarteirões vizinhos. Do quarto de hotel onde ele aquecia a voz, dava para ouvir os gritos.[15] Helicópteros de noticiários locais sobrevoavam a área e locutores de rádio diziam que aquela era a coroação de sua carreira solo, uma grande apresentação na Times Square, de onde ele correu para o palco, bem acima da multidão, ao som triunfante dos acordes de abertura de "Standing Next to You". — Ei, Nova York! Eu sou Jungkook do BTS, vamos nos divertir[16] — disse, antes de fazer uma apresentação incrível com cinco músicas. Seu microfone estava ligado, a voz sem qualquer processamento se projetando sobre o ponto turístico da cidade enquanto ele dançava sem perder o ritmo, cada passo gravado na memória após horas de ensaio.

A apresentação na Times Square pareceu o ápice de sua carreira solo, um sinal de que Jungkook havia chegado e se encontrado. O garoto esforçado, que mantinha o uniforme do ensino médio em um cabide nos bastidores do *Show Champion*, se tornara um astro pop internacional. Não dava para não lembrar de uma cena do reality show *American Hustle Life*, que o BTS lançou em 2014, na qual Jungkook caminhava pela calçada em Los Angeles, segurando um simples panfleto branco,[17] pedindo a estranhos desconfiados que fossem ver seu show gratuito. Agora, com meia hora de aviso prévio, ele era capaz de reunir uma multidão de admiradores — milhares na Times Square e mais de 280 mil assistindo de casa — e mantê-los encantados.

No fim das contas, o cerne do sucesso de Jungkook, o mecanismo-chave por trás de sua coroação como astro pop, é sua natureza honesta e seu coração aberto, que prioriza o grupo e os fãs, em vez de a si mesmo. Aonde quer que fosse, seus dois pilares, BTS e ARMY, permaneciam sempre em sua mente. Em uma entrevista à 103.5 KISS FM, ele falou sobre como sentia saudade de cada um dos *hyungs*. "Acima de tudo, quando estou em atividade solo, sinto muita falta dos momentos que compartilhamos juntos. Sinto saudade dos momentos descontraídos, quando cada um fazia uma coisa diferente no camarim, e até de ir ao show do Suga-*hyung*. Sinto falta até quando me apresento sozinho... Quero subir ao palco com os outros membros o mais rápido possível."[18]

Lembro-me da primeira vez que ouvi "Begin", a música solo de Jungkook em *Wings*, lançada em 2016. Na época, ele tinha 19 anos e já passara três se apresentando como Jung Kook do BTS. Como RM contou em uma live, Jungkook queria escrever as próprias letras,[19] mas não conseguia expressar seus sentimentos. Então, coube a RM capturar a história dele. Juntos, os dois se fizeram um autorretrato comovente. Por volta de janeiro de 2016, os sete membros do BTS se reuniram para chorar,[20] desabafando suas queixas e problemas, e confortando uns aos outros. Segundo RM, Jungkook não era propenso a chorar nem a reclamar. Nunca falava quando estava passando por dificuldades, sempre trabalhando com dedicação e dizendo aos outros que estava bem. Mas, naquele dia, chorou abertamente pela primeira vez, surpreendendo a todos, que nunca tinham visto o *maknae* derramar tantas lágrimas. Quando pediram para que contasse os problemas que estava enfrentando, — Jungkook disse 'Não tenho problemas... com tão pouca idade, quando não sabia de nada, assinei um contrato, vim para cá e, como era o que eu queria fazer, cantei e dancei o melhor que pude' — contou RM. O que Jungkook confessou aos prantos foi que a única coisa que o machucava era ver o sofrimento dos outros membros — os seis irmãos mais velhos com quem vivia, que o ajudaram a crescer e a quem ele jurou amor e lealdade.

Na primeira vez em que ouvi "Begin", fiquei surpresa. Mesmo naquela época, em 2016, Jungkook costumava ser citado como o membro com maior potencial solo, como o *maknae* de ouro, o *center* polivalente do grupo. Eu esperava uma música leve e descontraída, que destacasse suas habilidades em ascensão como artista pop, não uma balada de quase quatro minutos sobre como ele amava seus *hyungs*. Jungkook cantou sobre tudo o que devia aos rapazes que pegaram o garoto pequeno e vazio, sem "aroma" próprio e identidade, e o ensinaram a sentir. Tive conversas com membros da indústria do K-pop de empresas rivais, que comentaram, com grande cinismo, que o único motivo pelo qual o BTS não se separou é o punho de ferro da HYBE, que passou anos exigindo que todos os membros permanecessem em pé de igualdade uns com os outros. Só o BTS sabe a verdade, mas, se considerarmos cada pequeno gesto de apoio, orgulho e carinho que os membros têm entre si depois de dez anos, duvido que seja esse o caso.

A formação de Jungkook e o triunfo do BTS se resumem a uma única palavra: devoção. A devoção entre Jungkook e os membros do grupo, que o criaram e o tornaram quem ele é. A devoção absoluta de Jungkook ao seu ofício, as inúmeras horas que passou em salas de ensaio e espaços de treino, cantando e dançando, construindo do zero suas habilidades. A devoção à sua jornada como artista, enquanto dá passos lentos e firmes para encontrar seu modo de expressão. A devoção ao seu país, cumprindo o serviço militar sem reclamar. E a devoção ao ARMY, aos fãs que ele valoriza acima de tudo, que retribuem com uma devoção multiplicada. Como sua admiradora, posso dizer que, aconteça o que acontecer, seja qual for o caminho que ele escolher, é um privilégio assistir à sua ascensão, ouvir o nome Jungkook na boca de apresentadores de TV e rádio, editores, diretores e produtores de língua inglesa, no topo do mundo. Ver um garoto honesto e trabalhador de Busan se tornar um astro pop internacional.

Agradecimentos

AOS MEUS PAIS, QUE SEMPRE ME DERAM AMOR E APOIO INFINI-tos e possibilitaram que eu fosse atrás dos meus sonhos. À minha irmã, que me apresentou ao K-pop, transformando-o em um hobby compartilhado que sempre me trouxe alegria. Eu amo vocês e agrade-ço a vocês três, acima de tudo, sempre.

À minha agente Clare e minha editora Hana, pois sem a paciência e a sabedoria delas este livro não teria sido possível.

A Jonathan Karp, cuja visão e paixão por este livro realmente me inspiraram. Obrigada pela sua confiança. À equipe da Simon & Schuster, pela dedicação e pelo cuidado com o livro.

Aos meus amigos do mundo real e do mundo virtual, que estive-ram sempre ao meu lado durante muitas noites sem dormir, me dando conselhos sobre um milhão de assuntos diferentes. Obrigada por me mostrarem a beleza do fandom e da amizade que transcende fusos horários.

Aos meus colegas passados e presentes, que me incentivaram, so-freram e celebraram comigo, sem os quais eu nunca teria encontrado a coragem de me libertar.

Ao BTS e ao ARMY, cuja paixão e persistência mudaram o curso de muitas vidas, incluindo a minha. *Borahae.*

Notas

INTRODUÇÃO: O QUE JUNGKOOK TEM DE ESPECIAL?

1 "Jungkook's GMA Concert Tickets Sell Out in Seconds", Jungkook Global, 13 de julho de 2023, https://jungkookglobal.com/news/f/jungkook%E2%80%99s-gma-concert-tickets-sell-out-in-seconds.

2 Seunghun Ji, "The Group BTS Will Have Time to Look Back on the Last Performance Together through '2024 Bangbang Concert'", *Maeil Business Newspaper*, 4 de junho de 2024.

3 Mark Savage, "BTS Are the First Korean Band to Headline Wembley Stadium", BBC.com, 1 de junho de 2019, https://www.bbc.com/news/entertainment-arts-48487862.

4 Kat Moon, "Inside the BTS ARMY, the Devoted Fandom With an Unrivaled Level of Organization", *Time*, 18 de novembro de 2020, https://time.com/5912998/bts-army/.

5 Mun Wansik, "방탄소년단 정국, 美GMA 서머 콘서트 K팝 솔로 최초 출격→티켓 매진 대란..역시 '월드 슈스'", *Star News*, 10 de julho de 2023, https://m.entertain.naver.com/article/108/0003165840.

6 Kirsten Fleming, "We're Waiting Five Days—in 90-Degree NYC Heat—to See BTS' Jungkook", *New York Post*, 13 de julho de 2023,

https://nypost.com/2023/07/13/were-waiting-in-line-five-days-to--see-bts-jungkook-in-nyc/.

7 r/bangtan, "Jungkook @ Good Morning America (GMA) Summer Concert Series 2023 Questions and Meet up Megathread", Reddit, julho de 2023, https://www.reddit.com/r/bangtan/comments/14wavn2/jungkook_good_morning_america_gma_summer_concert/.

8 Ibid.

9 *Jung Kook: I Am Still*, dirigido por Park Jun-soo (HYBE, 2024).

10 Ibid.

11 Good Morning America Summer Concert Series, *Good Morning America*, 14 de julho de 2023.

12 Ibid.

13 "BTS on First Impressions, Secret Career Dreams and Map of the Soul: 7 Meanings", The Tonight Show Starring Jimmy Fallon, YouTube, 25 de fevereiro de 2020, https://www.youtube.com/watch?v=v_9vgidPJ8g.

14 "Yokel Hero", *The Simpsons*, temporada 32, episódio 14, veiculado em 7 de março de 2021, na Fox.

15 Jeff Benjamin, "The 2024 Billboard K-Pop Artist 100", *Billboard* (online), 27 de fevereiro de 2024, https://www.billboard.com/lists/k-pop-artist-100-list-2024-ranked/.

16 JK, "Golden", BTS, Weverse (ao vivo), 3 de novembro de 2023, https://weverse.io/bts/live/0-128993548.

17 Jeff Benjamin, "BTS, Blackpink, Taemin & Jungkook Lead Tumblr's Most Popular K-Pop Stars of 2017 Summer: Exclusive", *Billboard* (online), 5 de outubro de 2017, https://www.billboard.com/pro/tumblr--most-popular-kpop-stars-summer-2017-bts-blackpink/.

18 Thania Garcia, "BTS 'Hiatus' Spurs 28% Drop in HYBE Stock; Company Insists Word Was Mistranslated", *Variety* (online), 15 de

junho de 2022, https://variety.com/2022/music/news/bts-hiatus-hybe-stock-drop-1235295190/.

19 "[슈취타] EP.15 SUGA with Jung Kook", BANGTANTV, YouTube, 29 de julho de 2023, https://www.youtube.com/watch?v=0cDDLPL-Ke7o.

20 "[슈취타] EP.12 SUGA with Jin #2023BTSFESTA", BANGTANTV, YouTube, 10 de junho de 2023, https://www.youtube.com/watch?v=t-ZscK8j5a5w.

21 "130514 랩몬 & 정국", BANGTANTV, YouTube, 15 de maio de 2013, https://www.youtube.com/watch?v=9DD4xUC83tM.

22 "[슈취타] EP.21 SUGA with 정국 II", BANGTANTV, YouTube, 4 de novembro de 2023, https://www.youtube.com/watch?v=0RKnjVL2k-WA.

23 How Seoul Became Pop Culture's New Frontier", *Vogue*, 15 de fevereiro de 2023, https://www.vogue.com/article/seoul-portfolio-march-2023.

24 Monica Kim, "BTS Takes on L.A. With *Vogue*—And It's 'Hella Lit'", Vogue.com, 25 de janeiro de 2018, https://www.vogue.com/article/bts-kpop-band-in-los-angeles-vogue-video-shoot.

25 JK, "졸리다", BTS, Weverse (ao vivo), 3 de agosto de 2023, https://weverse.io/bts/live/4-126872661.

26 JK, "모두 아프지말고 편안한 하루 되세요", BTS, Weverse (ao vivo), 24 de abril de 2023, https://weverse.io/bts/live/3-117661738.

27 *Burn the Stage*, episódio 3, "Just Give Me a Smile", dirigido por Park Jun-soo, veiculado em 4 de abril de 2018, no YouTube, https://www.youtube.com/watch?v=RmZ3DPJQ02k.

28 Moon, "Inside the BTS ARMY".

29 *Thriller 40*, dirigido por Nelson George (Showtime, 2023).

CAPÍTULO 1: SEU PASSADO DE AZARÃO

1   Seoul Metropolitan Government, City Overview, Population, acessado em janeiro de 2025, https://english.seoul.go.kr/seoul-views/meaning-of-seoul/4-population/.

2   United States Census Bureau, QuickFacts, New York City, New York, https://www.census.gov/quickfacts/fact/table/newyorkcitynewyork/PST045224.

3   Park Soon-bin, "Korea Has Highest Capital Population Concentration of OECD—BOK Says It's Hurting Birth Rates", *Hankyoreh*, 3 de novembro de 2023, https://english.hani.co.kr/arti/english_edition/e_national/1114875.html.

4   Jang Yunjung, "The Big 3 of Korean pop music and entertainment", *The Dong-A Ilbo*, 26 de julho de 2011, https://www.donga.com/en/article/all/20110726/401789/1.

5   Kang Hyun-kyung, "Rise of K-Pop Singers: From Low Culture 'Ttanttara' to Artists", *The Korea Times*, 29 de março de 2018, https://www.koreatimes.co.kr/www/art/2025/01/398_246443.html.

6   *Knowing Bros*, episódio 303, veiculado em 23 de outubro de 2021, na JTBC, https://www.youtube.com/watch?v=m2RK7E6Dw10.

7   "SEVENTEEN TV 시즌4", Want Woo Thailand, YouTube, 1º de novembro de 2013, https://www.youtube.com/watch?v=QVcpXKJ50DU.

8   *SBS 8뉴스*, 15 de setembro de 2011, https://www.youtube.com/watch?v=4dOWmskPPP4.

9   Lee Woo-in, "'우리 가 남이가' PD 'BTS "팔도강산" 듣고 프로 기획'" TV Report, Naver, 20 de fevereiro de 2018, https://m.entertain.naver.com/now/article/213/0001019270.

10 *New Yang Nam Show*, temporada 2, episódio 1, veiculado em 23 de fevereiro de 2017, na Mnet.

11 JK, BTS, Weverse (ao vivo), originalmente postado no VLIVE, 29 de novembro de 2016, https://weverse.io/bts/live/2-105470541.

12 Myeongseok Kang, *Beyond the Story: Uma história dos 10 anos de BTS* (Galera, 2023, trad. de Luara França), 53.

13 Ibid., 41.

14 Ibid., 94.

15 Ibid., 73–74.

16 Ibid., 74.

17 Ibid.

18 Ibid., 75–76.

19 방탄소년단 (@BTS_twt), "안녕하세요 저는 오늘부터 방탄 트위터를 같이 쓸 "진" 입니다! 잘 부탁 드려요~~ 자주 만나용ㅋㅋ", X, 22 de dezembro de 2012, https://x.com/BTS_twt/status/282409074832850944.

20 방탄소년단 (@BTS_twt), "아랫입술이 매력.jpg", X, 23 de dezembro de 2012, https://x.com/BTS_twt/status/282872231342792704.

21 "01/14 The Bridges Magazine", tradução de KIMMYYANG, *BTS Interview Archive* (blog), 24 de julho de 2021, https://btsinterviews.wordpress.com/2021/07/24/01-14-the-bridges-magazine/.

22 "흔한 연습생의 크리스마스 Video Edit by 방탄소 년단", BANGTANTV, YouTube, 23 de dezembro de 2012, https://www.youtube.com/watch?v=fnZsn-So-AU.

23 BTS, "흔한 연습생의 크리스마스 (Full Version)", Soundcloud (streaming), 11 de janeiro de 2013.

24 "130107 RAP MONSTER", BANGTANTV, YouTube, 7 de janeiro de 2013, https://www.youtube.com/watch?v=srk5_rQVmmA.

25 "130122 진", BANGTANTV, YouTube, 26 de janeiro de 2013, https://www.youtube.com/watch?v=L48qIsKFeCg.

26 "130225 RAP MONSTER (Feat. SUGA)", BANGTANTV, YouTube, 25 de fevereiro de 2013, https://www.youtube.com/watch?v=YY-Fal6_WGfg.

27 "130227 J HOPE & 정국", BANGTANTV, YouTube, 5 de março de 2013, https://www.youtube.com/watch?v=aaPnq3aaBvs.

28 "[BANGTAN BOMB] VJ 정국 – BTS (방탄소년단)", BANGTANTV, YouTube, 19 de junho de 2013, https://www.youtube.com/watch?v=E-LIOdaJ77lY.

29 "[BANGTAN BOMB] N.O (Trot ver.) by Jungkook and (Opera ver.) by BTS", BANGTANTV, YouTube, 23 de outubro de 2013, https://www.youtube.com/watch?v=Qs2unC6IwBc.

30 "[BANGTAN BOMB] it's tricky is title! BTS, here we go! (by Run–D.M.C.)", BANGTANTV, YouTube, 7 de fevereiro de 2015, https://www.youtube.com/watch?v=PSdgzdDMIeE.

31 "[BANGTAN BOMB] Just watching Jung Kook lip sync show", BANGTANTV, YouTube, 2 de fevereiro de 2014, https://www.youtube.com/watch?v=o-XR2iLEUQY.

32 "[BANGTAN BOMB] Show Me Your BBA SAE!?!? - BTS (방탄소년단)", BANGTANTV, YouTube, 19 de março de 2016, https://www.youtube.com/watch?v=ttSLLgU8F_I.

33 Busan Metropolitan City, "BTS Pilgrimage to Jungkook's Hometown, Mandeok-dong, Busan", https://www.visitbusan.net/index.do?menuCd=DOM_000000302002001000&uc_seq=476&lang_cd=en.

34 "[2019 FESTA] BTS (방탄소년단) '방탄다락'". BANGTANTV, YouTube, 12 de junho de 2019, https://www.youtube.com/watch?v=-CPW2PCPYzEE.

35 jungkook vids slow (@jjklve), "jungkook playing basketball and reminding of his childhood", X, 21 de agosto de 2021, https://x.com/jjklve/status/1429104757474578435.

36 *BTS Memories of 2019* (Big Hit Three Sixty Co., Ltd. & Play Company Corp., 2020), DVD.

37 BTS, "BTS Live: 전 눈물이 없는 사람입니 다", BTS, Weverse (ao vivo), originalmente postado no VLIVE, 2 de junho de 2019, https://weverse.io/bts/live/0-105457296.

38 Alex Barasch, "The K-Pop King", *The New Yorker*, 14 de outubro de 2024.

39 John Seabrook, "Factory Girls", *The New Yorker*, 8 de outubro de 2012.

40 Ibid.

41 Ibid.

42 Frank H. Wu, "Where Are You Really From? Asian Americans and the Perpetual Foreigner Syndrome", *Civil Rights Journal* 6, no. 1 (inverno de 2002).

43 "[아카이브K 오리지널] #035. 방탄소년단 1편, 지금 다시 하 라고 한다면 절대 못하죠", Archive-K, YouTube, 18 de dezembro de 2023, originalmente veiculado na SBS em 2021, https://www.youtube.com/watch?v=wtgAUap1K2s.

44 Ibid.

45 방탄소년단 (@BTS_twt), X, 12 de fevereiro de 2013, https://x.com/BTS_twt/status/301255151317032961.

46 "[아카이브K 오리지널] #035. 방탄소년단 1편, 지금 다시 하라 고 한 다면 절대 못하죠", Archive-K.

47 Sunkyu Jun et al., "Effects of Underdog (vs. Top Dog) Positioning Advertising", *International Journal of Advertising* 34, no. 3 (27 de maio de 2015): 495–514, https://doi.org/10.1080/02650487.2014.996199.

48 Ibid.

49 *One Direction: This Is Us*, dirigido por Morgan Spurlock (Tristar Pictures, 2013).

50 Ibid.

51 "BTS, B1A4 - M 400m Relay Final, BTS, B1A4 - 400m 릴레이 결승 @ 2015 Idol Star Championships", TV-People, YouTube, 6 de outubro de 2015, originalmente veiculado na MBC, https://www.youtube.com/watch?v=quLibKURtkc.

52 Araceli Serafico (@araceliserafico1008), comentário no vídeo "[BANGTAN BOMB] a 400-meter relay race @ 아육대", BANGTANTV, YouTube, 2020, https://www.youtube.com/watch?v=9ZQ5koAQCtw&lc=Ugyaoi J5WnoalOCzR6N4AaABAg.

53 "130208 정국", BANGTANTV, YouTube, 11 de fevereiro de 2013, https://www.youtube.com/watch?v=NURcgbN4DGA.

54 Kang, *Beyond the Story*, 154.

55 Ibid., 155–56.

56 *Flower Crew (꽃놀이패)*, "Pilot Episode 1", veiculado em 15 de julho de 2016, no VLIVE.

57 Eunhwe Jo, "꽃놀이패' 서장훈 "불편한 부분 있었다면 죄송하게 생각한 다", Xportsnews, Naver, 7 de junho de 2016, https://m.entertain.naver.com/article/311/0000616222.

58 Lee Min-hyung, "BTS 10th Anniversary Celebration to Supercharge Domestic Economy", *The Korea Times*, 15 de junho de 2023, https://www.koreatimes.co.kr/www/biz/2025/01/602_353041.html.

59 Ibid.

60 Ibid.

61 *You Quiz on the Block*, episódio 99, veiculado em 24 de março de 2021, na tvN.

CAPÍTULO 2: SEU PROFISSIONALISMO

1 "130514 랩몬 & 정국", BANGTANTV, YouTube, 15 de maio de 2013, https://www.youtube.com/watch?v=9DD4xUC83tM.

2 "BTS Jungkook Is Good at Everything - Golden Maknae Moments", editado por Kookies And Cream, YouTube, 17 de abril de 2018, https://www.youtube.com/watch?v=5y3fRM6kvfU.

3 "BTS Responds to Rumors about Their Fan Base and Potential Stage Names (Extended) | The Tonight Show", The Tonight Show Starring Jimmy Fallon, YouTube, 14 de julho de 2021, https://www.youtube.com/watch?v=qKuwYOIS_VQ.

4 "Chan's 'Room'", episódio 148, Stray Kids, VLIVE (ao vivo), 13 de março de 2022, https://vlivearchive.com/post/1-28341329.

5 "2021 Winter Package in Gangwon", BTS *Winter Package* (Big Hit Entertainment, 2021).

6 Bunna Takizawa et al., "No. 1 Hits, Sexual Abuse Scandal Mark Kitagawa's Lasting Legacy", *The Asahi Shimbun*, 12 de setembro de 2023, https://www.asahi.com/ajw/articles/15003474.

7 Yuri Kageyama, "Johnny & Associates Founder Kitagawa Sexually Assaulted Hundreds of Teens, Investigation Finds", AP News, 30 de agosto de 2023, https://apnews.com/article/japan-johnnys-sexual--abuse-executive-resign-investigation-cd1b8c226ae52ef4ff3c8e7d-5d78bcc4.

8 Guinness World Records, declaração publicada em 6 de setembro de 2023, https://www.guinnessworldrecords.jp/news/press-relea-se/2023/9/a-statement-from-guinness-world-records-757941.

9 John Seabrook, "Factory Girls", *The New Yorker*, 8 de outubro de 2012.

10 "Interview with Maxine Powell", estação de rádio WGBH, setembro de 1995.

11 "Hoshi of Seventeen teaches the "3 keys of comedy" | EP.12 Seventeen Hoshi | Salon Drip2", TEO, YouTube, 24 de outubro de 2023, https://www.youtube.com/watch?v=qRN7TUC_CF0.

12 "(ENG)Suffocating Timing Talk of Wonyoung Who Is Busy Winking and Precious Child Leeseo, Born In", MMTG, YouTube, 14 de abril de 2022, https://www.youtube.com/watch?v=OOO6IyRPJq0.

13 Yonhap, "Over 1.2 Mil. Young People without Jobs after Graduation: Data", *The Korea Times*, 27 de agosto de 2023, https://www.koreatimes.co.kr/www/nation/2025/01/113_357866.html.

14 *CNA*, 19 de agosto de 2022, https://www.channelnewsasia.com/commentary/seoul-flood-monsoon-rain-climate-change-south-korea-2887286.

15 "130208 정국", BANGTANTV, YouTube, 11 de fevereiro de 2013, https://www.youtube.com/watch?v=NURcgbN4DGA.

16 "Run BTS! 2022 Special Episode - Telepathy Part 2", BANGTANTV, YouTube, 23 de agosto de 2022, https://www.youtube.com/watch?v=nbRKyymm4Eg.

17 *You Quiz on the Block*, episódio 99, veiculado em 24 de março de 2021, na tvN, https://www.youtube.com/watch?v=CqA1Rq2Ty6Q.

18 "Spotify | Billions Club: The Series featuring Jung Kook", Spotify, YouTube, 18 de dezembro de 2023, https://www.youtube.com/watch?v=fiUYo3iIvGY.

19 "Run BTS! 2022 Special Episode - Telepathy Part 2", BANGTANTV.

20 *BTS Rookie King: Channel Bangtan*, episódio 1, SBS MTV, 3 de setembro de 2013.

21 "BTS", KBS World, 21 de fevereiro de 2014, http://world.kbs.co.kr/service/contents_view.htm?lang=j&menu_cate=artist&id=&board_seq=347978&page=40.

22 *BTS: Burn the Stage*, episódio 3, "Just Give Me a Smile", dirigido por Park Jun-soo, veiculado em 4 de abril de 2018, no YouTube, https://www.youtube.com/watch?v=RmZ3DPJQ02k.

23 방탄소년단 (@BTS_twt), X, 17 de outubro de 2013, https://x.com/BTS_twt/status/390981052241420289.

24 quadro de mensagens do The Qoo, 5 de fevereiro de 2021, https://theqoo.net/index.php?mid=hot&filter_mode=normal&document_srl=1835019099.

25 Ibid.

26 Myeongseok Kang, *Beyond the Story: Uma história dos 10 anos de BTS* (Galera, 2023, trad. de Luara França), 41.

27 "[공포]연습실에서 봤던 기이한 현상과 귀신 이야기!(심장주 의)", Bitoon, YouTube, 9 de dezembro de 2018, https://www.youtube.com/watch?v=-UrSWq-S7zI.

28 Kang, *Beyond the Story*, 52, 55–56.

29 Sunhwa Dong, "K-Pop's Hidden Hero: BTS, TWICE's Vocal Trainer Kim Sung-Eun", *The Korea Times*, 26 de abril de 2020, https://www.koreatimes.co.kr/www/art/2025/01/398_288428.html.

30 Kang, *Beyond the Story*, 57–58.

31 *BTS Monuments: Beyond the Star*, dirigido por Park Jun-soo (Disney+, 2023).

32 "Dance practice by 정국 of 방탄소년 단", BANGTANTV, YouTube, 4 de fevereiro de 2013, https://www.youtube.com/watch?v=Q3lL7z-Q7kkA.

33 "Kyle Hanagami | SAVE YOUR GOODBYE", Kyle Hanagami, YouTube, 27 de maio de 2011, https://www.youtube.com/watch?v=Nujl183jTWk.

34 "130208 정국", BANGTANTV, YouTube, 11 de fevereiro de 2013, https://www.youtube.com/watch?v=NURcgbN4DGA.

35   "[Video] 2013 K-Pop Group Debuts", Soompi, 3 de janeiro de 2014, https://www.soompi.com/article/566721wpp/video-2013-k-pop--group-debuts.

36   "흔 한 연습생 막내의 미국 춤 연수기 (1)", *Bangtan Blog*, 6 de fevereiro de 2013, https://btsblog.ibighit.com/m/54.

37   "[어딜맨 EP.11] 안 무가 손성득이 직접 말하는 방탄소년단부터 투모로우바이투게더까지!,"OK Pop!!, YouTube, 27 de setembro de 2022.

38   "흔한 연습생 막내의 미 국 춤 연수기 (1)", *Bangtan Blog*.

39   Ibid.

40   Ibid.

41   "[슈취타] EP.3 SUGA with 태양", BANGTANTV, YouTube, 18 de janeiro de 2023, https://www.youtube.com/watch?v=N43HXJCShx8.

42   "흔한 연습생 막내의 미국 춤 연수기 (1)", *Bangtan Blog*.

43   "정국이의 춤 연습", BANGTANTV, YouTube, 5 de fevereiro de 2013, https://www.youtube.com/watch?v=Bpcczy88UWg.

44   "흔한 연습생 막내의 미국 춤 연수 기 (1)", *Bangtan Blog*.

45   Ibid.

46   "흔한 연습생 막내의 미국 춤 연수기 (2)", *Bangtan Blog*, 7 de fevereiro de 2013.

47   "흔한 연습생 막내의 미국 춤 연수기 (1)", *Bangtan Blog*.

48   "[어 딜맨 EP.11] 안무가 손성득이 직접 말하는 방탄소년단부터 투모로우바이투게더까지!", OK Pop!!

49   "흔한 연습생 막내의 미 국 춤 연수기 (1)", *Bangtan Blog*.

50   "흔한 연습생 막내의 미국 춤 연수기 (2)", *Bangtan Blog*.

51   Ibid.

52   Ibid.

53   Ibid.

54 "[어딜맨 EP.11] 안무가 손성득이 직접 말하는 방탄소년단부터 투모로우바이투게더까지!" OK Pop!!

55 Myeongseok Kang, "Jung Kook: 'I've Been Changing a Bit'", *Weverse Magazine*, 19 de julho de 2023, https://magazine.weverse.io/article/view/825?ref=&lang=en.

56 *BTS: Burn the Stage*, episódio 1, "I'd Do It All", dirigido por Park Jun-soo, veiculado em 28 de março de 2018, no YouTube, https://www.youtube.com/watch?v=j6zWwAoEi_w.

57 Nahee Kim, "방탄소년단, 정규 2집 선주문 50만장 돌파 …가파른 성장세", *News1*, 7 de outubro de 2016, https://www.news1.kr/entertain/music/2795111.

58 *BTS: Burn the Stage*, episódio 2, "You Already Have the Answer", dirigido por Park Jun-soo, veiculado em 28 de março de 2018, no YouTube, https://www.youtube.com/watch?v=L38H9yVb3d8.

59 Ibid.

60 Ibid.

61 *Burn the Stage*, "Just Give Me a Smile."

62 "BTS Fire 170312 Wings World Tour In Chile", Kpop&Drama Fan Fansub K&DF, YouTube, 13 de março de 2017, https://www.youtube.com/watch?v=ex29snt1OaA.

63 *BTS: Burn the Stage*, "You Already Have the Answer."

64 *BTS: Burn the Stage*, "Just Give Me a Smile."

65 *BTS: Burn the Stage*, "You Already Have the Answer."

66 Ibid.

67 "[BANGTAN BOMB] Grammy Nomination Night", BANGTANTV, YouTube, 15 de dezembro de 2020, https://www.youtube.com/watch?v=m1aAyKMVUUU.

68 "[BANGTAN BOMB] The 3J Butter Choreography Behind the Scenes", BANGTANTV, YouTube, 3 de outubro de 2021, https://www.youtube.com/watch?v=O84fLDIU-To.

69 Ibid.

70 Nick Joseph (@nickjxseph), Instagram, 9 de setembro de 2021, https://www.instagram.com/tv/CTm3K_gh1Xv/.

71 "[BANGTAN BOMB] The 3J Butter Choreography Behind the Scenes", BANGTANTV.

72 "[CHOREOGRAPHY] BTS (방탄소년단) 'Butter (Feat. Megan Thee Stallion)' Special Performance Video", BANGTANTV, YouTube, 9 de setembro de 2021, https://www.youtube.com/watch?v=Ike-ZX2hnoOk.

CAPÍTULO 3: O JEITO COMO ELE CANTA

1 Park So-young, "[Oh!커피 한잔③] 방시혁 '성격 변한 정국, 변함없는 진..방탄 모두 순수해'", *Osen*, Naver, 24 de abril de 2017, https://m.entertain.naver.com/article/109/0003524214.

2 *New Yang Nam Show*, temporada 2, episódio 1, veiculado em 23 de fevereiro de 2017, na Mnet.

3 Brian Hiatt, "Charlie Puth on Getting (Allegedly) Ghosted by Ellen's Label, Recording With BTS' Jungkook—and His New Album's Songwriting Secrets", *Rolling Stone*, 8 de outubro de 2022, https://www.rollingstone.com/music/music-features/charlie-puth-new-album-bts-jungkook-adam-levine-1234606344/.

4 "Run BTS! 2021 EP.150 - 쩐의 전쟁 호캉스 1", BANGTANTV, YouTube, 24 de dezembro de 2022, https://www.youtube.com/watch?v=f8lY-oNIHrdQ.

5 Hiatt, "Charlie Puth on Getting (Allegedly) Ghosted by Ellen's Label."

6 "Charlie Puth: The Puppy Interview", BuzzFeed Celeb, YouTube, 25 de outubro de 2022, https://www.youtube.com/watch?v=2CRqxoYnaKk.

7 "방탄소년단 정 국의 음역대 BTS Jungkook Vocal Range (G2 ~ Bb5) [0옥타브 솔 ~ 3옥타브 시♭]", Riki Kudo, YouTube, 17 de agosto de 2016, https://www.youtube.com/watch?v=gaTlDM9MdZw.

8 JK Vocals & Praises (@jjkvocal), X, https://x.com/jjkvocal_.

9 "Coldplay X BTS Inside 'My Universe' Documentary", BANGTANTV, YouTube, 26 de setembro de 2021, https://www.youtube.com/watch?-v=viM_c-Fc7sc.

10 *Jung Kook: I Am Still*, dirigido por Park Jun-soo (HYBE, 2024).

11 Ibid.

12 "Charlie Puth Reveals Details on Jung Kook Collab and How Attractive the BTS Star Is", SiriusXM, YouTube, 28 de junho de 2022, https://www.youtube.com/watch?v=MabRZws3hzo.

13 "TVXQ in Guinness World Record", KBS World, 24 de março de 2009, http://world.kbs.co.kr/service/contents_view.htm?lang=e&menu_cate=enternews&id=&board_seq=168389&page=244&board_code=music_news.

14 *Jung Kook: I Am Still*.

15 "Jungkook's Playlist", Spotify, acessada em 19 de dezembro de 2024, https://open.spotify.com/playlist/68BVOzAqp8N8VvPfBn2dUy.

16 "[슈취타] EP.21 SUGA with 정국 II", BANGTANTV, YouTube, 4 de novembro de 2023, https://www.youtube.com/watch?v=oRKnjVL2kWA.

17 "[슈취타] EP.19 SUGA with 김종완", BANGTANTV, YouTube, 17 de outubro de 2023, https://www.youtube.com/watch?v=oFH-NPFe2So.

18 G-Dragon, "Heartbreaker", YG Entertainment, vídeo de música, 18 de agosto de 2009, https://www.youtube.com/watch?v=LOXEVd-Z7NE.

19 Sanghee Han, "Big Bang Leader Accused of Plagiarism", *The Korea Times*, 24 de agosto de 2009, https://www.koreatimes.co.kr/www/nation/2025/02/719_50616.html.

20 Kang Young-soo, "박찬종 '동방신기는 '노예계약' …SM, "준사기죄" 해당'", 조선일보, 4, de agosto de 2009, https://www.chosun.com/site/data/html_dir/2009/08/04/2009080401107.html.

21 Court of the Republic of Korea, "우리법원 주요판결 - 상세보기 | 서울중앙지방법원", acessado em 12 de novembro de 2024, https://seoul.scourt.go.kr/dcboard/new/DcNewsViewAction.work?seqnum=6353&gubun=44&scode_kname=&pageIndex=1&searchWord=&cbub_code=000210.

22 Kim Hyo-jin, "K-Pop Stars Punished by Unfair Contracts", *The Korea Times*, 3 de dezembro de 2014, https://www.koreatimes.co.kr/www/culture/2025/02/135_169279.html.

23 *2015 BTS 花樣年華 on Stage* (Stone Music Entertainment, 2016), DVD.

24 "[슈취타] EP.3 SUGA with 태양", BANGTANTV, YouTube, 18 de janeiro de 2023, https://www.youtube.com/watch?v=N43HXJCShx8.

25 Kim Sooki, "방탄소년단 '빅뱅이 롤모델, 많이 배우고 있다'", *News2Day*, 12 de junho de 2013, https://www.news2day.co.kr/28559.

26 *Kiss the Radio*, entrevista, 29 de junho de 2013.

27 Eo Hwanhee, "'국민여동생'부터 '음원퀸'까지 …데뷔 15주년 아이 유가 팬들에 전한 말", 중앙일보, *The JoongAng*, 25 de setembro de 2023, https://www.joongang.co.kr/article/25195278.

28 "K-Pop Sensations BTS Talk Eminem, Fandoms, and Learning English from 'Friends'", Yahoo, YouTube, 31 de maio de 2017, https://www.youtube.com/watch?v=naaFZYEQt6M.

29 방탄소년단 (@BTS_twt), "마지막에 혼동이와서 음이 나갔어요 …#이해좀 #이런엔딩", X, 19 de dezembro de 2018, https://x.com/BTS_twt/status/1075551103809335296.

30 BTS, "꾸기 라이브", BTS, Weverse (ao vivo), 22 de abril de 2017, https://weverse.io/bts/live/0-105457252.

31 Lee Jun-hue, "Before K-Pop: Popular Music Since the Korean War; Tracks from War-Torn Years", *Koreana*, Korea Foundation, verão de 2020, https://www.koreana.or.kr/koreana/na/ntt/selectNttInfo.do?mi=1544 &nttSn=52505&bbsId=1114&langTy=KOR.

32 Melon Chart Finder, Melon, https://www.melon.com/chart/index. htm.

33 Ibid.

34 Ibid.

35 Ben McKechnie, "A Tour of Seoul's Five Best Karaoke Venues with Singer Neon Bunny", BBC, 28 de dezembro de 2023, https://www.bbc. com/travel/article/20231228-a-tour-of-seouls-five-best-karaoke-venues-with-singer-neon-bunny.

36 "IU - Lost Child, 아이유 - 미아 @ First Debut Stage, Show Music Core Live", TV-People, YouTube, 6 de julho de 2014, https://www.youtube. com/watch?v=PgEuO7FEGuM.

37 Lee Kyung-ran, "Singer IU Wins Fans by Going Her Own Way", *Korea JoongAng Daily*, 5 de janeiro de 2011, https://koreajoongangdaily. joins.com/2011/01/05/etc/Singer-IU-wins-fans-by-going-her-own-way/2930559.html.

38 김병규, "'슈퍼스타K2' 최종회 시청률 18.1%", 연합뉴스, 23 de outubro de 2010, https://www.yna.co.kr/view/AKR20101023033400005.

39 Sang-hee Han, "Pop Democracy: Viewers Vote Huh Winner of Superstar K 2", *The Korea Times*, 24 de outubro de 2010, https://www. koreatimes.co.kr/www/art/2025/02/688_75101.html.

40 Mee-yoo Kwon, "'Superstar K3' Returns with Diverse Music", *The Korea Times*, 16 de agosto de 2011, https://www.koreatimes.co.kr/ www/art/2025/02/688_92883.html.

41 *New Yang Nam Show*, temporada 2, episódio 1.

42 "New Yang Nam Show [방탄소년단편 비하인드] ★특종★ 방탄 정국 슈스케 지원 두번째 영상", Mnet TV, YouTube, 24 de fevereiro de 2017, https://www.youtube.com/watch?v=hUK5O1RSwhY.

43 *New Yang Nam Show*, temporada 2, episódio 1.

44 *BTS Comeback Show—DNA*, veiculado em 21 de setembro de 2017, na Mnet.

45 *New Yang Nam Show*, temporada 2, episódio 1.

46 Myeongseok Kang, *Beyond the Story: Uma história dos 10 anos de BTS* (Galera, 2023, trad. de Luara França), 45.

47 "Run BTS! 2022 Special Episode - Telepathy Part 2", BANGTANTV, YouTube, 23 de agosto de 2022, https://www.youtube.com/watch?v=nbRKyymm4Eg.

48 Kang, *Beyond the Story*, 44.

49 *BTS Monuments: Beyond the Star*, dirigido por Park Jun-soo (Disney+, 2023).

50 Kang, *Beyond the Story*, 45–46.

51 Kang, *Beyond the Story*, 90–91.

52 "2 PM Attracts 110,000 Fans at Tokyo Dome", Yonhap News Agency, 22 de abril de 2013, https://en.yna.co.kr/view/PYH20130422009700341.

53 *You Quiz on the Block*, episódio 99, veiculado em 24 de março de 2021, na tvN.

54 "[슈취타] EP.12 SUGA with Jin #2023BTSFESTA", BANGTANTV YouTube, 10 de junho de 2023, https://www.youtube.com/watch?v=t-ZscK8j5a5w.

55 Lee, "Singer IU Wins Fans by Going Her Own Way."

56 *You Quiz on the Block*, episódio 99.

57 "[슈취타] EP.15 SUGA with Jung Kook", BANGTANTV, YouTube, 29 de julho de 2023, https://www.youtube.com/watch?v=ocDDLPLKe70.

58 *King of Mask Singer*, episódio 72, veiculado em 14 de agosto de 2016, na MBC.

59 "[슈취타] EP.21 SUGA with 정국 II", BANGTANTV.

60 Ibid.

61 Myeongseok Kang, "Jung Kook: 'I Want to Prove Myself through My Music'", *Weverse Magazine*, 14 de junho de 2022, https://magazine.weverse.io/article/view/433?lang=en.

62 BTS-Trans, entrevista com a autora por e-mail, 29 de outubro de 2024.

CAPÍTULO 4: O JEITO COMO ELE DANÇA

1 "Dance practice by 정국 of 방탄소년단", BANGTANTV, YouTube, 4 de fevereiro de 2013, https://www.youtube.com/watch?v=Q3lL7z-Q7kkA.

2 *Master in the House*, episódio 61, veiculado em 17 de março de 2019, na SBS.

3 Lee Narin, "Big Hit Ent. Unveils Photos of Their New Headquarters; to Make a New Start as HYBE Corp.", *SBS Star*, 22 de março de 2021, https://sbsstar.net/article/N1006251317/big-hit-ent-unveils-photos-of-their-new-headquarters-to-make-a-new-start-as-hybe-corp.

4 "[CHOREOGRAPHY] 정국 (Jung Kook) 'Standing Next to You' Dance Practice", BANGTANTV, YouTube, 11 de novembro de 2023, https://www.youtube.com/watch?v=M_EpTvMOnTo.

5 "H.O.T 소개 - 엠넷닷컴", Mnet, 2 de fevereiro de 2018.

6 Andrew Salmon, "Korea's S.M. Entertainment: The Company That Created K-Pop", *Forbes Asia*, 31 de julho de 2013, https://www.forbes.com/sites/forbesasia/2013/07/31/koreas-s-m-entertainment-the--company-that-created-k-pop/.

7   "더쿠 – 요 즘 아이돌 그룹 안무 영상의 시초", The Qoo, 1 de fevereiro de 2021, https://theqoo.net/hot/1829227140.

8   J (@user-tj3cy2sm5j), comentário no vídeo "SHINee 샤이니 'Lucifer' Dance Practice", SMTOWN, YouTube, 3 de agosto de 2010, https://www.youtube.com/watch?v=0vztfpWPo5M.

9   yanki (@yanki4120), comentário ibid.

10   Val "Ms. Vee" Ho, entrevista com a autora, 17 de junho de 2024.

11   Chung Joo-won, "Kpop Group INFINITE Continues to Push for 'Top Spot'", Yonhap News Agency, 19 de setembro de 2016, https://en.yna.co.kr/view/AEN20160919011700315.

12   Val "Ms. Vee" Ho, entrevista.

13   Myeongseok Kang, *Beyond the Story: Uma história dos 10 anos de BTS* (Galera, 2023, trad. de Luara França), 56.

14   Ibid.

15   Sungdeuk Son (@sonsungdeuk), "태형이~ . #방탄소년단 #BTS #singularity #이제공식적으로댄라", Instagram, 6 de maio de 2018, https://www.instagram.com/p/BiceFnUF3me/.

16   Val "Ms. Vee" Ho, entrevista.

17   "It's Good to Eat Well?", 요정재형, YouTube, 5 de maio de 2024, https://www.youtube.com/watch?v=SbvsTj1fnC8.

18   "130123 RAP MONSTER", BANGTANTV, YouTube, 26 de janeiro de 2013, https://www.youtube.com/watch?v=RkCDOwVaBDc.

19   "[Spotlight] 방탄소년단|② 랩몬스터, 슈가, história de 제이홉", 아이즈 (*Ize*), 18 de julho de 2013, https://www.ize.co.kr/news/articleView.html?idxno=30013.

20   "BTS Exclusive Interview #BTSonBBCR1", BBC Radio 1, YouTube, 19 de janeiro de 2018, https://www.youtube.com/watch?v=0RSVrtKph_k.

21   Ho, entrevista.

22 Choi Hyunjung, "[인터뷰] 인피니트, 칼군무가 아닌 그래서 더 역대급인 '태풍'", 스포츠동아 (*The Dong-AIlbo*), 24 de setembro de 2016, https://sports.donga.com/ent/article/all/20160924/80433629/2.

23 John Seabrook, "Factory Girls", *The New Yorker*, 8 de outubro de 2012.

24 Choi, "[인터뷰] 인피니트, 칼군무가 아닌 그래서 더 역대급인 '태풍.'"

25 Kang, *Beyond the Story*, 56.

26 Val "Ms. Vee" Ho, entrevista.

27 "Dancer Breakdown: 정국 (Jung Kook) 'Standing Next to You' Dance Practice (Ft. Brian Puspos)", STEEZY, YouTube, 27 de julho de 2024, https://www.youtube.com/watch?v=zhaidouiH8A.

28 Comentário de @JKYHoo, "Perfect #JungKook Energy #BTS #정국 #LE_SSERAFIM #르세라핌 #Perfect_Night #shorts", LE SSERAFIM, YouTube, 27 de outubro de 2023, https://www.youtube.com/shorts/VedxoD6FRRw.

29 Comentário de @juice3145, ibid.

30 "[EPISODE] BTS (방탄소년단) @ 64th GRAMMY Awards", BANGTANTV, YouTube, 4 de julho de 2022, https://www.youtube.com/watch?v=Hr1OSHf3S2Q.

31 Ibid.

32 "[EPISODE] 정국 (Jung Kook) FIFA World Cup Qatar 2022 Opening Ceremony Sketch - BTS (방탄소년단)", BANGTANTV, YouTube, 12 de fevereiro de 2023, https://www.youtube.com/watch?v=6C-qe6NR2bzc.

33 *Jung Kook: I Am Still*, dirigido por Park Jun-soo (HYBE, 2024).

34 Paul MacInnes, "Human Rights Abuses in Qatar 'Persist on Significant Scale', Says Amnesty Report | World Cup 2022", *The Guardian*, 20 de outubro de 2022, https://www.theguardian.com/football/2022/oct/20/fifa-world-cup-human-rights-abuses-qatar-amnesty-international.

35   Kim Tong-hyung and Foster Klug, "AP: S. Korea Covered up Mass Abuse, Killings of 'Vagrants'", AP News, 19 de abril de 2016, https://apnews.com/general-news-c22de3a565fe4e85a0508bbbd72c3c1b.

36   "RedOne and BTS' Jung Kook Have a World Cup Hit Song with 'Dreamers'", Associated Press, AP Archive, YouTube, 30 de novembro de 2022, https://www.youtube.com/watch?v=CWZgKcgRgyw.

37   "[EPISODE] 정국 (JungKook) FIFA World Cup Qatar 2022 Opening Ceremony Sketch - BTS (방탄소년단)", BANGTANTV.

38   Ibid.

39   William Mullally, "Fahad Al Kubaisi: 'Performing with Jung Kook Was the Best Moment of My Life'", *Esquire Middle East*, 5 de abril de 2023, https://www.esquireme.com/brief/fahad-al-kubaisi-performing-with-jung-kook-was-the-best-moment-of-my-life.

CAPÍTULO 5: SUA APARÊNCIA

1   How Calvin Klein Turned a Billboard into an Icon", *GQ*, 21 de julho de 2021, https://www.gq.com/story/calvin-klein-billboard-history.

2   "Calvin Klein Announces BTS' JungKook as Global Ambassador for Calvin Klein Jeans and Calvin Klein Underwear", PVH, 28 de março de 2023, https://www.pvh.com/news/jung-kook-calvin-klein.

3   Renan Botelho, "BTS Star Jung Kook Bested Jeremy Allen White's Viral Calvin Klein Underwear in Media Exposure", *WWD* (online), 12 de dezembro de 2024, https://wwd.com/pop-culture/celebrity-news/jung-kook-jeremy-allen-white-calvin-klein-2024-campaigns-1236763188/.

4   "Jungkook Is Still a Baby ...#HappyJungkookDay", Park Chim Chim, YouTube, 31 de agosto de 2017, https://www.youtube.com/watch?v=PNKohUryOsI.

5   "Run BTS! 2021 EP. 129", RUN BTS!, YouTube, 4 de julho de 2021, https://www.youtube.com/watch?v=xFhoy-gfFnI.

6   "Who Wants to Have an Online Fan Signing with Jessi?《Showterview with Jessi》EP.42 by Mobidic", Mobidic, YouTube, 17 de março de 2021, https://www.youtube.com/watch?v=fUCx6yI74Ic.

7   jungkook admirer₇ (@dreamjeons), "jungkook :o", X, 10 de janeiro de 2024, https://x.com/dreamjeons/status/1744996509505008127.

8   *People*, 30 de novembro de 2020, 99.

9   Dana Rose Falcone, "Sexy at Every Age", *People*, 21 de novembro de 2022, 79.

10   JK, "똑똑 …", BTS, Weverse (ao vivo), 24 de maio de 2023, https://weverse.io/bts/live/1-119598161.

11   Maggie Bullock, "The Vanity Fair Best-Dressed List", The Ensembles, *Vanity Fair*, outubro de 2019.

12   Park Michael, "Asian American Masculinity Eclipsed: A Legal and Historical Perspective of Emasculation through U.S. Immigration Practices", *The Modern American* 8, no. 1 (2013): 5–17.

13   Rheinna (@Rheinna11), resposta a jungkook admirer₇, X, 10 de janeiro de 2024, https://x.com/Rheinna11/status/1745003620377170293.

14   sopy⁷ | hobi tour with LV bag (@theastrojin), resposta a jungkook admirer₇, X, 10 de janeiro de 2024, https://x.com/theastrojin/status/1744999850373218356.

15   "Charlie Puth Reveals Details on Jung Kook Collab and How Attractive the BTS Star Is", SiriusXM, YouTube, 28 de junho de 2022, https://www.youtube.com/watch?v=MabRZws3hzo.

16   "Dancer Breakdown: 정국 (Jung Kook) 'Standing Next to You' Dance Practice (Ft. Brian Puspos)", STEEZY, YouTube, 27 de julho de 2024, https://www.youtube.com/watch?v=zhaidouiH8A.

17   Kim Geumie, "Beauty Sales Surge through E-Commerce Expansion of K-beauty's Overseas Expansion Channels", 매일경제 (*Maeil*

18 "고빠닭진", *Bangtan Blog*, 28 de agosto de 2013, https://bangtan.tistory.com/m/151.

19 Eom Da-sol, "Shocking Diet Plans of Female Korean Celebs", *The Korea Times*, 13 de abril de 2017, https://www.koreatimes.co.kr/www/art/2025/02/688_227532.html.

20 Cho Yunjung, "'You Look Like a Pig!' IU Recalls Her Debut Stage When She Was Booed & Insulted by the Audience", *SBS Star*, 30 de janeiro de 2024, https://sbsstar.net/article/N1007518419/34you-look-like-a-pig34-iu-recalls-her-debut-stage-when-she-was-booed-insulted-by-the-audience.

21 "140회 힐링캠프", SBS, 7 de julho de 2014.

22 Kang Bo-min, "[결정적장면]YG 양현석, 빅뱅 탑에 '데뷔하려면 살 빼와' 지시에 20kg 감량", Newsen, 19 de maio de 2015, https://www.newsen.com/news_view.php?uid=201505190029085810.

23 Kang Hyun-kyung, "'Ridiculous' 1970s", *The Korea Times*, 22 de fevereiro de 2019, https://www.koreatimes.co.kr/www/culture/2024/12/135_264236.html.

24 "Melania 'Upstaged' by Korean Pop Star - BBC News", BBC News, YouTube, 9 de novembro de 2017, https://www.youtube.com/watch?v=EkiWMWdfo2A.

25 Charles S. Lee, MD, FACS (@drlee90210), TikTok, 21 de novembro de 2020, https://www.tiktok.com/@drlee90210/video/6897412085030997253?lang=en.

26 koya[7] +ㅅ-) (@sugasjoonie), "jin actually went to the sm audition once but never returned", entrevista de Jin à rádio, X, https://x.com/sugasjoonie/status/1411467875609714694.

27 *You Quiz on the Block*, episódio 99, veiculado em 24 de março de 2021, na tvN.

28 *BTS American Hustle Life*, veiculado em 2014, na Mnet.

29 Lee Hae-rin, "Court Rules against Tattooing by Unlicensed Practitioners", *The Korea Times*, 21 de julho de 2022, https://www.koreatimes.co.kr/www/nation/2025/01/113_333149.html.

30 JK, "잘 지내셨습니까", BTS, Weverse (ao vivo), 1º de fevereiro de 2023, https://weverse.io/bts/live/2-113198481.

31 JK, "후후후 . . ." BTS, Weverse (ao vivo), 29 de junho de 2023, https://weverse.io/bts/live/4-123235750.

32 Lee Narin, "'I Didn't Want to Get Rid of Them' Han So-Hee Says It Was Not Her Choice to Remove Her Tattoos", *SBS Star*, 16 de janeiro de 2024, https://news.sbs.co.kr/news/endPage.do?news_id=N1007500852.

33 JK, "잘 지내셨습니까", Weverse.

34 "[BANGTAN BOMB] Finding Jung Kook by Jimin PD", BANGTANTV, YouTube, 28 de junho de 2014, https://www.youtube.com/watch?-v=mn6JrXmLdsU.

35 Estatísticas globais da SAPS (2011) ISAPS, International Society of Aesthetic Plastic Surgery, Hanover.

36 "More Than 600,000 International Patients Visited Korea in 2023", comunicado de imprensa do Ministério da Saúde e Bem-Estar, 1º de maio de 2024, https://www.mohw.go.kr/board.es?mid=a2040100 0000&bid=0032&act=view&list_no=1481263&tag=&nPage=1.

37 D. R. Millard, Jr. MD, "Oriental Peregrinations", *Plastic and Reconstructive Surgery* 16, no. 5 novembro de 1955.

CAPÍTULO 6: A AUTENTICIDADE

1 Gil Kaufman, "Jessica Agombar, Co-Writer of BTS' 'Dynamite', Says Goal for the Song Was 'A Positive, Huge Ball of Energy'", *Billboard* (online), 17 de setembro de 2020, https://www.billboard.com/music/pop/bts-dynamite-jessica-agombar-writer-interview-9448606/.

2   "Episode 4: Itaewon Moon Night", Archive-K, YouTube, 27 de janeiro de 2021, originalmente veiculado na SBS em 2021, https://www.youtube.com/watch?v=mI-TSMomeAI.

3   Dr. Kyung Hyun Kim, entrevista com a autora, 14 de junho de 2024.

4   Lee Seo-hyun, "American Genre Movies Are in My Blood, Says Bong Joon-Ho", *The Dong-A Ilbo*, 15 de fevereiro de 2020, https://www.donga.com/en/article/all/20200215/1979610/1.

5   "Episode 4: Itaewon Moon Night", Archive-K.

6   Ibid.

7   Dr. Kyung Hyun Kim, entrevista.

8   "이태원 문나이트 사장님이자 이태원 카 우보이 서치훈씨 그리운 우리 작은아빠", 네이버 블로그 | 포차도 해보고 밥집도 해보고 아이도 키 우며 깨알잡식, 23 de maio de 2023, https://blog.naver.com/yumi770808/223109113304.

9   "흑인들의 천국<솔트레 인>," *Ilgan Sports*, 18 de setembro de 1991.

10 "Episode 4: Itaewon Moon Night", Archive-K.

11 Ibid.

12 Ibid.

13 Dr. Kyung Hyun Kim, entrevista.

14 "Episode 4: Itaewon Moon Night", Archive-K.

15 "Seoul Music: Rockin' In Korea", *Billboard*, 20 de abril de 1996, 18.

16 Dr. Kyung Hyun Kim, entrevista.

17 Jiwon Choi, "K-Pop Pioneer Seo Taiji's 30 Years Remembered in 30 Hits", *The Korea Herald*, 31 de maio de 2022, https://www.koreaherald.com/article/2875923.

18 Dr. Kyung Hyun Kim, entrevista.

19 Lee Eunjung, "YG 양현석 'B2K 같은 아이돌그룹 육성중'", Yonhap News, Naver, 16 de maio de 2005, https://m.entertain.naver.com/article/001/0001003383.

20 Ibid.

21 "[아이돌 메이커] 피독 프로듀 서 | 무대에 맞춘 음악을 만드는 것", *Weiv*, 30 de novembro de 2013, https://www.weiv.co.kr/archives/6410.

22 Shim Jeong Hee, "랩몬스터의 진짜 이야기,"*Singles*, April 2015, 586–87.

23 Ibid.

24 Ibid.

25 Myeongseok Kang, *Beyond the Story: Uma história dos 10 anos de BTS* (Galera, 2023, trad. de Luara França).

26 "[아이돌 메이커] 피독 프로듀서 | 무대에 맞춘 음악을 만드는 것", *Weiv*.

27 Ibid.

28 "hitman'bang Hit It Audition Ment", HYBE Labels, YouTube, 12 de julho de 2011, https://www.youtube.com/watch?v=8XKDXHdj95s.

29 Kim Bong-hyun, "랩몬스터 | '욕하기 위해서라도 믹스테잎을 꼭 들어주시면 좋겠다'", *Hiphopplaya*, 24 de março de 2015, https://hiphopplaya.com/g2/bbs/board.php?bo_table=interview&wr_id=782&sca=&sf l=wr_subject&stx=+%EB%9E%A9%EB%AA%A-C%EC%8A%A4%ED%84%B0+&sop=and&scrap_mode=&mode=.

30 Ibid.

31 "[슈취타] EP.19 SUGA with 김종완", BANGTANTV, YouTube, 17 de outubro de 2023, https://www.youtube.com/watch?v=0FH-NPFe2So.

32 Kang, *Beyond the Story*, 53.

33 Ibid.

34 Ibid., 54.

35 Ibid., 78.

36 Ibid., 80.

37 Kim Jae-Ha, "BTS's Rap Monster Talks Travel", *Chicago Tribune* (online), 30 de maio de 2017.

38 "신동의 심심타파 - BTS individual, 방탄 소년단 개인기 20130625", MBCkpop, YouTube, 24 de junho de 2013, originalmente veiculado em *SimSimTaPa* na MBC, https://www.youtube.com/watch?v=tMB-GlvygT8w.

39 "BTS - This Love & T.O.P (SHINHWA), 방탄소년단 - 디스러브 & 티오피 (신화), Show Champion 20140319", MBCkpop, YouTube, 21 de março de 2014, https://www.youtube.com/watch?v=MHP6d-nGA14.

40 Dr. Kyung Hyun Kim, entrevista.

41 *BTS American Hustle Life*, veiculado em 2014, na Mnet.

42 Dr. Kyung Hyun Kim, entrevista.

43 "랩몬스터의 진짜 이야기."

44 Kim, "랩몬스터 | '욕 하기 위해서라도 믹스테잎을 꼭 들어주시면 좋겠다.'"

45 BTS, "RM's Hello 2017!", BTS, Weverse (ao vivo), originalmente postado no VLIVE, 3 de janeiro de 2017, https://weverse.io/bts/live/2-105470545.

46 "[슈취타] EP.20 SUGA with 태민", BANGTANTV, YouTube, 30 de outubro de 2023, https://www.youtube.com/watch?v=_SEuehZqEXs.

47 Shim, "랩몬스터의 진짜 이야기."

CAPÍTULO 7: A HUMILDADE

1 Elaine Lui, "JK in LA", *Lainey Gossip*, 7 de setembro de 2023, https://www.laineygossip.com/does-jungkooks-appearance-in-la-mean--hes-heading-to-mtv-vmas/74714.

2 Rhian Jones, "'Artists Have the Best Chance of Success When They Get Things Rolling Themselves'", *Music Business Worldwide*, 22 de junho de 2018, https://www.musicbusinessworldwide.com/artists-have-the--best-chance-of-success-when-they-get-things-rolling-themselves/.

3 "The K-Pop Mogul Behind BTS Is Building the Next BTS in LA", Bloomberg Television, YouTube, 12 de outubro de 2023, https://www.youtube.com/watch?v=wAdoLRkts8M.

4 Kimberley Kao, "Man behind the Korean Wave Talks about the Future of K-Pop and What Aspiring Artistes Can Do", CNBC, 4 de dezembro de 2022, https://www.cnbc.com/2022/12/05/sm-entertainment-foun-der-lee-soo-man-on-k-pop-future-running-business.html.

5 Alex Barasch, "The K-Pop King", *The New Yorker*, 14 de outubro de 2024.

6 BTS, "Jungkook 'Golden' Live On Stage", BTS, Weverse (ao vivo), 25 de novembro de 2023, https://weverse.io/bts/live/3-140559061.

7 Myeongseok Kang, *Beyond the Story: Uma história dos 10 anos de BTS* (Galera, 2023, trad. de Luara França), 61.

8 Ibid.

9 'BTS Destined for Success' (PART.2), KOREA NOW, YouTube, 9 de outubro de 2023, https://www.youtube.com/watch?v=GOWXMf-t9HYY.

10 JK, "잘 지내셨습니까", BTS, Weverse (ao vivo), 1º de fevereiro de 2023, https://weverse.io/bts/live/2-113198481.

11 Kang Hyun-kyung, "Hallyu Boom Triggers Bureaucratic Turf War", *The Korea Times*, 12 de março de 2012, https://www.koreatimes.co.kr/www/nation/2025/02/113_106750.html.

12 "[2019 FESTA] BTS (방탄소년단) '방탄다락'", BANGTANTV, YouTube, 12 de junho de 2019, https://www.youtube.com/watch?v=-CPW2PCPYzEE.

13 Rebecca Davis, "BTS on the Decision to Donate to Black Lives Matter: 'Prejudice Should Not Be Tolerated'", *Variety* (online), 2 de outubro de 2020, https://variety.com/2020/music/news/bts-black-lives-matter-donation-1234789434/.

14 "[EPISODE] BTS (방탄소년단) @ UNGA | SDG Moment 2021", BANGTANTV, YouTube, 28 de outubro de 2021, https://www.youtube.com/watch?v=3APNtu6gzLQ.

15 "BTS (방탄소년단) Speech at the 75th UN General Assembly", BANGTANTV, YouTube, 23 de setembro de 2020, https://www.youtube.com/watch?v=5aPe9Uy1on4.

CAPÍTULO 8: O ARMY

1 The Simpsons (@TheSimpsons), X, 23 de abril de 2023, https://x.com/TheSimpsons/status/1650290147353608204.

2 "K-Pop Fans Drown Out #WhiteLivesMatter Hashtag", BBC, 4 de junho de 2020, https://www.bbc.com/news/technology-52922035.

3 O Retorno do Rei: Jungkook SNS (@Jungkook_SNS), "Throwback to the most iconic 'stan jungkook' meme & #jungkook used by locals to call K-Pop fans for help during BLM movement", X, 27 de fevereiro de 2023, https://x.com/Jungkook_SNS/status/1630236527849779200.

4 BTS-Trans, entrevista com a autora por e-mail, 29 de outubro de 2024.

5 Ibid.

6 Ibid.

7 "jungkooks duality being a threat to humanity for 8 minutes", KOOKIESTAETAS, YouTube, 24 de julho de 2021, https://www.youtube.com/watch?v=EnkUToodPbE.

8 "Jungkook hates losing at anything | 'you always have to let jk win' - Hobi", SugArmyy, YouTube, 2 de janeiro de 2022, https://www.youtube.com/watch?v=zwrAg8nlAPI.

9   Lee Narin, "EXID Hani Talks About Being 'Saved' by 'Up & Down' Fancam", *SBS Star*, 31 de dezembro de 2020, https://sbsstar.net/article/N1006150639/exid-hani-talks-about-being-34saved34-by-up-down--fancam.

10   "[입덕직캠] 방탄소년단 정국 직캠 4K '작은 것들을 위한 시 (Boy With Luv)' (BTS JUNGKOOK FanCam) | @MCOUNTDOWN_2019.4.25", M2, YouTube, 27 de abril de 2019, https://www.youtube.com/watch?-v=w5XxXWJrARU.

11   "190811 롯데패밀리콘서트 - IDOL / BTS JUNGKOOK fancam 방탄소년단 정국 직캠", JUST KEEP GOING, YouTube, 3 de setembro de 2019, https://www.youtube.com/watch?v=D87u-gkemxc.

12   Tatiana Cirisano, "This Social Audio App Is Driving Millions of Streams With Unofficial Listening Parties", *Billboard* (online), 3 de junho de 2021, https://www.billboard.com/pro/stationhead-social--audio-streams-listening-parties/.

13   Myeongseok Kang, *Beyond the Story: Uma história dos 10 anos de BTS* (Galera, 2023, trad. de Luara França), 153.

14   JK, "잘 지내셨습니까", BTS, Weverse (ao vivo), 1º de fevereiro de 2023, https://weverse.io/bts/live/2-113198481.

15   JK, "잘 거임", BTS, Weverse (ao vivo), 11 de junho de 2023, https://weverse.io/bts/live/4-121390952.

16   "BTS' Jung Kook Talks New Single Going Platinum and Teaches Jimmy His 'Standing Next to You' Dance", The Tonight Show Starring Jimmy Fallon, YouTube, 7 de novembro de 2023, https://www.youtube.com/watch?v=yY5wZemtXHI.

17   BTS-Trans, entrevista.

18   JK, "여", BTS, Weverse (ao vivo), 8 de dezembro de 2023, https://weverse.io/bts/live/3-142418350.

19 "We were destined to meet | Jaefriends Ep.32 | The Boyz Kim Jaejoong", Jae friends | ST7, YouTube, 21 de março de 2024, https://www.youtube.com/watch?v=szZ5GxDu8xk.

20 Pyo Kyung-min, "HYBE Exposes Illegal Sale of Artists' Personal Information", *The Korea Times*, 19 de junho de 2024, https://www.koreatimes.co.kr/www/art/2025/02/732_376985.html.

21 "190425 PERSONA 팬싸인회 N번 변신하는 정구기 / 방탄소년단 정국 직캠 BTS JUNGKOOK FOCUS FANCAM", Headliner, YouTube, 25 de abril de 2019, https://www.youtube.com/watch?v=2_9AUk94RsU.

22 "[ENG SUB] Jungkook Fancall Compilation 231118", BTS BORA WORLD, YouTube, 19 de novembro de 2023, https://www.youtube.com/watch?v=JOJ5EXXqEGc.

23 Elizabeth de Luna, "The Fandom Business Is Booming. Can Weverse Capture Its Growth?", Mashable, 25 de abril de 2023, https://mashable.com/article/weverse-app-president-joon-choi-interview.

24 *I-Land*, episódio 1, veiculado em 26 de junho de 2020, na Mnet.

25 hitman (@hitmanb), Twitter, 26 de agosto de 2018, https://x.com/hitmanb/status/1033601489153867777.

26 hitman (@hitmanb), Twitter, 16 de fevereiro de 2014, https://x.com/hitmanb/status/435080918823206913.

27 "[단독] '서로, 첫눈에 반했다' …카리나♥이재욱, 밀라노 연인 | 디스패치 | 뉴스는 팩트다!", *Dispatch*, 27 de fevereiro de 2024, https://www.dispatch.co.kr/2282864.

28 Dong Sun-hwa, "Does Aespa Member Karina Really Have Anything to Apologize For?", *The Korea Times*, 6 de março de 2024, https://www.koreatimes.co.kr/www/art/2025/02/732_370151.html.

29 "BTS JungKook | Humble Prince | Airport Arrival", Korean First Class, YouTube, 22 de junho de 2023, https://www.youtube.com/watch?v=txepyG8qpBI.

30 "방탄소년단 – 레 이니즘 BTS - Rainism @2016 가요대제전", TV-People, YouTube, 6 de janeiro de 2017, https://www.youtube.com/watch?v=8WOxFTrFw7o.

31 BTS-Trans, entrevista.

32 Ibid.

33 꾸무 •ꞩ•ₜ (@KooMu_twt), "꺄아아아아 정국이 엠카 조공 '골든향수'!!!!!!! 향수 안에 '금가루'이써!!", X, 15 de novembro de 2023, https://x.com/KooMu_twt/status/1724674797685407777.

34 Ibid.

35 Ibid.

36 JK, "보고 싶었 네 많이", BTS, Weverse (ao vivo), 18 de dezembro de 2024, https://weverse.io/bts/live/4-187961598.

CAPÍTULO 9: A CARREIRA SOLO

1 BTS, Weverse (ao vivo), 23 de março de 2023, https://weverse.io/bts/live/3-115684831.

2 JK, "3", BTS, Weverse (ao vivo), 14 de março de 2023, https://weverse.io/bts/live/1-115864714.

3 JK, "모두 아프지말고 편안한 하루 되 세요", BTS, Weverse (ao vivo), 24 de abril de 2023, https://weverse.io/bts/live/3-117661738.

4 BTS, "What's going on", BTS, Weverse, originalmente postado no VLIVE, 15 de junho de 2022, https://weverse.io/bts/live/0-105457354.

5 JK, "3", Weverse.

6 "SUGA의 화양연화 pt.1 Album review", BANGTANTV, YouTube, 4 de outubro de 2015, https://www.youtube.com/watch?v=d5liSoAh_W8.

7 *BTS Wings Concept Book* (Big Hit Entertainment, 2017).

8   Ibid.

9   "BTS Jungkook – Decalcomania (Demo) Lyrics", Jaeguchi, YouTube, 31 de agosto de 2019, https://www.youtube.com/watch?v=DkGH5lA-9QXY.

10 페르 (@pere_bts), "정국이 머릿속에는 남아있는 데칼코마니", X, 9 de agosto de 2021, https://x.com/pere_bts/status/1424783319791587328.

11 'I've Been Changing a Bit', *Weverse Magazine*, 19 de julho de 2023, https://magazine.weverse.io/article/view/825?ref=&lang=en.

12 JK, "잘 지내셨습니까", BTS, Weverse (ao vivo), 1º de fevereiro de 2023, https://weverse.io/bts/live/2-113198481.

13 Alex Barasch, "The K-Pop King", *The New Yorker*, 14 de outubro de 2024.

14 Hugh McIntyre, "The Producers of Jung Kook's 'Seven' Share the Behind-the-Scenes Story of the No. 1 Smash", *Forbes*, 28 de julho de 2023, acessada em 4 de fevereiro de 2025, https://www.forbes.com/sites/hughmcintyre/2023/07/28/the-producers-behind-jung-kooks--seven-share-the-behind-the-scenes-story-of-the-no-1-smash/.

15 Ibid.

16 "The K-Pop Mogul Behind BTS Is Building the Next BTS in LA", Bloomberg TV, 12 de outubro de 2023, https://www.bloomberg.com/news/videos/2023-10-13/k-pop-mogul-bang-si-hyuk-is-building--the-next-bts-video.

17 McIntyre, "The Producers of Jung Kook's 'Seven.'"

18 Barasch, "The K-Pop King."

19 "The K-Pop Mogul Behind BTS", Bloomberg TV.

20 Chris Willman, "Jung Kook of BTS Launches Solo Single, 'Seven', With a Surprise Latto Feature: 'I Want to Show a More Mature and Grown Version of Myself'", *Variety* (on-line), 13 de julho de 2023,

https://variety.com/2023/music/asia/jung-kook-bts-solo-single-seven-latto-feature-surprise-mature-1235669878/.

21 Kang, "Jung Kook: 'I've Been Changing a Bit.'"

22 *I Am Still*, dirigido por Park Jun-soo (HYBE, 2024).

23 Ibid.

24 Ibid.

25 "[슈취타] EP.21 SUGA with 정국 II", BANGTANTV, YouTube, 4 de novembro de 2023, https://www.youtube.com/watch?v=oRKnjVL2kWA.

26 *Jung Kook: I Am Still*.

27 Ibid.

28 Ibid.

29 Ibid.

30 Ibid.

31 Jon Caramanica, "NewJeans' Ultimatum Casts K-Pop's Displays of Labor in a New Light", Arts, *The New York Times*, 25 de setembro de 2024, https://www.nytimes.com/2024/09/25/arts/music/newjeans-kpop-hybe.html.

32 JK, "Golden", BTS, Weverse (ao vivo), 3 de novembro de 2023, https://weverse.io/bts/live/0-128993548.

33 Ibid.

34 'I Want to Prove Myself through My Music', *Weverse Magazine*, 14 de junho de 2022, https://magazine.weverse.io/article/view/433?lang=en.

35 *Jung Kook: I Am Still*.

36 Ibid.

37 Barasch, "The K-Pop King."

38   "[슈취타] EP.21 SUGA with 정국 II", BANGTANTV.

39   *Jung Kook: I Am Still.*

40   Ibid.

41   BTS, "감사합니다앙!", BTS, Weverse (ao vivo), originalmente postada no VLIVE, 14 de abril de 2019, https://weverse.io/bts/live/1-105471133.

42   "BTS on First Impressions, Secret Career Dreams and Map of the Soul: 7 Meanings", The Tonight Show Starring Jimmy Fallon, YouTube, 25 de fevereiro de 2020, https://www.youtube.com/watch?v=v_9vgidP-J8g.

43   Kang, "Jung Kook: 'I Want to Prove Myself through My Music.'"

44   Suh Jung-min, "Jungkook of BTS Shares 'Golden Moments' with World in All-English Solo Album", *Hankyoreh*, 6 de novembro de 2023, https://english.hani.co.kr/arti/english_edition/e_entertainment/1115138.html.

45   Rania Aniftos, "Jung Kook Enjoys Korean Treats off His Spotify Billion Streams Plate", *Billboard*, 18 de dezembro de 2023, https://www.billboard.com/music/music-news/jung-kook-eats-korean-food-spotify-billion-streams-plate-1235561480/.

46   *Jung Kook: I Am Still.*

47   Ibid.

48   Ibid.

49   Ibid.

50   Ibid.

51   Ibid.

52   Ibid.

53   Ibid.

54   Ibid.

55 Ibid.

56 Barasch, "The K-Pop King."

57 *I Am Still.*

58 Ibid.

59 "Jungkook: Standing Next to You", site da Diana Ross, 21 de fevereiro de 2024, https://www.dianaross.com/my-favorites/jungkook-standing-next-to-you.

60 Usher, entrevista à iHeartRadio, 9 de fevereiro de 2024.

61 "정국 (Jung Kook), USHER 'Standing Next to You - USHER Remix' Official Performance Video Sketch", BANGTANTV, YouTube, 3 de fevereiro de 2024, https://www.youtube.com/watch?v=wb17xbM5LhU.

62 Barasch, "The K-Pop King."

63 JK, "Golden", Weverse.

64 Ibid.

65 Ibid.

CAPÍTULO 10: A LEALDADE

1 *Jung Kook: I Am Still*, dirigido por Park Jun-soo (HYBE, 2024).

2 BTS, "Jungkook 'Golden' Live On Stage", BTS, Weverse (ao vivo), 25 de novembro de 2023, https://weverse.io/bts/live/3-140559061.

3 *Jung Kook: I Am Still.*

4 BTS, "잘 다녀오겠습니다!", BTS, Weverse (ao vivo), 5 de dezembro de 2023, https://weverse.io/bts/live/2-130707485.

5 "정국 (Jung Kook), USHER 'Standing Next to You - USHER Remix' Official Performance Video Sketch", BANGTANTV, YouTube, 3 de fevereiro de 2024, https://www.youtube.com/watch?v=wb17xbM5LhU.

6 Ibid.

7   BTS, Weverse (ao vivo), 24 de maio de 2023, https://weverse.io/bts/live/1-119598161.

8   "잘 다녀오 겠습니다!", Weverse.

9   Park Boram, "Constitutional Court Upholds Male-Only Conscription", Yonhap News Agency, 4 de outubro de 2023, https://en.yna.co.kr/view/AEN20231004004200315.

10   BTS, "잘 다녀오겠습니다!" Weverse.

11   Jee-ho Yoo, "(LEAD) Singer MC Mong Gets Suspended Jail Term over Draft Dodging", Yonhap News Agency, 11 de abril de 2011, https://en.yna.co.kr/view/AEN20110411009800315.

12   Kim Rahn, "K-Pop Star Ravi under Probe for Involvement in Draft Dodging Scandal", *The Korea Times*, 13 de janeiro de 2023, https://www.koreatimes.co.kr/www/art/2025/01/398_343533.html.

13   Ji-won Woo, "Singer Steve Yoo Files Lawsuit Following Third Korean Visa Rejection", *Korea JoongAng Daily*, 30 de setembro de 2024, https://koreajoongangdaily.joins.com/news/2024-09-30/entertainment/kpop/Singer-Steve-Yoo-files-lawsuit-following-third-Korean-visa-rejection/2144773.

14   Ryu Yi-geun, "Income Inequality in S. Korea Is Widening at Second-Fastest Rate in OECD", *Hankyoreh*, 10 de abril de 2023, https://english.hani.co.kr/arti/english_edition/e_national/1087257.html.

15   Lee Seung-jun, "After 2 Years in Office, Yoon's Promises of Fairness, Common Sense Ring Hollow", *Hankyoreh*, 7 de maio de 2024, https://english.hani.co.kr/arti/english_edition/e_national/1139560.html.

16   Chung Esther, "Law May Be Changed to Give BTS Military Extension", *Korea JoongAng Daily*, 22 de novembro de 2020, https://koreajoongangdaily.joins.com/2020/11/22/national/socialAffairs/BTS-military-service-amendment/20201122172308969.html.

17   Lee Michael and Kim Jee-Hee, "[WHY] BTS and the War on Korea's Military Exemptions", *Korea JoongAng Daily*, 4 de junho de 2022,

https://koreajoongangdaily.joins.com/2022/06/04/why/BTS-military-duty-korea /20220604070019881.html.

18 JK, "여", BTS, Weverse (ao vivo), 8 de dezembro de 2023, https://weverse.io/bts/live/3-142418350.

19 JK, "Golden", BTS, Weverse (ao vivo), 3 de novembro de 2023, https://weverse.io/bts/live/0-128993548.

20 BTS, "잘 다녀오 겠습니다!" Weverse.

21 Ibid.

22 JK, "자ㄹ 다녀오겠습니다", BTS, Weverse (ao vivo), 11 de dezembro de 2023, https://weverse.io/bts/live/3-142889334.

23 *BTS: Burn the Stage*, episódio 3, "Just Give Me a Smile", dirigido por Park Jun-soo, veiculado em 4 de abril de 2018, no YouTube, https://www.youtube.com/watch?v=RmZ3DPJQo2k.

24 Ibid.

25 Fan Wang, "BTS' Jin to Hug 1,000 Fans As He Returns from Military Service", BBC, 12 de junho de 2024, https://www.bbc.com/news/articles/cglle5x8pgdo.

26 "[슈취타] EP.14 SUGA with J-Hope", BANGTANTV, YouTube, 19 de julho de 2023, https://www.youtube.com/watch?v=5xfosKUglZw.

27 Pyo Kyungmin, "Will BTS' Reunion Be Delayed to 2026?", *The Korea Times*, 7 de novembro de 2024, https://www.koreatimes.co.kr/www/art/2025/02/732_385902.html.

28 BTS, "잘 다녀오겠습니다!" Weverse.

CONCLUSÃO: QUEM É JUNGKOOK?

1 The Moments' Ticket Opening Information", HYBE Insight notice, Weverse, 29 de julho de 2024, https://weverse.io/bts/notice/21096.

2 BTS EXHIBITION (@bighit_exhibition), "[HYBE INSIGHT] Jung Kook Exhibition 'GOLDEN: The Moments' IN SEOUL 0901

Congratulations! Heartfelt messages from the exhibition visitors", Instagram, 31 de agosto de 2024, https://www.instagram.com/p/C_Wy2wmBTcN/?img_index=2.

3 BTS EXHIBITION (@bighit_exhibition), "[HYBE INSIGHT] Jung Kook Exhibition 'GOLDEN : The Moments' IN SEOUL The [HYBE INSIGHT] Jung Kook exhibition 'GOLDEN : The Moments' in Seoul, which has been visited by tens of thousands of guests, is coming to a close tomorrow", Instagram, 20 de setembro de 2024, https://www.instagram.com/p/DAKWJKRhjki/.

4 Myeongseok Kang, "Jung Kook: 'I've Been Changing a Bit'", *Weverse Magazine*, 19 de julho de 2023, https://magazine.weverse.io/article/view/825?ref=&lang=en.

5 "[2019 FESTA] BTS (방탄소년단) '방탄다락'," BANGTANTV, YouTube, 12 de junho de 2019, https://www.youtube.com/watch?v=CPW2PCPY-zEE.

6 Shim Sunah, "(2nd LD) Jimin, Jungkook Join Army; All BTS Members Now on Hiatus", Yonhap News Agency, 12 de dezembro de 2023, https://en.yna.co.kr/view/AEN20231211008652315.

7 Kang Kyung-min, "Peek into Jungkook's Military Life with 'Workman' Cooking Show", *K-en News*, 23 de abril de 2024, https://www.k-enne-ws.com/news/articleView.html?idxno=736.

8 JK, Weverse, 16 de março de 2024, https://weverse.io/bts/artist/4-156420956.

9 JK, "Golden", BTS, Weverse (ao vivo), 3 de novembro de 2023, https://weverse.io/bts/live/0-128993548.

10 BTS, "Jungkook 'Golden' Live On Stage", BTS, Weverse (ao vivo), 25 de novembro de 2023, https://weverse.io/bts/live/3-140559061.

11 *Jung Kook: I Am Still*, dirigido por Park Jun-soo (HYBE, 2024).

12 Ibid.

13 Ibid.

14 TSX Entertainment (@tsxentertainment), Instagram, 09 de novembro de 2023, https://www.instagram.com/tsxentertainment/p/CzcPaxMxioD/.

15 *Jung Kook: I Am Still.*

16 "Jung Kook Live at TSX, Times Square", BANGTANTV, YouTube, 9 de novembro de 2023, https://www.youtube.com/watch?v=geHuX7E3NX8.

17 *BTS American Hustle Life*, veiculado em 2014, na Mnet.

18 Gladys Yeo, "Jungkook Says He 'Misses' Performing with His BTS Bandmates", *NME* (online), 18 de setembro de 2023, https://www.nme.com/news/music/jungkook-says-he-misses-performing-with--bts-bandmates-3499514.

19 BTS, "BTS Live : WINGS Behind story by RM", BTS, Weverse (ao vivo), originalmente postado no VLIVE, 20 de outubro de 2016, https://weverse.io/bts/live/0-105457236.

20 Ibid.

Este livro foi composto na tipografia Minion Pro,
em corpo 11,5/16, e impresso em
papel off-white na gráfica Zit.